中国の少数民族問題
と経済格差

大西 広 編著

はじめに　民族矛盾の現在と経済問題

大西　広

「少なくない材料から判断するに，一般に少数民族がいるほとんどの地方には未解決の問題があり，一部の問題は極めて深刻であると中央は認識している。表面上は落ち着いていて問題ないように見えるが，実は問題が深刻である。この2，3年間各地で現れた問題はいたるところで大漢族主義が存在していることを証明している。我々は現在時機をつかんで教育を行い，党内および人民の間の大漢族主義を徹底的に克服しなければ，とても危険である。」(毛沢東「大漢族主義を批判する」1953年)[1]

　私の中国研究は当初「社会主義」「資本主義」という経済体制分析を目的として始まったが，1995年にその最初の長期滞在のひとつとして新疆ウイグル自治区の新疆大学を選んだために少数民族問題の深刻さを知った。以来，これを別格の扱いで研究し，かつ現実にも影響を及ぼすべき課題と私は考えてきた。そして，そのために，当地からの留学生を多数受け入れ，教育をして当地に帰し，また「調査」をして論文も蓄積してきた。

　この間，新疆ウイグル自治区だけでも8度の訪問をするうちに，毎夜停電していたウルムチ市はピカピカの近代都市に生まれ変わり，経済発展は驚くばかりであるが，この経済発展があっても，否，経済発展することこそが民族矛盾を深刻にしている。この意味で，私は民族矛盾の本質を経済問題と考えている。

　こうした経緯から，本書では中国の少数民族問題を経済問題として捉え，その現状と解決策について可能なかぎり客観的に論じることを目的とした。その際，民族問題を論じる他書とは一線を画し，できるかぎりデータに基づく実証的な研究を行おうと心掛けた。これは，このテーマがあまりにもホッ

---

1) 中共中央文献研究室・中共西蔵自治区委員会・中国蔵学研究中心編 (2008)『毛沢東西蔵工作文選』中央文献出版社・中国蔵学出版社，所収。

トな課題として，実証をなおざりにした議論が先行しすぎていると感じるからでもある。

もちろん，この「あまりにホット」という事情は，中国政府にとってもあてはまり，調査やデータ取得に特別な困難がつきまとっている。逆に言うと，このために研究者の参入がこれまでできなかったのだとも言える。たとえば，中国でも数限りなく思われるほどの数多の統計年鑑が毎年出版されているが，その中に民族間の所得格差を記述したものはひとつもない。これが現実である。

しかし，研究者というもの，ただ困難に嘆くわけにはいかない。出されている統計からどのように現状をあぶりだすか，「統計書」以外からいかにデータをひねり出して分析するか，あるいは限定された状況の下でいかに「調査」を行うかを考えださねばならない。そして，その苦心の跡が本書である。「あまりにホット」で，議論が実証に先行しがちな分野であるだけに，この方法論についてもぜひ読者は関心をむけられたい。

本書のほとんどは編者が執筆したものであるが，多くは共同で書いた論文であり，その共著者から掲載の許可を得ている。また本書のために北京大学馬戎教授と氏の編著中の祖力亜提・司馬義さんの論文（これは一部書き換えた），そしてさらに京都大学での私の院生であった吾買爾江・艾山君と孫俊芳さんたちの論文も掲載している。これらの皆さんに篤くお礼申し上げたい。また，本書のように極めて専門的な書物の出版は，京都大学学術出版会による特別の支援なしに成立しえないものであった。編者としてここで深くお礼申し上げたい。さらに，本書の研究のいくつかは日本学術振興会アジア研究教育拠点事業と人間文化研究機構現代中国研究拠点，さらに慶應義塾大学学内資金のサポートを受けている。あわせてお礼申し上げたい。

なお，資料中，また文献や個人名の簡体字は日本語漢字に改めた。読者のご理解を賜りたい。

目　次

はじめに　民族矛盾の現在と経済問題　　大西　広　　i

Ⅰ　民族間の経済格差とその実態

第1章　民族間の所得格差 ── 民族地区県データから

第1節　経済格差の要点としての階級格差と従事産業間矛盾 ──────── 5
　　　（吾買爾江・艾山，大西広）
　　Ⅰ　民族問題として現れる階級格差　5
　　Ⅱ　従事する産業間の矛盾と民族間格差　6

第2節　所得格差に関する先行研究と県データ利用の可能性
　　　について ──────────────────────────── 9
　　　（大西広）

第3節　各種所得決定要因を考慮したうえでの所得格差につ
　　　いて ───────────────────────────── 14
　　　（吾買爾江・艾山，大西広）

コラム1　ラサ暴動の実際と政治・宗教問題 ──────────── 20
　　Ⅰ　ラサ暴動の計画者と参加者　20
　　Ⅱ　政治と宗教の問題について　27

iii

第2章　民族自治区農村の生業と民族間格差

第1節　新疆自治区における「漢族農業地区」としての兵団と少数民族農業 ─── 34
（吾買爾江・艾山，張冬雪）

- Ⅰ　兵団農業と一般農業の概況　36
- Ⅱ　生産関数推定による技術非効率性の比較　42
- Ⅲ　小括　51

第2節　南新疆貧困地区における農家経営の実態 ─── 52
（大西広，阿不力克木・艾山，阿不都外力・依米提，白石麻保）

- Ⅰ　新疆自治区における民族配置と貧困問題　52
- Ⅱ　調査の概要とデータの性質　56
- Ⅲ　農家経営の状態を決める諸変数について　57
- Ⅳ　農家収入を決める諸変数について　61
- Ⅴ　「食不足期間」と生産量，現金収入，家族人数との関係について　63
- Ⅵ　「貧困の原因」についての農家の回答傾向について　64
- Ⅶ　最終学歴と農家経営方法の関係について　66
- Ⅷ　小括　66

第3節　寧夏自治区東部貧困県の平均的回族家庭の生活状況 ─── 68
（大西　広）

- Ⅰ　調査に先立つ問題意識　69
- Ⅱ　調査の概要　71
- Ⅲ　調査結果が示唆するもの　75

第3章　少数民族の労働移動と労務輸出

第1節　新疆カシュガル（喀什）地区およびコナシェヘル（疏附）県における労務輸出の実態 ─── 81

　　　　　　　　馬戎（翻訳　吾買爾江・艾山）
　　　Ⅰ　新疆カシュガル（喀什）地区およびコナシェヘル（疏附）県
　　　　　における農村労務輸出　81
　　　Ⅱ　外出労働力の所得と福祉　86
　　　Ⅲ　カシュガル（喀什）地方政府による省外労務輸出組織の実際　89
　　　Ⅳ　南新疆からの他省向け労務輸出において注意すべき問題点　93
　　　Ⅴ　最後に　96

第2節　民族地区から外地に流出する少数民族 ────── 97
　　　（大西広，吾買爾江・艾山）
　　　Ⅰ　民族別の労働力外出率の推計　98
　　　Ⅱ　「労働力外出率」と民族のアクティビティー　102
　　　Ⅲ　労働力移動パターンの分析　102
　　　Ⅳ　むすびに代えて　107

コラム2　ウルムチ（烏魯木斉）暴動の実際と矛盾の本質 ── 108
　　　（大西　広）

Ⅱ　民族企業家はどこまで成長しているか

第4章　民族企業家の相対比率
　　　── 新疆自治区企業データの分析 ────────── 117
　　　（吾買爾江・艾山，大西広）
　　　Ⅰ　設立年，地区および業種上の特徴について　121
　　　Ⅱ　企業規模と所有制に関する諸特徴について　125

第5章　企業家精神と企業規模・形態

第1節　寧夏自治区における企業家精神の民族間比較 ───── 137
　　　（大西　広）

- I 回族の現状に関するいくつかの評価　137
- II データの概要と分析方針　140
- III 民族間格差と地区間格差　143
- IV 民族間格差と学歴間格差　148
- V 民族間格差と世代間格差　150
- VI 民族間格差と職業間格差　155
- VII 小括　159

第2節　五峰土家族自治県における民族企業と漢族企業　――　161
〈孫　俊芳〉

- I 分析対象県の基本的特徴　162
- II 変数とモデル　164
- III データの記述統計的諸特徴　166
- IV 民族間格差の有無とその構造について　168
- V 小括　174

第6章　少数民族企業家の生成 ── 聞き取り調査からの析出

第1節　新疆自治区における少数民族企業家　――　177
〈吾買爾江・艾山，大西広〉

- I アルマン（阿爾曼）実業有限公司の成立と発展　177
- II 対ロシア貿易から発展した企業　181
- III 企業家精神形成の条件は何か　185

第2節　チベット族地域における民族企業家　――　189
〈吾買爾江・艾山，大西広〉

- I 地域特性を活かした民族企業の生成と発展　189
- II チベット医学・薬学企業の成長　193
- III ホテル業界における民族企業と漢族企業　197
- IV 漢族企業内における民族企業家の生成　201

目次

第7章　少数民族の政治的地位と教育言語問題

第1節　甘南チベット族自治州夏河県指導層の民族バランス ——— 209
　　　　（大西　広）

第2節　新疆自治区における「民考漢」と教育言語問題
　　　　—— 新疆大学の事例を中心に ——— 220
　　　　（祖力亜提・司馬義，吾買爾江・艾山）
　　Ⅰ　「14番目の民族」としての「民考漢」　221
　　Ⅱ　双語教育モデルの転換　226
　　Ⅲ　学生の学科分布に見る民族特性　241

補論　チベット問題への試行的アプローチ

1　国境の外の少数民族問題
　　—— ラオス北部における中国人の経済進出と摩擦 ——— 248
　　（大西　広）
　　Ⅰ　「投資者」としての中国人との矛盾　249
　　Ⅱ　商人としての中国人との矛盾　251
　　Ⅲ　商品作物の委託生産に関わる矛盾　253
　　Ⅳ　中国資本に対抗できるラオス企業家の成長　257
　　Ⅴ　国境の街ボーテンの問題　258
　　Ⅵ　まとめに代えて　260

2　「チベット難民」と現地の相克：ネパール・インドからの報告 ——— 262
　　（大西　広）
　　Ⅰ　ネパールにおけるチベット難民　262

vii

Ⅱ　ダラムサラにおける現地人と外来難民との矛盾　265
　　Ⅲ　「定着」の進むインド第2のチベット族入植地　270

3　チベット農奴解放の正当性に関する数量経済学的研究
275

〔大西　広〕
　　Ⅰ　農奴制解体を導いた商工業の発展について　276
　　Ⅱ　農奴解放評価のための収穫逓減技術の抽出について　280
　　Ⅲ　むすびに代えて　289

付　表　291
参照文献　293
索　引　299
編著者・著者紹介　301

I

民族間の経済格差とその実態

第1章 民族間の所得格差
民族地区県データから

扉写真

スラム（後方）と新築マンション（前方）が併存するウルムチ市の山麓

新疆ウイグル自治区の首都ウルムチ市ウルムチ駅の裏山にはスラムが並び，ほとんどが南新疆農村部からきた農民である。ただし，2009年の暴動後は整理が進み，一部が近代的なアパートに変わりつつある。暴動直後の2009年8月撮影。

第1節

経済格差の要点としての階級格差と従事産業間矛盾

吾買爾江・艾山，大西広

I　民族問題として現れる階級格差

　民族問題の根源に経済問題がある，と冒頭で述べたが，ここで言う「経済問題」には大きく二つの内容が含まれている。

　ひとつは，「従業上の地位」の格差，社会科学理論的に言うと資本家，労働者（農民）といった階級ないし階層間の格差である。たとえば，深刻な民族矛盾を持つチベット自治区の事態の本質のひとつに関わって，今まで農牧民として生産過程でいかなる指揮も受けなかった彼らチベット族たちが，新たに流入した漢族企業家に雇われる身分に「没落」し，今まで体験もしなかった「指揮」を異民族＝漢族から受けるようになったという事情がある。無断の欠勤には罰金を支払わされ，時には解雇されている。こうした労働条件は労働契約法以前の中国ではいわば普通のことであってチベット自治区で特別に行われていたことではないが，そのような体験のないチベット族には「抑圧者の流入」と見えた。そして，実際，こうした紛争がラサに進出した漢族経営のヤルツァンボ大酒店で発生している。このホテルはラサ最高級のホテルで2007年にはNHKスペシャルでその紛争の一端が報じられている。また，本章執筆の2人は2010年に実際にこのホテルに宿泊し，経営者へのインタビューも行った。

　しかし，こうした紛争の本質は階級間の労使紛争であって民族間のものでは本来ない。本来は階級対立にすぎないものが，一方の階級にチベット族が集中し，他方の階級に漢族が集中することによって「民族対立」として現象

してしまっている，というのが事柄の本質である。本書では後に民族問題の解決には少数民族企業家の育成が何よりも重要であることを説明するが，その趣旨はここにある。すべての資本家が漢族ですべての労働者が少数民族であれば階級矛盾は民族矛盾として現れざるをえない。この解決は資本家にも労働者にも両民族が平等に存在するような状況を作り出し，階級矛盾がただ階級矛盾として生じるようにする以外にない。資本主義の下では階級矛盾をなくすことはできないが，こうして民族矛盾をなくすことは可能である。

　本書の第6章の1節（ウイグル族における企業家）と2節（チベット族における企業家）を読み比べていただければおわかりのように，こうした少数民族の企業家形成はチベット族では圧倒的に遅れてはいるが，ウイグル族ではそれなりに進みつつある。そして，さらに，朝鮮族や満州族になると時に漢族以上に企業家への進出が活発となり，この種の民族矛盾は存在しない。本書の「はじめに」で民族間の経済格差が民族矛盾の本質であると述べたのはこの意味においてである。

II　従事する産業間の矛盾と民族間格差

　なお，こうして「資本家」と「労働者」の矛盾が資本主義社会の基本的矛盾であるとしても，それに準じる重要な階級としての「農民」や「牧民」が持つ特有の矛盾にも注意が払われなければならない。たとえば，内モンゴルの非都市部のモンゴル族牧民が持つ漢族商人との利害の対立がある。牧民から見ると漢族商人は自分たちを使って暴利を貪る悪人に映る。牧製品の価格をめぐる対立が客観的に存在するからである。

　したがって，こうした民族間の階級構成の相違を抽出し，そこから民族間の搾取／被搾取関係，利害対立状況を析出する作業が必要となるが，残念なことに民族別に「資本家」と「労働者」の区別を統計数字として知ることはできない。強いて言うと，第6章で著者が取り組んだように，個別企業の調査をひとつひとつ行って，民族別の企業家と労働者の数を数える以外にない。中国には約10年ごとに「人口センサス（国勢調査）」という民族別に集計さ

第 1-1 表　主要民族別の産業別人口比率および都市・農村人口比率（2000 年）

	第一次産業	第二次産業	第三次産業	都市人口	鎮の人口	郷村人口
漢族	62.99	17.70	19.31	25%	14%	62%
蒙古族	71.13	7.78	21.08	16%	17%	67%
回族	59.60	14.29	26.12	31%	14%	55%
チベット族	86.41	2.66	10.93	4%	9%	87%
ウイグル族	80.44	5.18	14.38	10%	9%	81%
朝鮮族	47.18	17.13	35.69	46%	16%	38%

出所）2000 年中国人口センサス

れた全数調査がなされているものの，その集計には「従業上の地位」分類がない。これが日本の国勢調査との違いとなっている。このために資本家／労働者等の分類はできない。

　ただ，この「人口センサス」には産業分類や都市／農村人口の分類があるので，その分析によって状況の大局は知ることができる。そのために 2000 年の人口センサスを使って主要民族の第一，二，三次産業比率と都市／鎮／郷比率を整理したのが次の第 1-1 表である。

　この表を見る際の基準は人口の 9 割を占める漢族の状況である。そして，その比率と比べてチベット族，ウイグル族の第一次産業比率が圧倒的に高いこと，モンゴル族がそれに続いて高いこと，ただ，それに代わる第二，三次産業比率では第二次産業比率の方が格差が大きいことがわかる。第三次産業比率の格差が相対的に低いのは，公務員など公共セクターの比率が遅れた民族で高くなる傾向を反映しているものと思われる。また，同時に回族の産業間比率は漢族とそう変わらないこと，朝鮮族になると第一次，第三次産業で比率が逆転していることも興味深い。先に，朝鮮族などは漢族以上に企業家として進出していると述べたが，その傾向とも重なっている。

　また，こうした傾向は表中右側の都市／鎮／郷比率でも確認できる。チベット族，ウイグル族の都市人口比率が極端に低い一方で，モンゴル族もやや似た状況にある。そして，他方の回族は漢族よりも都市人口比率が高く，それは朝鮮族においてさらに強い傾向を示している。実際，延辺朝鮮族自治州に行くと，朝鮮族の州内の人口比率は 30 パーセントしかないのに，都市部に行けば行くほど朝鮮族の比率が高まり，農村に行けば行くほど漢族の比率が

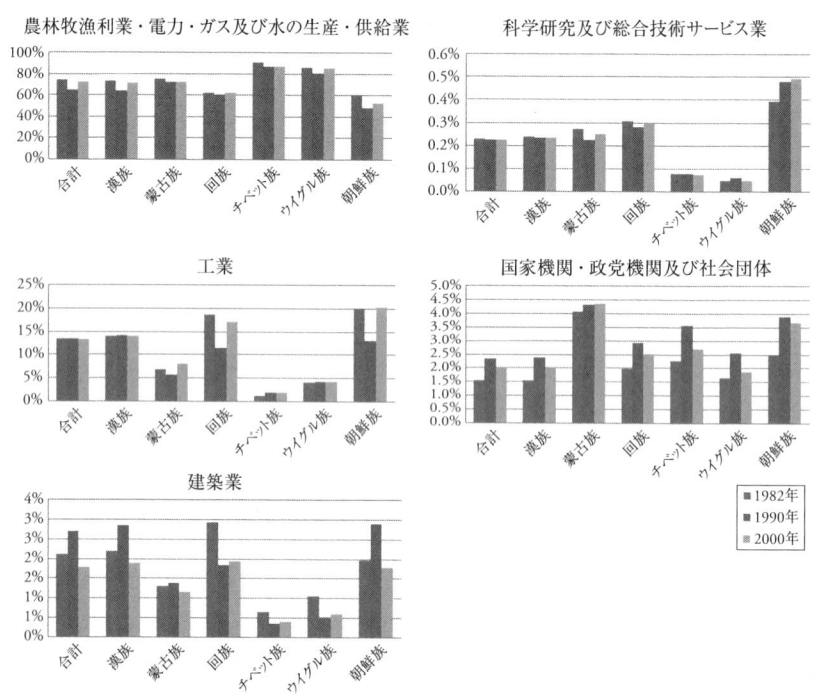

第 1-1 図 産業中分類別の主要民族別従業者人口比率（1982，1990，2000 年）

高まっている。これらは先の産業間比率で見た傾向と一致している。

　なお，この「人口センサス」は産業別人口をより詳細な産業中分類でも集計しており，その結果の主要なものを第 1-1 図にまとめた（全産業については大西（2008a）参照）。最初の「農林牧漁業など」の表ではチベット族やウイグル族の特徴が少ししか現れていないが，工業や建設業，科学研究などの従事では目立っている。また，前述もしたが，最後のグラフに含まれている公務員ではチベット族やウイグル族に見劣りはない。彼らがちゃんと「昇進」しているかどうか別に検討されねばならないが（本書では第 7 章 1 節がその問題を扱う），これらの分野での採用においてチベット族やウイグル族が差別されていないことを想像させる。なお，モンゴル族と朝鮮族が他民族より公務員が多くなっていることにはまた別の分析が必要となろう。

第2節

所得格差に関する先行研究と
県データ利用の可能性について

大西広

　このように「経済格差」の本質は階級・階層間矛盾と従事産業の間の矛盾にあるが，実際の「経済格差」を論じる際に重要なのは生活水準，そして所得水準である。ただ，これは上述のように「人口センサス」では示されておらず，かつその他の統計書にも表れてこないので，研究者の問題はその制約をどう突破するのか，ということになる。そして，その突破の最も代表的な試みはGustafsson & Shi (2003) およびGustaffson & Sai (2009) である。

　Gustafsson & Shi (2003) の研究は欠落する統計データを補うために中国社会科学院経済研究所が国家統計局のサポートの下で独自に調査したものを分析したものである。これは1988年と1995-96年の2度に亘る調査で，19の省において3万4701人の個人から調査票を回収したものであるから大規模である。そして，その結果，所得格差の主要な決定因が省別の所得格差であること，雲南や貴州では少数民族の方が所得が高くなっていることを発見したなど興味深い。しかし，この19省にはチベット，新疆，内モンゴル，広西，寧夏という五つの自治区が含まれておらず，我々の最も関心とするところに答えられていない。

　また，Gustaffsonは別の共同研究者を探してもうひとつの研究もしているが，これは新疆自治区を含む22の省のデータに拡張されている。そして，その22省に属する120県907の郷の所得分析等をするために所得階級別に層別抽出された9200の家計データを集めている。しかし，この分析にも問題がある。引き続きチベット，内モンゴル，広西，寧夏の4自治区のデータが欠落しているばかりでなく，907の郷データを分析する際に，少数民族比率30パーセントを基準に「少数民族郷」と「漢族郷」への単純な2分割し

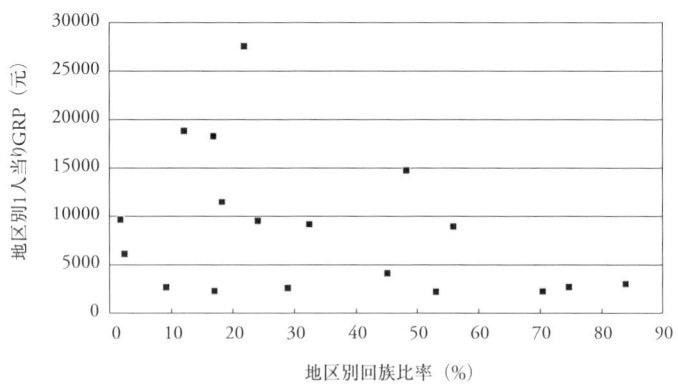

第 1-2 図 寧夏自治区地区別回族比率と 1 人当り GRP
データ出所)『寧夏統計年鑑』2006 年版

かしていないために，少数民族比率の非常に高い「少数民族郷」とそうでない「少数民族郷」との区別がついていない。たとえば，「少数民族郷」と分類された郷でも新疆地区のほとんどは 90 パーセントを超える少数民族比率を持つが，他の地区の「少数民族郷」はもっと低い比率となっている。このため，民族の分析がウイグル族の場合に不自然な結果がでている。

 我々も，こうした「敏感な問題」としてある少数民族問題に関わるデータを外国人研究者が入手するという方法の限界を知らなければならならず，よって本章ではまずは公表されたデータをいかに活用するか，という問題として研究を組み立てる。具体的には，各自治区の公表された県データを基礎に，少数民族比率と住民の 1 人当り平均所得の関係に注目するという方法である。

 次の第 1-2，1-3，1-4 図を見られたい。それぞれは寧夏回族自治区，新疆ウイグル自治区，延辺朝鮮族自治州について各県の少数民族比率（寧夏自治区の場合は回族比率）と地区別 1 人当り総生産（Gross Regional Product: GRP）の相関をとったグラフである。これらを一括のグラフとして作成せず，自治区，自治州別に作図したのは Gustafsson & Shi (2003) が主張するように省別の所得格差が大きく，さらにそれぞれの 3 地域の民族が異なっているからである。ただ，第 1-2 図，第 1-3 図から，各県の少数民族比率が高くなれば

第 1 章　民族間の所得格差

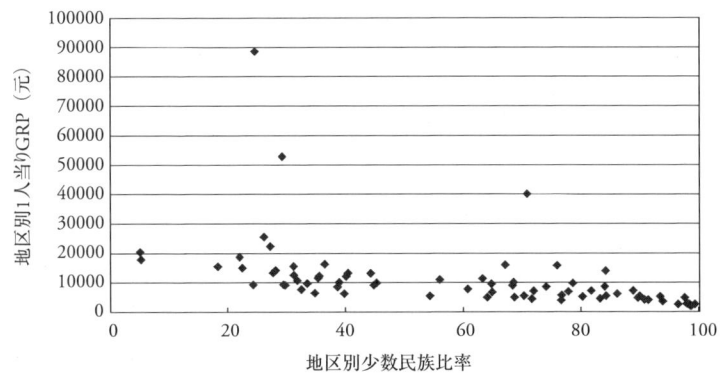

第 1-3 図　新疆自治区地区別少数民族比率と 1 人当り GRP
データ出所）『新疆統計年鑑』2006 年版

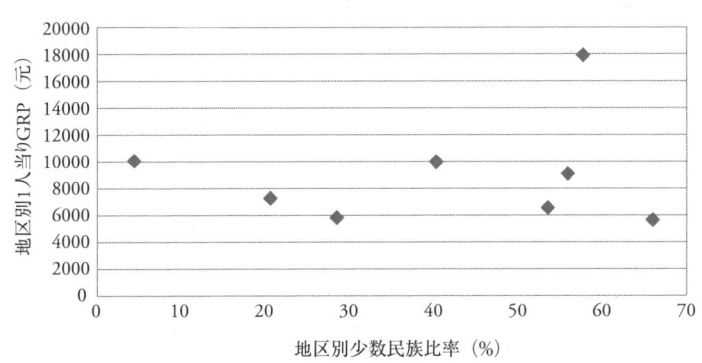

第 1-4 図　延辺自治州地区別少数民族比率と 1 人当り GRP
データ出所）『延辺統計年鑑』2008 年版

なるほど 1 人当り所得が減少していることがわかるので，少数民族が多数派の漢族に比べて低い所得に甘じていることは間違いない。つまり，「人口センサス」に所得データがなくとも，このようにして少数民族の所得面での経済格差の存在を明らかとすることができるのである。なお，これらのデータは『寧夏統計年鑑』2006 年版，『新疆統計年鑑』2006 年版，『延辺統計年鑑』2008 年版を使ったが，『新疆統計年鑑』2006 年版にはカシュガル（喀什）地区諸県の 1 人当り GRP（地区総生産）がなぜか掲載されておらず，そのためその地区の状況は反映されていない。

ただし，この第 1-2 図，第 1-3 図についてはそれぞれの相関の強さの違

11

いにも注目する必要がある。相関係数で見れば，第1-2図の相関係数は－0.377，第1-3図の相関係数は－0.458となっている。また，第1-3図の中の4000元を超える三つのプロットを「はずれ値」として除くと相関係数は－0.748となる。そして，さらに重要なのは，延辺朝鮮族自治州を対象に同様の方法で計算された第1-4図である。ここでは右下がりの相関が見られないばかりでなく，相関係数を計算すると0.116となった。これはp値で言うと0.39であるから有意に正の相関とは言えないが，これは延辺自治州が小さいために県の数が少なく，自由度不足となったためでもあろう。そのことも考慮すれば，少数民族が増えるほど所得が減るのでなく，逆に所得が増えるという関係にあることが重要である。何度も述べたが，朝鮮族の経済力が漢族以上であることが再び示されている。

　しかし，こうした所得格差はどのような原因によって発生しているのだろうか。民族間に格差があるといっても，同一産業に従事する諸民族がその経営効率に差があって所得格差が生じているのか，そもそも従事する産業の相違が原因しているのかが関心となる。そして，その分析のために，寧夏自治区と新疆自治区の上記県データを「地区別1人当り総生産（GRP）」と「地区別一次産業比率」の相関関係としてグラフ化するという作業も行った。その結果が次の第1-5図と第1-6図である。見られるように第1-5図では相関関係が第1-2図以上に明瞭になっており，第1-6図では第1-3図よりやや不明瞭になっている。といっても，第1-6図と第1-3図の違いはグラフを眺めるだけでははっきりしないので相関係数を計算し，先に示した第1-2図および第1-3図の相関係数との関係を整理すると次の第1-2表のとおりとなる。ここでは先と同じように「はずれ値」となっている新疆自治区の3地区をはずした相関係数も示している。

　見られるように，このように整理をすると寧夏自治区の場合には1人当りGRPの格差は基本的に従事産業の相違から生じており，逆に新疆自治区の場合は民族格差がより大きな原因となっていることがわかる。寧夏自治区のこの性格は後に第8章でも異なるデータを用いて明らかとするが，回族とウイグル族の状況の差を反映している。なお，この特徴は新疆自治区の三つの「はずれ値」をはずして計算した場合にはより鮮明となっている。

第1章　民族間の所得格差

第 1-2 表　地区別 1 人当り GRP 格差に何がより関係しているか――寧夏と新疆の比較

	寧夏自治区	新疆自治区	3 地区を除く新疆自治区
回族／少数民族比率と 1 人当り GRP との相関係数	− 0.377	− 0.458	− 0.748
一次産業比率と 1 人当り GRP との相関係数	− 0.865	− 0.557	− 0.520

データ出所）第 1-2 図および第 1-3 図と同じ。

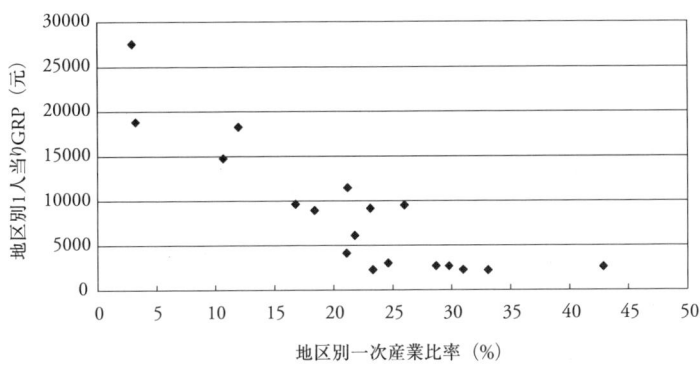

第 1-5 図　寧夏自治区地区別一次産業比率と 1 人当り GRP

データ出所）『寧夏統計年鑑』2006 年版

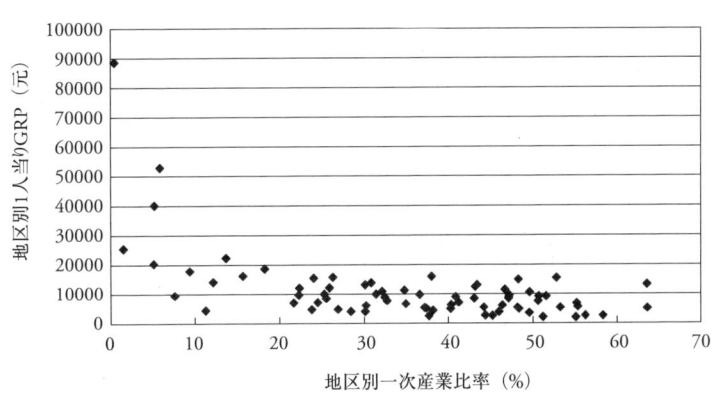

第 1-6 図　新疆自治区地区別一次産業比率と 1 人当り GRP

データ出所）『新疆統計年鑑』2006 年版

第3節

各種所得決定要因を考慮したうえでの所得格差について

吾買爾江・艾山, 大西広

　したがって, 以上の分析は, 民族別の所得格差を論じる際には, その原因が産業構造の相違から生じている可能性を十分考慮しなければならないが, さらに考えると, この要因以外に, 国家財政補助の多寡も影響を与えうる。そこで, 財政補助等のデータも入手してすべてをコントロールしたうえでの影響を調べることとした。なお, ここでは上記の2自治区, 1自治州の諸県以外にも少数民族問題を研究するうえで重要となるチベット自治区, 内モンゴル自治区のデータをそれぞれの自治区統計年鑑（2006年版）と「中国2000年人口センサス」および『西蔵自治区2000年人口普査資料』からとった。後者の二つを使ったのは二つの自治区の統計年鑑では県別の少数民族比率が表出されていなかったためである。また『中国民族統計年鑑』2006年版に掲載された全国120の自治県のデータも加えている。

　これらの結果, 本章で分析する県の全データは, 『新疆統計年鑑』の場合は掲載されていない6自治県のデータを除く62の市・県, 『寧夏統計年鑑』の場合は19県, 『西蔵統計年鑑』の場合は73の県・地区, 『内蒙古統計年鑑』の場合は101の旗・区・県, 『延辺統計年鑑』の場合は八つの市・県のものとなり, 先の『中国民族統計年鑑』を加えて合計383の県レベル・データとなっている。なお, 青海省もチベット族分析にとって重要であるが, 『青海統計年鑑』には県別データが掲載されておらず, やむなく含めることができていない。

　以下にそれらのデータの分析に入るが, 最初にまず全データの記述統計量と諸変数間の相関係数行列を第1-3表と第1-4表で示している。ここでは, 産業分類として総生産に占める「第一次産業比率」をとり, 「国家補助（財政

第1章　民族間の所得格差

第1-3表　記述統計量

	観測値	平均	標準偏差	最小値	最大値
1人当り地区総生産額（元）	372	11805.93	11310.95	1620	62518
少数民族比率（％）	383	57.38	33.44	0	100
第一次産業比率（％）	351	44	23.33	0	100
1人当り国家補助（元）	309	1215	1263.5	−2220.3	10357.1

データ出所）本文中に記載

第1-4表　諸変数間の相関係数

	1人当り地区総生産額	少数民族比率	第一次産業比率	1人当り国家補助対数値
1人当り地区総生産額	1			
少数民族比率	−0.39	1		
第一次産業比率	−0.662	0.418	1	
1人当り国家補助対数値	0.209	−0.005	−0.218	1

データ出所）本文中に記載

支出から財政収入を引いた額として推計）」については各県の人口の多寡を勘案してその1人当りの値をとっている。なお，第1-4表の相関行列表においては「1人当り地区総生産額」と「1人当り国家補助」は対数値のもので計算した。これは実際の回帰分析においてこれら2変数については対数値をとって計算しているからである（この理由は後述）。

　そこで，最終的な回帰分析をするための方針を次のように定めた。すなわち，「1人当り地区総生産額」が「少数民族比率」と関係しているかを見るのが目的なので少数民族比率を説明変数とするが，それ以外にも「1人当り地区総生産」に影響を与えうる要因としての「第一次産業比率」と「1人当り国家補助」のどちらかないし両方を，基本的な説明変数として入れて推計することとした。また，「少数民族比率」の大小とは別にどの少数民族であるかも重要かも知れないと考えて，上記方針での推計に際して，各少数民族の個別ダミー変数も作って同時に推計するということもした。具体的には，各県人口の50パーセント以上がチベット族，朝鮮族，回族，モンゴル族，ウイグル族およびその他の少数民族である県にそれぞれ「チベット族ダ

第1-5表　少数民族比率のわかる全中国の県データの分析結果

推定方法	普通最小二乗法							
推定式	1	2	3	4	5	6	7	8
被説明変数 / 説明変数	1人当りの地区総生産額対数値	1人当りの地区総生産額対数値	1人当りの地区総生産額対数値	1人当りの地区総生産額対数値	1人当りの地区総生産額対数値	1人当りの地区総生産額対数値	1人当りの地区総生産額対数値	民族比率(％)
定数項	9.97***	10.16***	10.21***	10.33***	10.17***	9.93***	9.39***	21.91***
少数民族比率	−0.06***	−0.06***	−0.07***	−0.07***	−0.015***	−0.001***		
第一次産業比率	−2.05***	−1.96***	−2.03***	−1.89***				
1人当り国家補助対数値			0.14***	0.18***	0.20***	0.25***		
チベット族ダミー	−0.21		−0.37		−0.78		−0.96***	73.53***
朝鮮族ダミー	−0.17		−0.25		−0.17		−0.25	28.29***
回族ダミー	−0.15		−0.18		−0.64		−0.85***	34.11***
モンゴル族ダミー	0.58		0.46		0.35		0.09	45.40***
ウイグル族ダミー	0.69		0.65		−0.10		−0.76***	66.23***
他の少数民族ダミー	0.04		0.03		−0.41		−0.88***	50.16***
Adjusted R^2	0.63	0.58	0.38	0.62	0.34	0.34	0.27	0.81
データ数	350	350	276	276	297	297	372	382

データ出所）本文中に記載
注）***は棄却域1％水準，**は棄却域5％水準，*は棄却域10％水準で有意であることを示す。

ミー」,「朝鮮族ダミー」,「回族ダミー」,「モンゴル族ダミー」,「ウイグル族ダミー」,「他の少数民族ダミー」を付して計算した。

　これらの方針で実際に計算された結果が次の第1-5表の推計式1-6で示されたものである。見られるように，この結果は次のことを示している。

1）　少数民族比率の高い県ほど1人当り所得が低いことが1パーセントの有意水準で確認された。ここまで第1-2図や第1-3図，第1-5図や第1-6図では1人当り所得と民族比率ないし1人当り所得と産業比率といったそれぞれとの関係しか見ることができなかったが，一次産業比率や1人当り国家補助といったありうるコントロール変数をどのように入れても安定的にこの結果が導かれたというのが重要である。これはやはり，少数民族の所得水準が漢族のそれより有意に低くなっていることの結果であると考えられる。所得水準の民族格差はこうして実証されている。

第 1 章　民族間の所得格差

2）　ただし，第 1 式，第 3 式，第 5 式のように個別の民族ダミーは統計的に有意な結果はもたらされなかった。ひとつには，特に朝鮮族，回族，モンゴル族のサンプル数がそれぞれ 5，15，15 というように非常に少ないことも原因しているが，逆に言うと，これらの少数民族の所得の低さは主にその「少数民族比率」のみで説明できていることとなっている。なお，ここでの回族ダミーの係数は彼らのステイタスの過小評価となっている可能性も指摘しておきたい。というのは，回族はよく知られるように特に中国西部の全域に広がり，都市部などでレストランを営業したりして他民族との共存に成功している。このような場合，彼らの経済的地位も低くはないが，ここで「回族ダミー」として示されているのは回族人口が 50 パーセントを超えるような県のみであり，そうした都市部回族の状況は一切反映されていないからである。

3）　しかし，本書の研究にとってこの問題は極めて重要であるので，より詳しい理解のために第 7 式と第 8 式を推計した。第 7 式は「少数民族比率」も他のコントロール変数も排除したうえで単純に各少数民族の 1 人当り所得の比較を対数値レベルで行ったものである。結果を見ると，少数民族内では朝鮮族県とモンゴル族県の 1 人当り平均所得がそれほど低くないこととなっているが，このうち朝鮮族の所得が他の少数民族より相対的に高いことはよく知られている。ただし，それでも第 1，3，5 式で朝鮮族ダミーが（有意ではないが）マイナスとなっている理由を第 8 式から想像することもできる。というのは，第 8 式は少数民族比率を単純に各少数民族ダミーで説明する式となっているから，実はそれぞれの民族の「民族県」の平均民族比率を直接に表現していることとなる。といっても，定数項も考慮しなければならないから，結局のところ，チベット族は 21.91＋73.53＝95.44 パーセント，朝鮮族は 21.91＋28.29＝50.2 パーセント，回族は 21.91＋34.11＝56.02 パーセント，モンゴル族は 21.91＋45.40＝67.31 パーセント，ウイグル族は 21.91＋66.233＝88.14 パーセント，その他の少数民族は 21.91＋50.16＝72.07 パーセントがそれぞれの「民族県」の少数民族比率であることがわかる。もしそうだとすると，ここでは朝鮮族ダミーや回族ダミーを付した県の少数民族比率

は他に比べて低いから,「少数民族比率」を推計式に入れた場合には相対的に高い所得を得なければならないことになる（少数民族比率の低いことは漢族比率の高いことを意味し，これはそれらの県の平均所得が高くなることを推計式 1-6 は意味しているからである）。しかし，現実には，この朝鮮族や回族の所得はそれほどには高くなっていないために，推計式 1, 3, 5 の朝鮮族ダミーや回族ダミーがマイナスとなっているのである。なお，第 7 式で見るようにモンゴル族県の平均所得は漢族県と変わりがないこととなっているが，この原因は明確ではない。

4) 最後に，コントロール変数として入れた「一次産業比率」と「1 人当り国家補助」についてもコメントしておきたい。まず，この両変数がともに有意となっていることである。やはり，各県の平均所得は各県の産業構造に強く依存している。また，貧困地域への国家補助がプラスに効いていることも興味深い。貧困地域になればなるほど国家補助も増えるから，この係数がマイナスに推計される可能性もあると考えていたが，結果はそうではなかった。これは国家補助が有効に機能している可能性を示していて興味深い。なお，第 1-4 表に見るように説明変数間の相関としては「第一次産業比率」と「少数民族比率」の間のものが最も大きかった。この問題を重視すると，このどちらかの変数を推計式から省くのが望ましいが，分析目的から「少数民族」を省けないので「第一次産業比率」を省いたのが第 4, 5 式となっている。この時，「少数民族比率」の係数パラメーターは小さくなっているが，それでも 1 パーセント有意で推計されている。この意味で，我々の結論は頑健であることがわかる。

なお，本回帰分析では被説明変数は対数値をとり，それに連動して「1 人当り国家補助額」も対数値をとった。これは大きく離れたはずれ値の影響を小さくするための措置である。また，少数民族比率と第一次産業比率といった「比率」，および 0 の値をとりうるダミー変数はそのままの値とした。また，この過程で「1 人当り国家補助額」の値には一部加工を加えている。それは，この値が一部でマイナスの値となっているため（「財政支出 − 財政収入」との

第 1 章　民族間の所得格差

南新疆の女性たちは農作業の合間に自宅で絨毯を織り，市場で販売する。一か月織っても数百元にしかならないが，それでも重要な家計補助となっている。写真は 2008 年 9 月にホータンの市場で撮影したもの。

計算で導いている結果である）に対数値が取れず，そのためマイナスの最大値をとったものを「0」（実際には 0 に非常に近い正の実数）として，その差額をすべての値に足し合わせたというものである。このため，この幅だけすべての「国家補助額」は多めに計算されているが，多寡のレベルは不変であるのでこうした。対数値をとることによる調整と理解されたい。

　ともかく，こうして過去の研究ではやや不明確であった少数民族と漢族との所得格差の実態はおおよその状況がわかった。具体的にはやはり少数民族が多い地区ほど所得水準が低くなること，もっと言うと少数民族の所得の漢族に比べた低さが確認されるということである。つまり，ここに中国少数民族問題が経済問題であるという，具体的な内容のひとつがある。この点を確認して，さらに詳しい分析に進もう。

コラム1

ラサ暴動の実際と政治・宗教問題

大西　広

I　ラサ暴動の計画者と参加者

大木崇氏の貴重な体験記

　2008年3月14日に発生したラサ暴動は民族矛盾の実際を知る上で重要である。誰がどのような怒りを持ち，なぜあのような形をとったのかが示されているはずだからである。そして，そのため，筆者はその約5か月後の8月中旬に現地に入ることとなった。しかし，もちろん，この暴動は北京オリンピックに連動したものであったから，2008年8月にも警戒は極めて厳しく，ラサのチベット族地区では30メートルおきに数名よりなる迷彩色の武装警官の小隊が土嚢のようなものに囲まれて陣取っており，その他にも6人編制の武装警官と一般警官がいたるところに巡回していた。また，大招寺前広場を囲む四方のビルの屋上にはいざという際に対処するためにライフル銃をもった武装警官が構えているという状況で，それらを写真に収めたり，暴動当日のことを住民に根掘り葉掘り聞いたりすることはとてもできない状況であった。しかし，我々は暴動当日に被害を受けた日本人大木崇氏の協力を得てその当日の状況を詳細に現地確認する中で現地の方々の信頼を獲得，それによって初めて以下に紹介する事実を知ることとなった。

　具体的内容を紹介する前にまずは大木崇氏の紹介をしておきたい。大木氏は3月14日の暴動当日，ツアーでラサに来ていた日本人観光客であったが，当日の午後1時ころ小招寺前で暴徒に襲われて怪我をされながらも，チベット族の婦人に助けられたという経験を持ち，またそれを克明に記録して大木

(2008) という著書にされている。公表されない事実，かつ各種の政治勢力がそれぞれの意図でまげて報じかねない事実を自分で見たことを頼りに公表された勇気と努力は敬服に値する。この本の出版には筆者も一役買ったが，ツアー同行者から得た情報も加え，これ以上にない歴史資料として存在する。したがって，まずは最初に大木氏のこの著書から知られるいくつかの重要な情報をピックアップしておきたい。それは以下のとおりである[1]。

① 3月9-10日　青蔵鉄道の車中で知り合った警官がしきりに大招寺近くの予定のホテルには泊まるなと大木氏を説得する。しかし，理由はなぜかと聞くと口ごもって何も言わなかった。
② 3月11日　セラ寺が治安部隊によって封鎖され，通行不能・拝観禁止となっていた。また，その方向に向かう軍用車両を何台か見た。それらには兵士があふれんばかりに載せられていた。
③ チベット族僧侶の抗議行動があるとの噂が流れる。
④ 3月12日　ラサ中心から10キロメートル西にあるデプン寺も治安部隊に封鎖されているのが確認される。観光バスの検問も厳しくなる。
⑤ 3月13日　大招寺で小さな抗議行動との情報
⑥ 3月14日午前　平穏な大招寺
⑦ 3月14日12：30　北京東路小招寺交差点付近で1人のチベット僧侶がパイプ椅子のようなものを使って自動車を激しく叩く。
⑧ 3月14日13：00　路上各地でチベット族が大声をあげる。多分抗議行動の呼びかけ。
⑨ 3月14日13：30　小招寺路を治安部隊が封鎖しようとするも失敗。彼らへの投石始まる。ここにあった警察署陥落。北京東路はチベット族でいっぱいになり，治安部隊は後退。
⑩ 3月14日14：00　当地から逃げようとした漢族らしき男性が拉致さ

---

1) 川田 (2009) は四川省などのチベット族地区を中心としながらもラサ暴動についても詳細に検討している。しかし，暴動の実態については亡命政府の情報源を利用しているのでバイアスのかかっている可能性がある。これに対し，本論は中国政府でも亡命政府でもなく現場に立ち会った日本人の現場情報と筆者自身のインタビューによる情報のみを基本として暴動の実態を再現している。

暴動5か月後＝2008年8月のラサ市内。まだ暴動の傷跡はいたるところに見られた。

れて集団リンチを受ける。殺された可能性も。直後，大木氏も暴徒に囲まれ，集団リンチを受ける。頭部に石を受け，ひるんだ際にチベット族の婦人に救出され，近くの商店内に匿われる。リンチを受けて血を流したイタリア人女性も同じところに逃げていた。

⑪ 3月14日14：00　大昭寺前でバイクに乗っていた漢族らしき者が投石を受け棒で袋叩きに。大昭寺の僧侶は笑って見ていた。日本人の質問に「We need freedom」と答える。14：45 近くの商店が放火され，暴動はエスカレート。

⑫ 3月14日15：40　治安部隊が北京東路に続々集結，治安部隊との大規模な衝突開始。ただし，17：00頃に砲声のような轟音1発を聞くまでは暴動が続く。その後形勢逆転するも，大木氏の周辺では銃声は聞こえず。

筆者たちが現地で得た追加情報

　筆者たちの2008年8月の現地入りはこの情報を再確認するためのものであり，大木氏から丁寧な地図などをいただき，3月14日14：00すぎに匿われた商店を特定する。ただし，大木氏の記憶と異なり，それはチベット族の婦人の店ではなく，とっさに入った漢族の店であった。この店の目の前の漢族商店はおそらく直後に行われた放火で全焼していたから大木氏たちも非常に危険な状況にあったことが確認された。つまり，この店も漢族商店として放火・略奪の対象となりえたということである。

　我々も当初は大木氏の情報を頼りにこの商店をチベット族商店と考えていたが，そうでないことを確認するにいたるまで何度もこの商店主と会って会話をすることとなったが，その過程で，驚くべきいくつかの事実を知ることとなった。具体的には

① 14：00すぎに大木さんたちがこの店の1階に避難していた丁度その時，この漢族商店主は2階で怖くてふとんをかぶってじっとしていた。これは1階からチベット語が聞こえるという状況下で自然なことであった。

② この商店主は実はその直前まで大招寺前で土産物の露店を開いていたが，そこで突然隣のチベット族の露店主に殴り掛かられた。直前まで並んで営業をしていたのが，ある時刻を機に急に知り合いに殴り掛かられたという話は極めて印象的である。この漢族商店主は5000元相当の商品を放棄して命からがらこの商店の2階に逃げてきていたということである。

③ この商店主には母親がいて暴動当日はラサにいたが，暴動後怖くなって内地の出身地に帰ってしまった。また，商店主のある知り合いは大きな石を頭にぶつけられて植物人間になってしまった。

④ この店は駄菓子屋兼公衆電話屋であったが，3月10日前後からすでに不穏な状況がはじまり，公衆電話を利用したチベット族がお金を払わなくなった。「漢族にお金を払う必要はない」というようなことを急に言いだしたということである。

さらに，我々はこの商店主だけでなく，大木氏が宿泊し，日本人観光客のラサ脱出のために誠心誠意努力された宿泊ホテルに泊まり，そのチベット族経営者や武装警察の対応に不満を持つチベット族の当ホテル担当警官（彼も大木氏などの救出に貢献した）などにも会って多くの追加情報もえた。また，市内に残された多数の放火・破壊の跡を調査した結果も加えて報告すると，

⑤　実際の暴動は「焼き討ち」「暴行」だけでなく「略奪」でもあった。中国建設銀行のシャッターを数名の暴徒がこじ開けようとしていた様子はテレビで何度も流されたが，それに隣接した「金行」の金製品や携帯電話ショップの携帯電話なども略奪された。

⑥　放火・破壊の対象となった建物としては上記以外に漢族経営の大型スーパー（最も激しい攻撃を受けていたのは第6章2節で紹介したヤルツァンボ大酒店と同じ経営者のスーパーであった），共産主義青年団事務所，新華社事務所などがあった。漢族商店の2階に住んでいたために放火で焼き殺されたチベット族女性もあった。

⑦　武装警察（機動隊）は暴徒を鎮圧する過程で身分証明書を持たないチベット族を片っ端から拘束して殴る蹴るの暴行を行い，半殺しの上トラックに載せていった。この暴行を見かねた現地警察の漢族副署長が武装警察に抗議したが，その場で殴られた。その後，現地警察も武装警察のコントロール下に入った。

⑧　乗車した漢族のタクシー運転手によると，やはり暴動前から乗車したチベット族が「漢族に料金を払う必要はない」と言い出すようになっていた。

⑨　セラ寺やデプン寺が刀や爆薬などの武器を集めていたことが内通者によって事前に通告され，警察が押収した。これは大木氏が見た状況と一致する。

　したがって，これらの情報を総合すると，当日の混乱，暴力のひどさ（これには武装警察のそれもが含まれる）とともに，僧侶たちがまず組織的に動

き[2]，それに暴徒たちが呼応，さらにエスカレートしていったという状況が浮かび上がる。見られるように，緊張は3月14日以前から徐々に高まっており，その直前の3月10日が，チベット青年会議など急進派が中国政府宛てに出した要求への回答期限であったことを考え合わせると[3]，おそらくチベット青年会議などに通じた（呼応した）寺院関係者が3月10日を起点に暴動を起こそうと動いていたのだと思われる。チベット青年会議派など急進派は世界の関心が集まるオリンピックの年を選んで「チベット人民大蜂起運動」を呼び掛けていた。少なくとも大木氏のレポートにある3月14日12：30のパイプ椅子のようなものによる僧侶の自動車破壊はすでに一般的な「抗議行動」の範囲を超えている。ただし，その後，北京東路を埋め尽くしたチベット族の群衆の多くは僧侶ではない。僧侶の呼びかけに呼応した民衆と理解される。したがって，この暴動では，以下の4種のチベット族の対応があったことになる。

（1）チベット青年会議の呼びかけに呼応して暴動を計画した僧侶たち
（2）上記僧侶たちに呼応して暴動に参加したチベット族（映像では主に男性の若者たち）
（3）セラ寺，デプン寺で内通し，暴動を阻止しようとした僧侶たち
（4）大木さんを助けたような良心的なチベット族

である。

　非人間的な暴動の実態を知るとき，（3）や（4）といったチベット族がいたことに安堵するとともに，（1）の問題，（2）の問題をどう社会科学として研究するかといった問題が我々につきつけられている。そして，筆者が主に本書で重視してきたのは（2）であった。急拡大する観光客を取り合う大招寺前の土産物屋は「同業者」との連帯感以上に実は被害者としての意識をより強くもっており，漢族の「よそ者」が自分たちの生活を脅かしに来ていると認

---

2) 川田（2009）には3月10日にセラ寺の僧侶たちが大昭寺付近で抗議行動をして逮捕された際，青海省や四川省のチベット族地域の僧侶が複数含まれていたとある。このこともこの抗議行動が組織的であり，セラ寺がその重要な拠点となっていた可能性を示している。
3) 中国政府はこの質問を無視して回答していない。

識していたものと思われる。この漢族の商店主に聞くことはできなかったが，おそらく漢族の土産物屋の方がずっと商売が上手で，それを隣のチベット族土産物商は恨めしく毎日見ていたのではないだろうか（実は筆者もこのような事業に漢族がここで参入する必要はなく，営業制限すべきと考えている）。

　それからもうひとつ。現地調査で認識を改めたことに，何をするでもなくぶらぶらしているチベット族の若い男性たちの多さである。あるいは逆に言うと，大招寺前やバルコルなどに集中する上記の土産物屋などの商店は，漢族の場合は男性も働いているが，チベット族の場合はほとんど女性だけしか働いていなかった。これはこうした仕事を「男の仕事ではない」とするチベット族の考え方を反映し，これがこうした産業での遅れを招いている。というより，この結果として男性たちは街中でぶらぶらすることになっているのである。たとえば，彼らは回族モスク前の広場に集まって玉石などの取引きを路上で立ったまま行っていた。実際上，こうしたスタイルの「都市雑業層」＝「半失業」の男たちが暴動の主要な参加者となっていたというのが重要である。

　実を言うと，このこととの関わりで，2010年に再度チベット調査を行った際に非常に興味ある話を当地の仏教指導者から聞いた。これは国際交流協会の手配による調査旅行であったため（その主要な報告は本書第6章2節で行っている），当地のこうした高僧たちに会えたのであるが，意を決して「暴動には多くの僧侶たちが関与していたのではないか」と質問したところ，その事実を認め，さらに暴動参加の僧侶たちの多くは年限を超えてラサの寺院に滞在する「修行僧」であると答えられた。チベット地域全土にある多くの寺院からセラ寺やデプン寺などに1000人はくだらない僧侶が2年の年限で勉強に来ているが，ラサの住み心地がよく多くの者が2年の後も帰ろうとしないというのである。お会いした高僧たちが言うには，一生懸命説得しているが……ということであった。そうすると，この場合は，彼らもまた「寺の中でぶらぶらしている（男の）若者」ということとなる。先の「都市雑業者」に通じる性格をもった社会階層ということになる。

　したがって，当初本書の第1章冒頭で述べたような「民族矛盾の根源は経済格差」との主張はさらに現場に近いレベルではもう少し修正した言い方と

ならなければならない。つまり、直接に「階級矛盾」や「産業間矛盾」という形の経済矛盾ではなく、もっと不明確な形の不満として現場ではあるということである。世の矛盾というもの、たとえば本来は階級矛盾という社会制度上のものであるものでも特定の経営者の特定の問題として人々が意識することはよくあることである。それと同じく、現地のチベット族は何やらむらむらした不満の状態にあるというのが正直なところであろう。しかし、社会科学者はこうした不定型な矛盾に筋をつけ、その本質を明確にしなければならない。

　こうして、先に見た現場のチベット人の不満は、直接的には商売上の矛盾、労使問題を発生させたヤルツァンボ大酒店経営者への反感、「半失業」への不満を含むむらむらした「漢族」全般への反感であった。もちろん、玉石の取り引きにも漢族は入り込みつつあるし、もっと一般的なレベルでは流入漢族が（そう意図しなくとも客観的には）その豊かさを見せびらしていること、そしてその結果としてチベット族のプライドを傷つけていることへの反感も含まれる。筆者はチベット族による金行や携帯電話店などでの略奪からそういうやるせない不満を感じた。

II　政治と宗教の問題について

ダライラマの影響力の強さ

　しかし、そうは言っても、現地チベット族が感じているこの「漢族支配」には「政治的支配」も含まれ、筆者はこの原因が少数民族地区の党書記がほぼ例外なく漢族となっていることと関わっていると感じている。王（1995）はその最後の部分で毛沢東が 1956 年に「関於蔵区工作与中央負責同志的談話」で少数民族自治区域では党書記もまた少数民族でなければならないと述べたと書いているから、現在の中国政府はその建国者の指示に従っていないこととなる[4]。実は、新疆の 2009 年のウルムチ暴動以来、新疆自治区ではこ

4）実はこの文献は手に取って確認することができない。本来は中共中央文献研究室他編（2008）に所収されていなければならないが、掲載されていないからである。しかし、王柯氏によるとこ

の方向に若干の改善が進んでいるが，まだまだ一部に限られる。この意味で，政治のレベルにおける「漢族支配」という状況の打開はひとつの非常に重要な課題として残されている。筆者はこれこそがダライラマの言う「高度自治」の内容でなければならないと考え，2010-11年の年末年始にダラムサラを訪問した際には亡命政府の元大臣に会ってその意見を伝えた。中国政府側の人物にもこの意見を何度も伝えている[5]。

　それからもうひとつ，この「政治問題」以上にここで問題となるのはやはり「宗教問題」である。寺院には寺院としての独自の経済的利益があり，たとえば彼らは人々の寄進が増えているか減っているか，五体投地をするなどの敬虔な教徒が増えているか減っているかに大きな関心を持っているはずである。そして，そのことは中国政府もよくよく知っていて，したがって巨額の寺院改修費用や補助金を投入しているが，他方の亡命政府は宗教の破壊が進んでいると述べている。後者の「宗教の破壊」の中味ははっきりしないが，ここではそのことは措いておき[6]，ただ暴動の出発点に僧侶たちがいたこと，そして多くの民衆がその呼びかけに呼応したということを問題としたい。本書の基本的立場は，この「民衆の呼応」の基本的要因が彼らの日常の不満，特に経済上の矛盾にあるというものであるが，それでも無視できない純粋に宗教的な要因もある。そしてここまで来ると，チベットの民衆たちの間におけるダライラマの強い影響力を無視できない。

　たとえば，大木氏を助けたチベット族の婦人の家にもダライラマの肖像があったと書かれているが，これは一般にチベット自治区内では許されていないはずのことである。少なくとも公の場には一切掲げられておらず，掲げることによって逮捕されたという話も多数報じられている。つまり，こうした状況下でも多くのチベット族はどこからか肖像を入手して誰も入らない家の

　の談話の存在は確かであるから，これは現政府がこの談話の存在を意図的に隠しているということとなる。

5) この意見は中国国内のみならず世界にも配布される雑誌『国際交流』『International Understanding』でも表明した。大西（2010）およびOnishi（2010）である。

6) たとえばチベットの子どもたちが学校で教えられる多くの知識はチベット仏教の教えと矛盾する。いわゆる「科学的知識」が宗教的な世界観と矛盾するからであり，これはチベット仏教界にとっては脅威と映ろう。しかし，かと言って学校が科学的な知識を伝えないわけにはいかない。

中に掲げている。暴徒たちに刃向って日本人を助けたチベット族の家にも掲げられているというのが重要である。

　もっと言うと，こうしたダライラマへの信仰はチベット自治区内におけるよりも四川省や青海省，甘粛省などの周辺地区の方が強いとのレポートも多い。川田（2009）の主要な主張点はここにあり，実際に青海省黄南チベット族自治州同仁県で仏具店と寺院に掲げられたダライラマの肖像をレポートしている。仏具店の店長は「掲げても問題はない」と答えたという。また，それ以外でもたとえば，鈴木（2008）は四川省のチベット族地区で同様の事実を報道し，さらに観光で四川省同地区の寺院に入った筆者の知人もダライラマの肖像が堂々と掲げられているのを見たという。実は漢族でありながらもダライラマを心から尊敬するチベット仏教徒に筆者は北京で話をしたこともある。その方の話ではこうした漢族信徒が現在増加中ということであった。

　たしかに，ダライラマの肖像をチベット自治区内の寺院で見ることはない。しかし，それでも少し注意するだけでわかることは，現在のパンチェンラマ11世の肖像を掲げる寺院が非常に少ないことである。このパンチェンラマ11世は中国政府公認のそれと亡命政府公認のそれとが2人おり（後者の所在ははっきりしていない），ここでいう前者公認の肖像を掲げないだけで実は中国政府に公然と刃向っていることが示されている。逆に言うと，あえて掲げている少数の寺院は彼の出身地であるとか（ギャンツェとシガツェではそうした寺院を見た），「安全寺院」と名付けられた特別に忠実な寺院とかであるということになるが，そうした寺院は管見の限り圧倒的に少ない。

やはり「宗教問題」以前の問題が重要

　しかし，ダライラマの影響力のこうした強さと僧侶たちが暴動の原因となったことを単純に結びつけることはできない。中国政府は「ダライ集団」が暴動を企画したとの主張であるが，チベット青年会議のような政治集団と一応宗教指導者となっているダライラマとを全く同じものとすることはできない。これは2011年にダライラマが正式に亡命政府の役職から降りることによってより明確となった。

　この違いが重要なのは，①多くのチベット族民衆へのダライラマとチベッ

ト仏教の影響が大きいこと，②今回のラサ暴動などの出発点に僧侶たちがいたこと，そしてさらに③しかし公式にはダライラマが暴動を呼びかけたとはなっていないこと，があるからである。③については，実ははっきりせず，おそらくはチベット青年会議の急進派が呼びかけたものをダライラマが抑えなかったのではないだろうかと筆者は推測する。つまり，これだけ組織的な準備があるにはダライラマは知っていたと思うのであるが[7]，少なくとも公式に述べていないということはそれはそれで大きなことである。ダライラマは「非暴力」を建前としているから公式に暴動を薦めることはできない。そして，もしそうだとすると，今回の暴動も中国政府の言うように単純に「ダライ集団の仕業」と一括できず，かつ「宗教問題」と単純化することもできない。これにはチベット仏教には上述のように漢族信者も増えてきているという事情もある。チベット仏教界はこうした漢族信者にも納得される道を歩まねばならず，そうするとむやみに民族対立を煽るわけにもいかない位置にある。

したがって，筆者の意見は再び本来の立場に戻る。すなわち，「宗教が原因」と言う前にもっと日常的なチベット族の不満に耳を傾けねばならず，暴徒たちが何故ダライラマの公式の立場を無視してまで暴力に訴えることになったのかということを考えねばならない。もちろん，人殺しや金品の略奪といった行為は許されざるものではあるが，そうした人としての当り前の倫理観を忘れてしまうほどに腹立てている不満の背景を探ることがやはり必要だと考えるのである。言うまでもなく，本書の立場は，それは定型的か不定型かを問わず経済問題／経済格差であるというものである。

---

7) こう疑う理由には，当時の亡命政府内でのチベット青年会議などの力の大きさ，およびダライラマ自身が 2008 年 3 月 18 日の声明で暴動犠牲者への何の言及もなかったということがある。

第2章
民族自治区農村の生業と民族間格差

扉写真

新疆ウイグル自治区南部農村の子供たち
新疆ウイグル自治区南部には中央指定・自治区指定の貧困農村が多いが，子供たちの顔は明るい。しかし，この子供たちが大人になる頃にこの地に十分な職があるかどうか。流入する漢族との矛盾も気になる。

前章では中国全土に広がる民族地区を対象に主に県データを使った経済格差の実態把握を行ったが，それは包括的な分析ではあっても，緻密で詳細な分析とはなっていない。特に，そうした経済格差がどのような原因で生じているかについての解明は不十分であり，本章ではその問題を一種の生産性格差によるものとして抽出する。もちろん，民族間で従事する産業が異なれば，すなわち低労働生産性部門の一次産業に主に従事するかしないかは民族間の平均所得に直結するからその事情も大きいが，前章ではそうした格差を考慮したうえでもいくつかの民族では漢族との格差の残存することがわかっている。

　したがって，ここで次に分析されるべきは，同一産業の中でも存在する民族間格差を生産性の観点から抽出することであり，そのために本章では，まず第1節で，新疆ウイグル自治区における「生産建設兵団（以下では「兵団」と記述）農業」と一般の農業との生産性格差の抽出を試みる。「兵団」を担っているのはほぼ全員が漢族となっており，自治区内のそれ以外の一般農業を担っているのは逆にほぼ全員がウイグル族を中心とする少数民族となっているからである。つまり，経済格差に関する「民族データ」の公開が基本的に存在しないもとで，農業部門の民族比較を「兵団」とそれ以外の一般農業の間で近似的に行うものである。

　また，農業については，特に南新疆地区の少数民族の主要な従事産業であるので，その調査を我々は行っている。これは，この地区に少数民族の貧困問題が集中していることにもよるが，分析にとって必要なミクロ・データの入手ができているので，その分析を第2節で行う。

　さらに，最後の第3節では対象民族を変えて回族貧困地区の実態を報告する。回族はウイグル族やチベット族とは違って漢族地域への進出も多く，また多くの企業家を輩出している民族ではあるが，ここで分析する地区はほぼ全員が回族で占められる集住地区であり，かつ農牧業が中心となっている地区である。あまり多くない家庭への訪問調査という形式の調査ではあるが，民族比較のためにもここに収めることとした。

第1節

新疆自治区における「漢族農業地区」としての兵団と少数民族農業

吾買爾江・艾山，張冬雪

　本節で扱う「生産建設兵団」とは，もともとは有事の際に直ちに戦力化が可能な一種の屯田兵部隊であり，人民解放軍部隊がその前身である。新疆自治区以外にも，内モンゴル自治区，黒竜江省，海南島，雲南省といった国境を持つ省や自治区に設置されたものであったが，国際的な緊張が緩和される中，1970年代半ばに一旦解散，しかし，その後1979年以降に新疆自治区のみで復活して今にいたっている。

　新疆自治区で最初の兵団は石河子市を中心に1954年に設立されたもので，成立当初の構成人数はわずか17万4000人であった。その後，1956年12月には全員が軍籍を離れ，また各地の知識青年と元軍人が集められて拡張が重ねられ，2006年現在では新疆自治区総面積の4.47パーセントを占める規模にいたっている。また，2007年には新疆生産建設兵団の下に14の師（開墾区），174の農業牧場，4391の工業・建築・運輸・商業などの企業，11の上場企業，二つの大学を持ち，他にも農業開墾科学院や石河子経済技術開発区を持つにいたっている。なお，兵団には科学研究，教育，文化，医療衛生，体育，金融，保険などの社会事業体と司法機構もある。2006年の兵団人口はおよそ260万人である。次の第2-1-1図にあるように"自治区"と"兵団"は行政等級としては同等であり，実際の生産・経営においても互いに協力者でもあり，ライバルでもある。人口構成をみると，漢民族は新疆の"自治区"総人口のおよそ40パーセントしか占めていないのに対して，兵団では漢民族が約88パーセントを占めており，これが先に兵団をほぼ「漢族農業」と言えるとした理由である。

　また，兵団組織は90年代の半ばまで行政機関と位置づけられていたが，

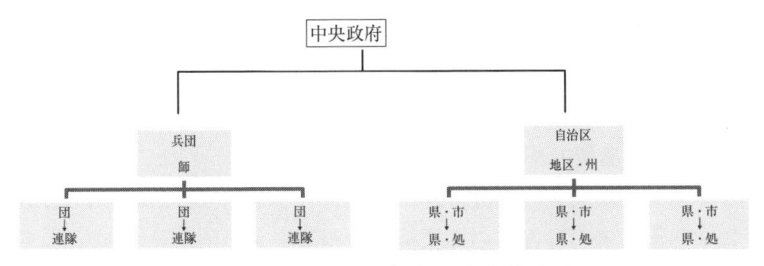

第 2 章　民族自治区農村の生業と民族間格差

```
                    中央政府
         ┌─────────────┴─────────────┐
       兵団                          自治区
       師                           地区・州
   ┌────┼────┐              ┌────────┼────────┐
  団隊  団隊  団隊         県・市     県・市     県・市
                            ↓         ↓         ↓
                          県・処     県・処     県・処
```

第 2-1-1 図　兵団と自治区の組織行政図

次第に土地を中心とする資産を運営する「経営体」に転換しつつある。兵団の管理体制は兵団総部―市（師）―団場の垂直な管理体系から構成され，団場は農業経営を担う，明確な領域境界と独立法人資格を持つ経済単位である。兵団農地およびその農業生産施設等のすべての資産は国家所有であり，国務院は国家代表として所有者の責任を履行するが，それらは最終的には兵団（団場）によって占有，使用，経営が行われている。また，兵団の農地経営は兵団職員（以下「農工」と略記）家庭の請負経営を基礎とした統合と分割の二層を結合した経営体制となっている。つまり，団場は管理主体として土地の請け負い，作物の計画，作業標準の作成，生産資料の調達，生産物の販売を統一的に行い，農業生産の機械化，標準化管理，規模化経営および先端技術の普及を促している。一方，兵団農工家庭は農地の請け負いによって自主的に経営し，そこから請負収益を得ている。このような経営制度の特徴として，①土地公有制を基礎とした国有経済（大農場と小農場）と請負農工の家庭経済（庭院経済）の共存，②土地の使用権と所有権の分離，③集約的農業経営が挙げられる。

　なお，これら兵団の一つの重要な特徴は新疆の自治区内にありながら新疆自治区と独立に存在し，兵団の総部は自治区と同格に中央政府の直接の管轄化にあるということである。この構図は第 2-1-1 図で示したが，ともかく，同じ地区にまったく異なる 2 種類の農業組織があることを理解されたい。

I 兵団農業と一般農業の概況

兵団農業と一般農業の基本状況

　ここから兵団農業と一般農業地域（兵団以外の自治区の農業地域のこと）の分析に入るが，最初に両者の農業構造の相違を記述的に見てみたい。そして，まず耕作面積を第 2-1-1 表でみると，兵団を除く自治区管轄地域（これを以下では中国の慣わしに従って「地方」とも呼ぶ）の工作面積は 1990 年に約 297 万ヘクタールだったが，その後増加して 2006 年に 383 万ヘクタールとなった。一方，兵団の耕作面積は 1990 年に約 78 万ヘクタールだったが，2006 年に約 103 万ヘクタールとなった。この両者の耕地面積は 1993 年，1994 年に減少しているが，これは 1992 年に発生した綿花に対する大規模な害虫災害の結果である。

　次に第 2-1-2 表は 1978 年，1990 年，2006 年における兵団と「地方」の耕作面積の割合を示したものである。この表から主要作物が小麦，トウモロコシといった主要食糧作物から綿花生産に大きくシフトしていることが読み取れる。そして，その変化は特に兵団において著しく，少数民族による一般農業はその後追い的な構造転換をしていることがわかる。

　しかし，本節の目的は本来，漢族農業＝兵団農業と少数民族農業＝一般農業（「地方」）との効率性の比較であるから，より重要なのはこの両者の間の生産性格差である。そして，そのために作物別の土地生産性格差を比較したものが第 2-1-3 表である。見られるように 1978 年から 2006 年の間における生産性の上昇は目覚しく，それは特にイモ類と綿花以下の経済作物において著しい。そして，この傾向は兵団と一般農業（「地方」）の双方について言

第 2-1-1 表　自治区管轄の「地方」と兵団の耕作面積の推移（単位：千ヘクタール）

	1990	1992	1993	1994	1995	2000	2010
「地方」	2979.5	3067.9	2995.1	2993.8	3051.4	3388.8	4758.6
兵団	780.8	810.2	786.9	787.3	813.0	909.8	1241.8

資料）各年の新疆統計年鑑，新疆生産建設兵団統計年鑑より作成

第 2 章　民族自治区農村の生業と民族間格差

第 2-1-2 表　耕地面積のうち主要農産物栽培面積の割合とその変化（単位：%）

	1978			1990			2010		
	兵団	「地方」	兵団/「地方」	兵団	「地方」	兵団/「地方」	兵団	「地方」	兵団/「地方」
食料用作物	62.4	76.0	0.8	47.1	61.3	0.8	25.4	41.9	0.6
#米	4.9	3.0	1.6	4.1	2.8	1.5	1.6	1.4	1.1
#小麦	37.4	45.0	0.8	31.3	39.6	0.8	13.9	23.5	0.6
#トウモロコシ	13.6	21.0	0.6	7.0	14.9	0.5	7.6	13.7	0.6
#豆類	2.2	0.4	5.5	1.0	0.5	2.0	0.8	2.4	0.3
#その他穀物	4.0	7.0	0.6	4.0	3.5	1.1	1.5	0.9	1.7
経済作物	22.0	16.0	1.4	37.3	29.4	1.3	61.4	48.2	1.3
#イモ類	1.0	0.8	1.3	0.2	0.4	0.6	0.5	0.8	0.6
#綿花	5.0	5.0	1.0	21.8	14.6	1.5	44.5	30.7	1.4
#植物油の原料	8.0	7.0	1.1	10.2	9.0	1.1	6.1	5.7	1.1
#テンサイ	2.0	1.0	2.0	3.7	2.2	1.7	2.3	1.6	1.4
#野菜・ウリ類	5.0	3.0	1.7	3.0	2.9	1.0	8.5	9.0	0.9
その他の農産物	15.0	8.0	1.9	15.6	9.4	1.7	13.2	9.9	1.3

データ出所）『新疆統計年鑑』2011 年版，『新疆生産建設兵団統計年鑑』2011 年版

第 2-1-3 表　主要農産物ヘクタール当たりの生産量とその変化（単位：kg/ha）

	1978			1990			2010		
	兵団	地方	兵団/地方	兵団	地方	兵団/地方	兵団	地方	兵団/地方
食料用作物	1878	1601	1.2	4259	3706	1.1	7504	6804	1.1
#米	3373	2594	1.3	6841	5619	1.2	7657	7128	1.1
#小麦	1605	1335	1.2	3702	3312	1.1	6168	5813	1.1
#トウモロコシ	2459	2164	1.1	6147	4734	1.3	10012	9237	1.1
#オオムギ	1161	1002	1.2	2867	2449	1.2	N/A	N/A	N/A
#豆類	922	1733	0.5	1588	2758	0.6	N/A	N/A	N/A
イモ類	6001	9922	0.6	21906	21153	1.0	N/A	N/A	N/A
綿花	468	366	1.3	1146	1077	1.1	2310	1677	1.4
植物油の原料	399	511	0.8	1113	1447	0.8	2748	2335	1.2
テンサイ	9654	9264	1.0	31569	33553	0.9	70835	61516	1.2
野菜	9544	16557	0.6	31959	32275	1.0	N/A	N/A	N/A
ウリ類	10478	10501	1.0	36040	32379	1.1	N/A	N/A	N/A
ウマゴヤシ	1811	N/A	N/A	4142	5604	0.7	N/A	N/A	N/A

データ出所）『新疆統計年鑑』2011 年版，『新疆生産建設兵団統計年鑑』2011 年版

第 2-1-4 表　兵団と「地方」の固定資産投資とその資金源

1. 社会固定資産投資額

単位	1995 地方 万元	%	1995 兵団 万元	%	2010 地方 万元	%	2010 兵団 万元	%
合計	3333404	100.0	369435	100.0	35396941	100.0	4482739	100.0
第一次産業	151548	4.5	59381	16.1	2114275	6.0	391574	8.7
第二次産業	2824257	84.7	163096	44.2	16670631	47.1	2304709	51.4
第三次産業	357599	10.7	146958	39.8	16612035	46.9	1786456	39.9

2. 社会固定資産投資資金源

単位	1995 地方 万元	%	1995 兵団 万元	%	2010 地方 万元	%	2010 兵団 万元	%
合計	3333404	100.0	374823	100.0	37844438	100.0	4508010	100.0
国家予算内資金	98004	2.9	12390	3.3	6347565	16.8	572337	12.7
国内ローン	818914	24.6	85354	22.8	5750361	15.2	807025	17.9
外資	307619	9.2	13659	3.6	120367	0.3	30037	0.7
自己資金調達	1756782	52.7	185885	49.6	25614601	67.7	2328397	51.7
その他の資金	352085	10.6	77535	20.7			770214	17.1

データ出所）『新疆統計年鑑』，『新疆生産建設兵団統計年鑑』各年版

える。しかし，それでも 2006 年時点ではほぼすべての土地生産性が兵団においてより高くなっていることからすれば土地生産性の上昇率は兵団農業の方が高かったことになる。ただし，生産に投入されているのは土地だけではないので，本当に兵団の生産性改善率の方が高いかどうかはもう少し緻密な検討を要する。これは本節最後における生産関数推定の課題となっている。

なお，前述のように兵団は自治区と独立しているので，その意味で農業以外の産業をも持っており，これとの対比では「地方」と表現される自治区管轄範囲にも農業以外の産業があることになる。そして，その意味で，兵団と「地方」の産業別の投資の内訳とその資金源をまとめると第 2-1-4 表のようになる。

そこで，まずこの表の産業別比率に注目すると，双方ともに第一次産業以外への投資が主であることがわかる。ただし，それでも第一次産業への投資額は双方ともに激増しており，農業が相対的に重視されるようになっている

ということはできる。

　また，これらの投資への資金源は「地方」と兵団のどちらにおいてもその半分以上が自己調達資金であることがわかる。その次には国家予算内資金がきて大きく増加しているが，それへの依存度は兵団の方が高くなっている。なお，国内ローンも両方とも社会固定資金の15パーセント超を占めている。

兵団農業と一般農業の投入・産出構造比較

　以上が兵団農業と一般農業（「地方」）の基本的な状況であるが，さらに一歩両者の生産性比較に進むために生産に投入されている投入要素の推移を投入労働力との比較において比べてみたい。そして，そのために作ったのが次の第2-1-2, 2-1-3, 2-1-4, 2-1-5図である。ただし，この図を見る前に過去のいくつかの研究から兵団農業の何が問題となり，何が課題として認識されていたかを見ると次のようになる。すなわち，胡（2001）は兵団の耕地保護率が85パーセント以下であるとして農地利用の問題点を指摘している。また，劉（2006）は2004年に兵団が所有する土地のうち，高生産性の農地は25パーセント，中生産性は40パーセント，低生産性は25パーセントであり，中生産性，低生産性の土地を改良することで農地利用が向上するという課題を指摘している。兵団農業において特に課題とされるのは労働力不足の問題である。中国内陸の各地から新疆の兵団に転居する農業労働力が増えつつある（李・劉・韓 2006）とはいえ，劉・呂（2006）は兵団に退職者増，若者転職者増，外来労働者減による農業労働力不足の顕在化問題を提出する。劉・支（2007）は兵団における農業部門の労働力年平均増加率を計算し，90年代は減少する一方であったが（1990～1995年は－1.7％，1996～2000年は－2.7％），2000年に入ってからは漸く上昇に（2001～2003年は4.1％）転換したという。同論文によると，2005年の農業労働力需要は48.6万人であるが，実際の農業労働力は39.5万人であり，9.1万人の不足となる。次に実際のデータに基づき，土地と労働力を含めた兵団の農業投入と産出状況を分析する。

　まずは1990（91）～2005（06）年における農業生産額（90年固定価格表示），耕地面積，農業労働者，農業機械総動力と化学肥料（純値）の推移を兵団と一般農業（「地方」）について示したのが第2-1-2図と第2-1-3図である。見

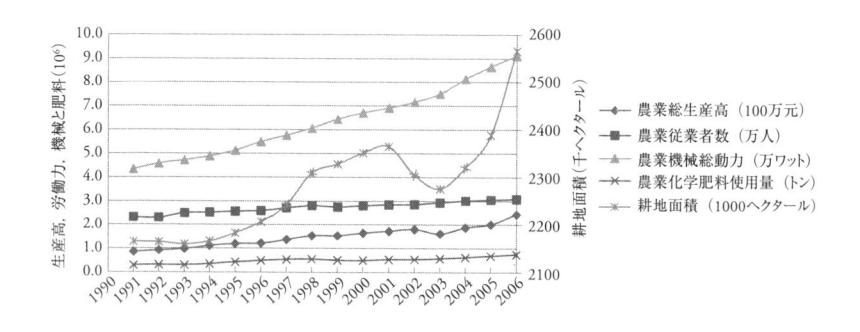

第 2-1-2 図 新疆自治区一般農業（「地方」）における農業生産高と投入（1991-2006 年）

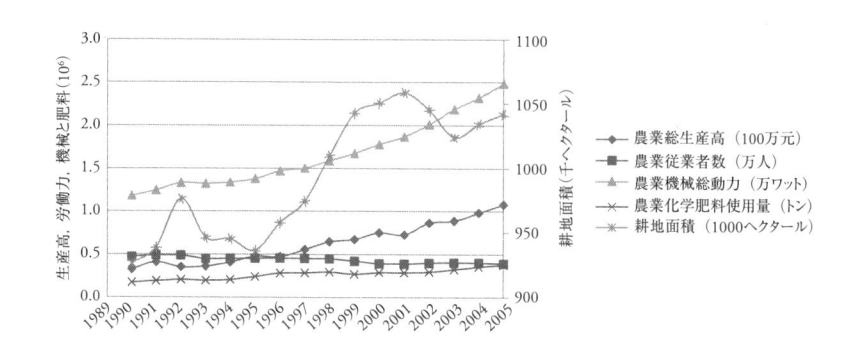

第 2-1-3 図 新疆自治区の兵団における農業生産高と投入（1990-2005 年）

られるように五つの変数のうち，兵団の労働力が減少したほかは，各数値が増加傾向にある。そして，「地方」も兵団もともに生産額と化学肥料は横這いながらも緩やかに増加している。とりわけ増加が激しい生産要素は機械動力で，15 年の間に地方も兵団も同様に 2.1 倍に増えている。これは生産額を高める最大の原動力が，技術的生産要素であることを示している。

　耕地面積は一番変動が激しい要素であり，15 年間で地方と兵団で 12.5 パーセントそれぞれ増加している。中国全体の耕地面積は 1990〜2005 年において平均 4.8 パーセントしか増加していないことから考えると，かなり高い数

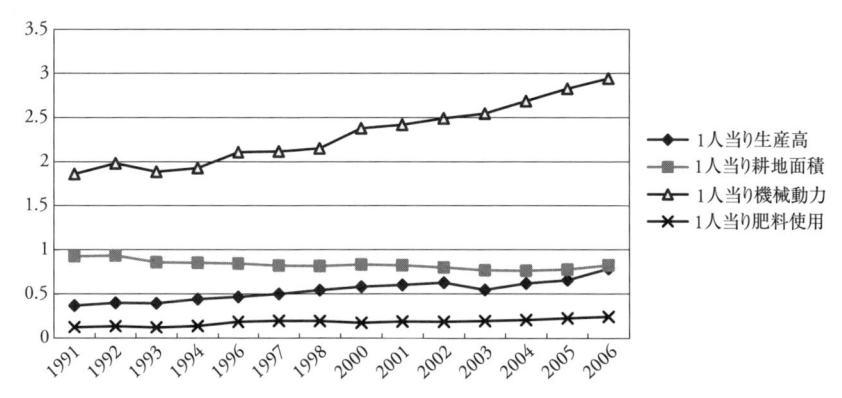

第 2-1-4 図 新疆自治区一般農業(「地方」)における1人当りの生産と投入

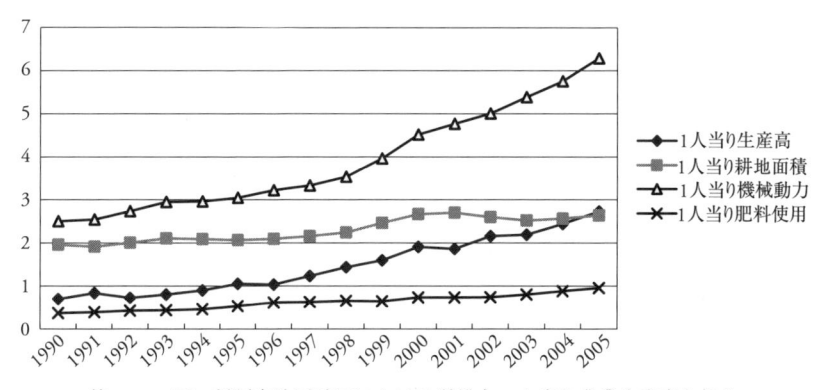

第 2-1-5 図 新疆自治区兵団における労働力1人当り農業生産高と投入

値である。「地方」も兵団もともに1997～2003年の間に,かなりの増加がみられる。これは土地の「所有」期限(正確には「請け負い」期限)が1981～83年頃を起点に15年で満期となりつつあったのを30年請負に政策が変更されたことによるもので,この結果耕地面積が増加したものと考えられる(張2004)。また,兵団は1992年にも大きな伸びを見せているが,これは同年から始まった"両費自理"政策(「両費」とは営農費と生活費,「自理」とは自己責任で工面することで自立経営を意味する)により,生産に対するインセンティブが向上した結果である。新疆における農業は中国平均と比べて土地は

比較的豊かな一方で労働力が不足しているという状況の下で，機械化を推進したことが見て取れる。なお，化学肥料の使用には限度があるため，それについては進んでいない。これらの傾向は投入財の労働力1人当りの状況から一層はっきり見ることができる。

次に第2-1-4図と第2-1-5図は一般農業（「地方」）と兵団における労働力1人当りの産出と投入，および中国農業全体の状況を表しており，まずは兵団では労働力が比較的少ないため，1人当りの数値が一般農業（「地方」）より高くなっていることがわかる。1人当りの耕地面積（2005年）は一般農業（「地方」）の3.2倍，中国平均の2.5倍で，中国各省・自治区の1人当り耕地面積でみても最大である。特に高いのは技術投入財である機械動力と肥料である。機械動力使用の一般農業（「地方」）と兵団の差は大きく，2005年に一般農業（「地方」）は中国平均値の64パーセントに過ぎないのに対し，兵団は平均値の137パーセントとかなり高いものである。また，1人当り肥料使用量の差はさらに大きく，一般農業（「地方」）は平均値の75パーセントであるのに対し，兵団は平均の3倍も投入している。

II　生産関数推定による技術非効率性の比較

農業投入と産出関係のモデルについて

以上から，兵団と一般農業（「地方」）を比べるには，土地面積のみならず機械動力や肥料といった投入要素をも十分考慮に入れるべきことがわかるが，もしそうだとすると，たとえば第2-1-3表で見たような単一投入要素のみで測る生産性／効率性ではなく，すべての投入要素を説明変数とした生産関数の推計による生産性／効率性の比較が必要になる。そして，そのためにここでは，被説明変数を含めて必要と考えられるデータを改めて以下のように整理した。具体的には

農業総生産高（90年固定価格，100万元）　　　Yで表現
年末耕地面積（1000ヘクタール）　　　　　　　$land$で表現

農業従事者数（万人）　　　　　　　　*labor* で表現
農業機械総動力（万ワット）　　　　　*mach* で表現
農業化学肥料使用量（トン）　　　　　*fert* で表現

また，生産性に影響を与えうる他の変数として

タイムトレンド（西暦年）　　　　　　*Year* で表現
耕地面積中の灌漑比率　　　　　　　　*irr* で表現
少数民族比率　　　　　　　　　　　　*nr* で表現

も考えることとし，これらの変数は（特に年鑑から取得する必要のないタイムトレンドを除いて）一般農業（「地方」）の場合は『新疆統計年鑑』から85県のデータを，兵団の場合は『新疆生産建設兵団統計年鑑』から13師のデータをとった。ともに1990年から2005年までのデータをとることができ，これらをもってパネル・データとしている。

したがって，ここで次に推計すべき生産関数は，

$$Ln(Y_{it}) = Ln\beta_0 + \beta_1 ln(land_{it}) + \beta_2 ln(labor_{it}) + \beta_3 ln(mach_{it}) + \beta_4 ln(fert_{it}) + \beta_5(Year_t) + \beta_6(irr_{it}) + \beta_7(nr_{it}) + \varepsilon_{it}$$

となる。ここで，添え字のiは地域を，tは年を表している。また，εは誤差項を表している。「投入要素」を左辺に合わせて対数値としているのは，コブ・ダグラス型の生産関数を想定しているからであるが，*Year*, *irr*, *nr* は投入要素それ自身ではないので対数をとらないこととする。

技術非効率性について

しかし，ここで問題なのは，誤差項εである。なぜなら，次の第2-1-6図に見るように，この部分には計測誤差や天候などのアクシデントによって生じる中心ゼロの通常の意味での「誤差項」と，技術的な非効率性による生産フロンティアからの乖離があるはずである。特に，その後者を計測することは，漢族主体の兵団農業と少数民族主体の一般農業（「地区」）との比較をするうえでは非常に重要となる。そして，そのため，Aigner, Lovell &

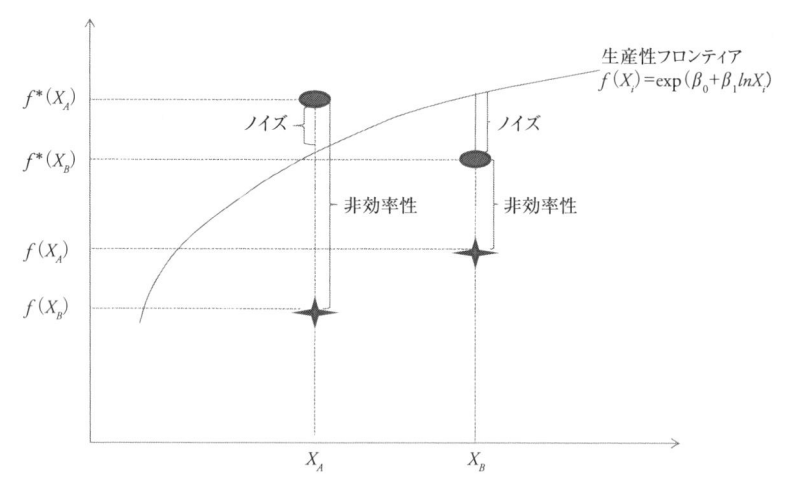

第 2-1-6 図　技術非効率性の図解

出所）Coelli, T. J., et al, (2005).
解説）図で $f(X_A)$, $f(X_B)$ となっているのは現実の生産，$f^*(X_A)$, $f^*(X_B)$ となっているのは技術非効率性を考慮しない段階での生産であり，両者の差が技術非効率性となる。

Schmidt (1977)，Meeusen & van den Broeck (1977)，Pitt & Lee (1981)，Battese, Coelli (1988)，Battese, Coelli & Colby (1989, 1992) といった先行研究に従い，誤差項 ε を

　計測誤差＋ランダムな要因による誤差 V_{it}

と

　生産における技術非効率性 $U_{it}(\geqq 0)$

の二つの変数が以下のような形で合成されたものと考えることとする。すなわち，

$$\varepsilon_{it} = V_{it} - U_{it} \quad i=1,\ldots,N; t=1,\ldots,T$$

ただし，V_{it} は $N(0, \sigma_V^2)$ の独立同一分布 (iid) の正規分布に従い，U_{it} から独立と想定する。また，$U_{it}=(U_i \exp(-\eta(t-T)))$ とし，U_i は非負のランダム

変数で，$N(0, \sigma_U^2)$ の独立で同一の半正規分布に従う確率変数であると仮定する。この時，U_{it} は $\sigma^2 = \sigma_V^2 + \sigma_U^2$ と $\gamma = \sigma_U^2/(\sigma_V^2 + \sigma_U^2)$ という仮定の下で，未知パラメーター β，σ^2，γ，η を推定するということとなる。なお，技術非効率性を推定する時に片側一般化尤度比検定を用いる。帰無仮説 H_0：$\gamma = 0$，対立仮説 H_1：$\gamma > 0$ の下で，尤度比検定によってモデルを選択する。

農業産出と投入の生産関数の推定結果（モデル 1 の結果）

　以上で生産関数推定のための準備を終えたが，最終的に上記のような誤差項の想定で計算を行う前に，一般農業（「地方」）と兵団について一般的な誤差項の仮定に基づくモデルを「モデル 1」と名付け，そのパネルデータによる推定を行った。その結果が次の第 2-1-5 表に示されている。ここでは，lnland，lnlabor，lnmach，lnfert はそれぞれ土地面積，労働力，農業機械動力，化学肥料の自然対数をとったものであり，すべての推計式にはそれらを含ませ，そのうえで，技術進歩の代理変数としてのタイムトレンド（Year）や灌漑比率（irr），少数民族比率（nr）はさまざまな組み合わせで説明変数に入れたり入れなかったりしている。また，最後に一般農業（「地方」）と兵団のそれぞれ（6）式と（7）式ではタイムトレンド（Year）の代わりに各年次ダミーを入れた結果を示している。なお，パネル推計では固定効果モデルと変量効果モデルのどちらかを採用することとなるが，ここでは Hauseman 検定により変量効果モデルがより優れているとの帰無仮説を棄却し，よって固定効果を採用している。

　この結果でまず気づくことは，一般農業（「地方」）では「灌漑比率」と一部タイムトレンドを除いて基本的にすべての説明変数が統計的に有意に推計されているものの，兵団ではそうなっていないことである。これはデータ数の大小にもよろうが，他方で先の記述統計で説明したように労働力不足が機械と肥料に依存する状況を作り出し（この結果，機械投入と肥料投入の係数推定値が高くなっている），代わりに土地と労働力の係数推定値が低くなっていることにもよっていよう。ここに兵団農業のひとつの特徴がある。

　しかし，民族問題を扱う本書としてはやはり「少数民族比率（nr）」が一般農業（「地方」）と兵団のどちらでもマイナスに有意に効いていることが注目

第 2-1-5 表　固定効果モデルによる「モデル 1」の推定結果

説明変数	一般農業（地方）							兵団						
	(1)	(2)	(3)	(4)	(5)	(6)	(7)	(1)	(2)	(3)	(4)	(5)	(6)	(7)
lnland	0.324***	0.496***	0.488***	0.468***	0.470***		0.480***	0.181	0.037	0.035	0.116	0.114		-0.05
	(9.12)	(15.11)	(14.84)	(14.33)	(14.58)		(14.94)	(1.19)	(0.27)					(0.43)
lnlabor	0.303***	0.193***	0.191***	0.180***	0.181***		0.188***	-0.445***	-0.053	-0.056	-0.248**		0.4446	-0.051
	(10.60)	(7.44)	(7.36)	(7.06)	(7.11)		(7.18)	(-4.21)	(-0.49)	(-0.52)	(-1.98)			(-0.580)
lnmach	0.553***	0.149***	0.146***	0.136***	0.136***		0.110***	1.089***	0.623***	0.622***	0.542***	0.556***		0.503***
	(19.72)	(4.542)	(4.43)	(4.22)	(4.22)		(3.33)	(11.78)	(6.01)	(2.41)	(5.14)	(5.28)		(5.19)
lnfert	0.262***	0.179***	0.180***	0.176***	0.175***		0.182***	0.479***	0.214**	0.212**	0.200**	0.201**		0.35***
	(16.23)	(16.71)	(11.99)	(11.94)	(11.95)		(11.82)	(4.48)	(2.57)	(2.55)	(2.44)	(2.46)		(4.42)
Year		0.038***	0.039***	0.039	0.039				0.046***	0.046***	0.044**	0.044***		
		(18.74)	(18.83)	(19.47)	(19.49)				(7.32)	(6.517)	(7.10)	(7.05)		
irr			-0.073	-0.036						0.112	0.269			
			(-1.37)	(-0.56)						(0.29)	(0.71)			
nr				-1.875***	-1.890***						-2.981***	-2.85***		
				(-7.44)	(-7.54)						(-2.94)	(-2.85)		
D1990						0.104***	0.083***						0.295***	0.240***
D1991						0.197***	0.138***						0.104*	-0.937
D1992						0.281***	0.203***						0.142***	0.039
D1993						0.349***	0.224***						0.217***	0.123**
D1994						0.379***	0.208***						0.375***	0.190***
D1995						0.482***	0.263***						0.374***	0.104**
D1996						0.613***	0.357***						0.504***	0.244***
D1997						0.632***	0.368***						0.696***	0.399***
D1998						0.695***	0.421***						0.714***	0.423***
D1999						0.749***	0.458***						0.807***	0.461***
D2000						0.783***	0.499***						0.844***	0.456***
D2001						0.720***	0.418***						0.985***	0.536***
D2002						0.894***	0.549***						1.333***	0.813***
D2003						0.974***	0.581***						1.154***	0.576***
D2004						1.163***	0.732***						1.248***	0.604***
D2005														
D2006														
Adj. R²	0.961	0.969	0.969	0.971	0.971	0.971	0.971	0.972	0.979	0.979	0.98	0.98	0.98	0.986
Obs. No.	1360	1360	1360	1360	1360	1360	1360	208	208	208	208	208	208	208

注：この表において係数推定値 t 値により有意水準を示している。括弧の中は t 値である。
* 10%水準で有意；** 5%水準で有意；*** 1%水準で有意

される。前述のように一般農業（「地方」）はほとんどが少数民族に担われ，兵団はほとんどが漢族によって担われているとはいえ，その内部でも微妙な民族比率の相違がある。そして，その影響がこのようになっているのである。第1章で述べたのと同じことが「新疆自治区」の「農業」においても確認されたこととなる。

　ただ，それでも，本節が問題としているのは本来，一般農業（「地方」）内部と兵団内部の少数民族比率の問題ではなく，その両者がそれぞれ「少数民族農業」と「漢族農業」を代表していることに注目して，そのふたつを比較しようとしているのである。そのため，この結果をさらに進め，ふたつの農業における技術非効率性の比較の推計を次に行ってみたい。

技術非効率性の推定結果について（モデル2の設定と結果）
　したがって，次になされるべきは上述のような技術非効率性の定式化を前提とした生産関数推計であり，このモデルを「モデル2」と呼ぶ。そして，最尤法を用いたその結果は次の第2-1-6表で示されている。ここでは先の「モデル1」で説明変数とした全変数は入れて推計するが，それに加えて誤差項に関するさまざまな仮説を設定して，そのどの仮説が望ましいかを検定する。具体的には，

1) γ に関する帰無仮説
　$\gamma = \sigma_U^2 / (\sigma_V^2 + \sigma_U^2)$ をゼロとする仮説で，技術非効率性 U_{it} から時変部分 $\exp(-\eta(t-T))$ を除去した U_i が $N(\mu, \sigma^2)$ の半正規分布に従っていることを前提にその分散がゼロとする仮説。技術非効率性がないとする仮説に等しい。
2) μ に関する帰無仮説
　同じく U_i が $N(\mu, \sigma^2)$ の半正規分布に従っていることを前提にその中心がゼロ（$\mu = 0$）とする仮説。
3) η に関する帰無仮説
　$U_{it} = (U_i \exp(-\eta(t-T)))$ の形をとって単調変動すると設定した技術非効率性 U_{it} が，実は変動しないとする仮説。$\eta = 0$ と表現できる。

第 2-1-6 表 最尤法による「モデル 2」の推定結果

variable	pa.	一般農業(「地方)						兵団				
		モデル2.0	モデル2.1	モデル2.2	モデル2.3	モデル2.4	モデル2.0	モデル2.1	モデル2.2	モデル2.3	モデル2.4
constant	$\beta 0$	0.744***	0.672***	0.238**	0.206***		-0.265	-0.095	0.02	0.018	
		(7.21)	(6.26)	(2.25)	(2.96)		(-0.623)	(-0.18)	(0.05)	(0.04)	
lnland	$\beta 1$	0.32***	0.326***	0.352***	0.337***	0.297***	0.001**	0.001	0.001	0.001	0.139
		(12.53)	(13.69)	(11.54)	(14.01)	(8.312)	(0.219)	(0.19)	(0.135)	(0.13)	(0.91)
lnlabor	$\beta 2$	0.22***	0.233***	0.33***	0.331***	0.286***	0.079	0.088	0.039	0.038	-0.232*
		(8.21)	(8.57)	(14.00)	(14.91)	(9.99)	(0.834)	(0.9)	(0.44)	(0.43)	(-1.70)
lnfpam	$\beta 3$	0.47***	0.468***	0.386***	0.391***	0.546***	0.649***	0.626***	0.644***	0.646***	0.56***
		(19.45)	(19.79)	(15.77)	(17.31)	(19.22)	(6.79)	(6.35)	(6.95)	(6.62)	(4.8)
lncf	$\beta 4$	0.097***	0.096***	0.103***	0.102***	0.268***	0.296***	0.293***	0.291***	0.288***	0.173**
		(9.64)	(9.9)	(9.73)	(9.14)	(16.61)	(3.74)	(3.36)	(3.31)	(3.43)	(2.04)
Year	$\beta 5$	0.003**	0.003***	0.01***	0.01***	-0.001	0.013***	0.015***	0.02***	0.02***	0.043***
		(1.97)	(3.06)	(18.69)	(18.67)	(-0.64)	(9.96)	(5.23)	(8.83)	(8.66)	(6.39)
irr	$\beta 6$	-0.0004	-0.002	-0.002	-0.003	-0.016	0.239*	0.15	0.002	0.02	0.255***
		(-0.49)	(-0.13)	(-0.15)	(-0.24)	(-0.52)	(1.81)	(1.06)	(1.00)	(0.136)	(0.613)
nr	$\beta 7$	-0.425***	-0.441***	-0.156***	-0.155***	-2.075***	0.129	-0.022	-0.066	-0.076	-2.941***
		(-7.53)	(-7.14)	(-2.29)	(-2.81)	(-7.85)	(0.74)	(-1.01)	(-0.40)	(-0.46)	(-2.74)
Segma sq.		0.057***	0.125***	0.05***	0.091***		0.012***	0.029*	0.053	0.041**	
		(3.92)	(5.48)	(3.49)	(5.95)		(8.08)	(1.9)	(0.65)	(1.98)	
γ		0.881***	0.941***	0.837***	0.912***	0	0.618***	0.847***	0.915***	0.889***	0
		(2.53)	(8.13)	(17.98)	(5.95)		(3.36)	(9.93)	(6.91)	(14.98)	
μ		0.257***	0	0.213***	0	0	0.139***	0	-0.092	0	0
		(4.78)		(2.76)			(2.37)		(-0.159)		
η		0.025***	0.025***	0	0	0	0.029***	0.0228*	0	0	0
		(9.83)	(9.65)				(2.54)	(1.95)			
log (likelihood)		1210.78	1207.79	1171.23	1169.5	176.585	245.86	245.54	243	242.98	87.44

注)この表において係数推定値t値により有意水準を示している。括弧の中はt値である。
*10%水準で有意;**5%水準で有意;***1%水準で有意

第 2 章　民族自治区農村の生業と民族間格差

第 2-1-7 表　「モデル 2」における U_{it} の分布パラメーターに関する仮説検定

		地方			兵団		
	帰無仮説	χ^2統計量	$\chi^2(0.95)$値	判定	χ^2統計量	$\chi^2(0.95)$値	判定
モデル2.1	$\mu=0$	5.98	3.84	棄却	0.64	3.84	採択
モデル2.2	$\eta=0$	59.1	3.84	棄却	5.72	3.84	棄却
モデル2.3	$\mu=\eta=0$	82.56	5.99	棄却	6.76	5.99	棄却
モデル2.4	$\gamma=\mu=\eta=0$	2068.38	7.81	棄却	316.84	7.81	棄却

といった 3 種類の仮説を設定し，一般農業（「地方」），兵団ともに

i）　γ，μ，η について何の制約も置かないモデルを「モデル 2.0」，
ii）　μ についてのみ $\mu=0$ の制約を置くモデルを「モデル 2.1」，
iii）　η についてのみ $\eta=0$ の制約を置くモデルを「モデル 2.2」[1]，
iv）　μ，η についてのみ $\mu=\eta=0$ の制約を置くモデルを「モデル 2.3」，
v）　γ，μ，η のすべてについて $\gamma=\mu=\eta=0$ の制約を置くモデルを「モデル 2.4」

とおいてそのどれが選択されるべきかを第 2-1-7 表で検定している。その結果は，一般農業（「地方」）では「モデル 2.0」が，兵団では「モデル 2.1」が採択されるべきということとなる。

この結果を先の「モデル 1」の結果と比べるならば，一般農業（「地方」）における投入要素の生産弾力性の大小順位が先の結果と一致していることがわかる。機械の弾力性がより高く，それ以外の要素の推定値は比較的に小さい。また，γ の値は 0.881 と有意に大きく，農業生産の変動に技術非効率の影響が大きいことを意味している。四つの生産要素ともに推定値がプラスで，1 パーセント水準で有意となっている。

他方，兵団農業では，土地と労働力の推定値はプラスであるが，統計的に有意となっていない。これも前述した理由からと考えられ，機械と肥料の係数推定値が 1 パーセント水準で有意となり，それぞれ 0.626 と 0.293 と大き

1）これが Battese, Coelli & Colby（1989）が提案した時間的非可変モデルである。

49

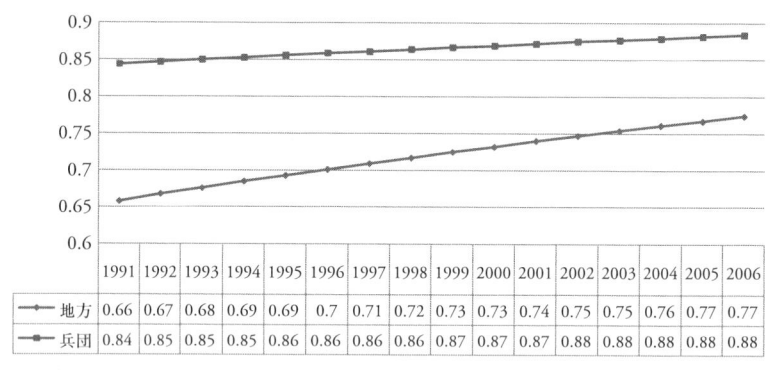

	1991	1992	1993	1994	1995	1996	1997	1998	1999	2000	2001	2002	2003	2004	2005	2006
地方	0.66	0.67	0.68	0.69	0.69	0.7	0.71	0.72	0.73	0.73	0.74	0.75	0.75	0.76	0.77	0.77
兵団	0.84	0.85	0.85	0.85	0.86	0.86	0.86	0.86	0.87	0.87	0.87	0.88	0.88	0.88	0.88	0.88

第 2-1-7 図 一般農業(「地方」)と兵団における農業生産技術効率性の推移

な値となっている。なお,「少数民族比率」は今回の場合は,一般農業(「地方」)では引き続きマイナスに有意ではあっても,兵団では有意とはならなかった。兵団内部の少数民族比率は大差ないのでこの結果はそれほど重要ではないだろう。

ただ,本来,この「モデル2」で最も検討したかったことは,技術効率性の動向であって,その計算結果をグラフにすると次の第2-1-7図のようになる。つまり,一般的な生産性の動向ではなく,土地や労働力,機械や肥料といった投入要素以外の面で農業生産に影響を与える効率性要因としての「技術効率性」が,この十数年間にどのように推移したかという点では,一般農業(「地方」)の改善スピードの方が兵団のそれより速いということである。第2-1-3表では土地生産性に関して兵団農業の方が一般農業(「地方」)のそれより速く改善していることが示されていたが,少なくとも今回の「技術効率性」に関する限り,主に少数民族による一般農業(「地方」)も改善を急いでいることとなる。なお,この「技術効率性」の計算では一般農業(「地方」)と兵団は別々の生産関数を推計しているので,第2-1-7図における一般農業(「地方」)と兵団の技術効率性の高低についてはそれほど大きな重要性はない。

第2章　民族自治区農村の生業と民族間格差

Ⅲ　小括

　以上，その構成員がほぼ少数民族で占められる新疆自治区の一般農業（「地方」）と，逆にほぼ漢族で占められる兵団農業を，それぞれの民族を代表する農業と見立てて比較を行って来た。そして，まず一般的な記述統計レベルの比較では，両者がともに面積を拡大しているだけではなく，土地生産性の点で目覚ましい発展を遂げていること，しかし少数民族農業には兵団農業と比べた遅れがあることを確認した。これは，投入労働力が不足する兵団農業と過剰気味の一般農業との相違も含めて投入要素の重点の違いも反映しているものと思われる。

　また，第2-1-5表や第2-1-6表でまとめられた両者の生産関数推定では特に一般農業（「地方」）において少数民族比率の高低が生産性に影響を与えていることも確認されて，ここでも民族格差が顕現することとなった。これらは総じて第1章で述べた状況と合致する。

　しかし，こうして遅れの目立つ少数民族農業ではあっても，土地や労働力，機械や肥料といった投入要素以外の面で農業生産に影響を与える効率性要因としての「技術効率性」について，一般農業（「地方」）のそれが兵団農業のそれの改善スピードを上回っているということは朗報である。格差はあってもキャッチアップは進んでいるのである。

　本書は全体として，このキャッチアップをどう進めるかが民族問題の中心問題であると認識している。新疆ウイグル自治区という地において，そしてその農業という部面においてその過程が進行していることを確認し，そうした改善が他の少数民族,他の産業においても進行することを願うものである。

第2節

南新疆貧困地区における農家経営の実態

大西広，阿不力克木・艾山，阿不都外力・依米提，白石麻保

I 新疆自治区における民族配置と貧困問題

　前節では新疆ウイグル自治区全域における漢族農業と少数民族農業の比較を「兵団」と一般の農業との相違の問題として扱ったが，単に両民族の農業構造・生産性の相違の問題として少数民族農業を研究するのではなく，少数民族農業それ自身の中から少数民族の持つ経済問題を研究することも重要である。実は，特に南新疆地区ではそこで農業を営んでいる者はほぼ100パーセントが少数民族＝ウイグル族であるので，次に南新疆の農業と農村についての分析を行いたい。幸い，本節執筆者はケリヤ（于田），チラ（策勒），ロプ（洛浦），ホータン（和田），カラカシ（墨玉），グマ（皮山），パイザワティ（伽師），コナシェヘル（疏附）の8地域という南新疆地域を対象とした貧困農家の現地調査を2003-4年に行い，少数ながら49の個別農家データを得た。こうした少数民族地区の個票データを得ることの困難性からして，これは非常に貴重なデータであるので，本節で分析してみたい。ただし，その前にこのデータは単なる「農家データ」ではなく，「貧困農家データ」でもあるので，この地区と貧困人口との関係に関する予備的考察をまずしておきたい。そして，そのために作成したのが最初の第2-2-1図である。

　この第2-2-1図は，新疆自治区に存在する13の地区別の民族比率と第一次産業比率をグラフにとったものである。第1章の第1-3図や第1-6図と少し似ているが，そこでそれぞれ1人当り地区別総生産（GRP）と相関させた「第一次産業人口比率」と「少数民族比率」の間の関係を見たものであ

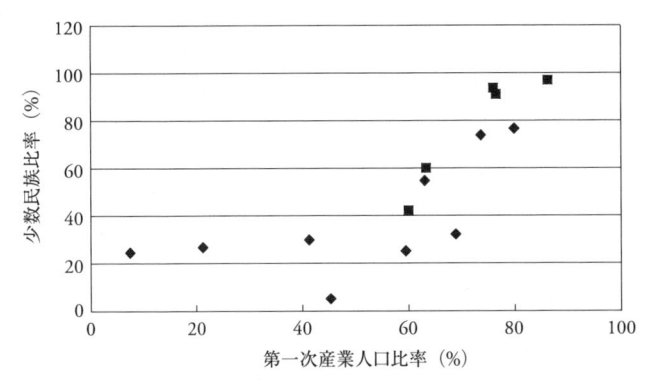

第 2 章　民族自治区農村の生業と民族間格差

第 2-2-1 図　新疆自治区少数民族比率と第一次産業人口比率
注）■としたプロットは南新疆地区のもの。
データ出所）『新疆統計年鑑』2004 年版

る。データを県ではなく地区でとったためにプロットの数が少なくなっているが，あえてこのようにしたのは，全体の傾向を見るにはこちらの方が明瞭だと思われたからである。また，このデータは『新疆統計年鑑』2004 年版からとったが，これは本節で分析する調査データが 2003-4 年のものだからである。そして，このグラフを見ると，少数民族のほとんどが第一次産業に属していることがまず予想される。これはほとんどの地区において「少数民族人口比率」と「第一次産業人口比率」がほぼ同じとなっていることから推測される。

　また，このグラフから読み取りたいもうひとつの特徴は，こうした少数民族地区の中心が南新疆にあるということである。これはこの第 2-2-1 図のプロットで■として示された南新疆地区の部分が右上方向に集まっていることからわかる。また，実際，この調査が行われた時点では以下の第 2-2-1 表に示すように県レベルの「貧困地区」として指定されている 30 県のうちの 21 県が南新疆に存在し，あるいは，国家指定の貧困県はさらに南新疆に集中している。このように貧困問題の研究は新疆自治区としては南新疆地区が重要となっているのである。本節で扱う調査地点を南新疆地域の「ホータン（和田）地区」「カシュガル（喀什）地区」「キジルキルギス（克孜勒蘇柯尔克孜）自治州」に属するアトシュ（阿図什）市，コナシェヘル（疏附）県，ケリヤ

第 2-2-1 表　新疆自治区における国家・自治区指定の「貧困県」

	南新疆地区	北新疆地区
国家指定の貧困県（市）	カルピン（柯坪），コナシェヘル（疏附），グマ（皮山），カラカシ（墨玉），チラ（策勒），ケリヤ（于田），イェンギシェヘル（疏勒），岳普湖，アクタ（阿克陶），ロプ（洛浦），タシュクルガン（塔什庫爾干），アトシュ（阿図什）市，イェンギザール（英吉沙），アクチ（阿合奇），ウルグチャト（烏恰），ニヤ（民豊），ホータン（和田）県，ホータン（和田）市，カルギリク（葉城），ウシュトゥルファン（烏什）	トリ（托里），モリ（木壘），バルクル（巴里坤），ニルカ（尼勒克），ブルルトカイ（福海）
自治区指定の貧困県	バイザワティ（伽師）	ホボクサル（和布克賽爾），ジェミナイ（吉木乃），ブルチン（布爾津），チンギル（青河）

（于田）県，チラ（策勒）県，グマ（皮山）県，カラカシ（墨玉）県の 6 地域としたのはこの趣旨からである。そして，実際，前述のようにこの時点の和田地区の少数民族比率は 96.9 パーセント，カシュガル（喀什）地区の少数民族比率は 91.1 パーセントと特別に高くなっていた。もちろん，このほとんどはウイグル族である。

　しかし，この地域の分析を行う前に，少数民族自治区としての新疆自治区が他の四つの民族自治区や四川，重慶，貴州，雲南，甘粛，青海各省内の少数民族集住地区（ここではこれらを合わせて「少数民族集住地区」と呼ぶ）と比較して持つ一般的な特徴を温軍（2003）の整理を使って概観しておきたい。第 2-2-2 表がその要約であるが，ここに見られるように新疆自治区には他と違う特徴のあることがわかる。ここでの我々の最大の関心は①の「貧困発生率」であり，他の少数民族地区と比べても劣悪なこの特徴は②の「乳児死亡率」や③の「0 歳児の平均余命」とも整合的である。が，⑦，⑧，⑨の特徴は少なくとも他の「少数民族集住地区」よりは逆によくなっており，これは農村人口や農民人口が比較的少ないという④や⑤の特徴とも合っている。あるいはまた，⑩，⑪，⑫，⑬の特徴は何と新疆自治区が他の「少数民族集

第 2 章　民族自治区農村の生業と民族間格差

第 2-2-2 表　新疆少数民族地区の他地域との比較

	新疆少数民族集住地区	全国少数民族集住地区平均	内地漢民族集住地区	全国平均
①貧困発生率	17.6%	15.0%	7.3%	11.3%
②乳児死亡率	50.31%	32.34%	12.68%	17.87%
③0歳児の平均余命	59.64年	64.71年	69.83年	69.80年
④耕地面積比率	1.94%	2.91%	25.83%	9.89%
⑤農村人口比率	51.1%	77.8%	71.7%	73.2%
⑥農業人口比率	57.5%	64.0%	45.9%	50.1%
⑦1人当り GDP 指数	89.6	66.1	111.6	100.0
⑧1人当り消費水準	71.9	69.8	110.4	100.0
⑨農村住民1人当り収入	79.4	76.8	108.7	100.0
⑩千人当り科学技術人員数	37.90人	20.95人	25.45人	24.30人
⑪15歳以上人口に占める非識字・半識字比率	9.77%	18.69%	14.01%	15.14%
⑫小学校未就学者比率	8.11%	15.16%	11.23%	12.23%
⑬大学・高専卒業者比率	6.69%	2.10%	3.11%	2.85%

注）「貧困発生率」は康暁光『中国貧困与反貧困理論』1995 年，「乳児死亡率」および「0 歳児の平均余命」は『中国人類発展報告』1999 年，「耕地面積比率」は中国科学院自然資源総合考察委員会『中国農業自然資源数拠匯編』1980 年，「農村人口比率」，「農業人口比率」，「1 人当り GDP 指数」，「1 人当り消費水準」，「農村住民1人当り収入」，「15 歳以上人口に占める非識字・半識字比率」，「小学校未就学者比率」，「大学・高専卒業者比率」および「1000 人当り科学技術人員数」は『中国統計年鑑』2000 年。
出所）温（2003）掲載の各種の表より整理。

住地区」，「内地漢民族地区」（「少数民族集住地区」を除いた地域）および全国平均のどれをも上回っていることを示している。つまり，これら指標で見てここまで「先進的」な新疆自治区にどうしてこうも高い貧困発生率が存在するのかといった問題があることになる。

本節執筆者の意見では，新疆自治区への漢民族の流入が（過去における兵団への入植とともに）都市に集中し，よって都市的職業に従事する漢民族と引き続き農村を主体とする少数民族との違いがこのような「二極分解」的状況を生み出しているのではないかと思われる。さらに，新疆自治区の都市は石油化学工業を中心により近代的産業に偏っていることを考える時，それだけ都市－農村間の問題が民族間により鮮明に表出されたのだとも言えよう。「非識字・半識字比率」を貧困発生率が上回っていることの解釈は難しいが，ともかく「17.6 パーセント」の貧困人口は新疆の少数民族全体の特徴というより，その一部の特徴と見るべきということになろうか。以上の認識のうえ

に，以下で示す南新疆貧困地区農家の分析をしてみたい．

II　調査の概要とデータの性質

　そこで，いよいよ我々の調査データを説明する．以上に述べたように，我々の調査は「ホータン（和田）地区」「カシュガル（喀什）地区」および「キジルキルギス（克孜勒蘇柯尔克孜）自治州」に属するケリヤ（于田），チラ（策勒），ロプ（洛浦），ホータン（和田），カラカシ（墨玉），グマ（皮山），パイザワティ（伽師），コナシェヘル（疏附）の8地域という南新疆地域を対象とした現地調査を2003-4年に行い，巻末折り込みの付表1にあるような49の個別農家データを得た．データからわかるように，一部には高所得の農家も含まれており，これは比較の対象として入れられたものである．この点に注意して戸数と人数に分けた収入分布を見ると第2-2-3表のようになり，我々の対象が「一部」の高所得農家以外にも広く分布していることがわかる（我々の調査で「現金総収入」を回答しなかった10戸は除く）．

　なお，付表1の一番左端の欄は各戸の家長の名前である．すべてが少数民族であることを確認されたい．

　しかし，それ以上に興味深いのは，表中に合わせ示した1996年における墨玉県国連救貧対策対象戸の分布と比べたとき，6-7年後であるにもかかわらず350-530元クラスの貧困家庭が残っていることである．この墨玉県は我々の調査対象県でもあるが，国連が4400戸貧困家庭を選び1996年に救貧策を採った．したがって，この分布は当地の貧困家庭の収入分布を示している．我々の調査の方が650元以上の層が多いという意味ではさすがに6-7年の差を感じさせるが，少なくともこの国連の救貧策では表にあるように4400戸のすべてが翌年には530元以上の収入を得ることができた．その意味で，2003-4年時点でも530元以下の階層が残されているという問題を深刻に受け止める必要がある．中国の高度成長は一般的には貧困家庭の収入をも増やしているが，それでもその一部には取り残されている階層がいるということになる．

第 2 章　民族自治区農村の生業と民族間格差

第 2-2-3 表　調査対象農家の年収分布状況

年収階級 (元)	我々の調査 (2003-4 年)		墨玉県国連救貧対策 対象戸の分布 (1996 年)		墨玉県国連救貧対策 実施後の分布 (1997 年)	
	戸数	人数	戸数	人数	戸数	人数
350-530	7	24	1519	6989		
530-650	9	50	2881	13251	864	3973
650-700	1	5			2373	10915
700 以上	23	120			1163	5352

出所) 墨玉県のデータは，中国社会科学院民族研究所 (1999) 243 ページによる。

第 2-2-4 表　全中国および新疆自治区における貧困線および貧困人口の推移

年数	1978 年	1986 年	1992 年	1994 年	1995 年	1998 年	2000 年	2002 年	2005 年
新疆自治区 貧困線 (元)	60	120	200	300	530	625	625	627	
新疆自治区 貧困人口 (万人)	300	163	151	107	143	50	44	19	
全中国貧困線 (元)	100	206	317	440	530	625	625	627	683
全中国貧困人口 (万人)	25000	12500	8000	7000	5000	4210	3209	2820	2365

出所) 新疆自治区については「中国新疆自治区人民政府扶貧室」提供。

とはいえ，貧困人口の減少は大局的な趨勢であり，そのことは次の第 2-2-4 表によっても確認することができる。新疆自治区の貧困人口がこのように 2 年で半減というテンポで進んできたとすれば，2004 年時点でほぼ 10 万人程度ということになろうか。そうした比率の少数者（人口比約 0.5 パーセント）が我々のデータの 16/40（年収 650 元以下の戸数の比率）ないし 74/199（年収 650 元以下の人口の比率）を占めていると考えればよいことになる。

III　農家経営の状態を決める諸変数について

それでは次に，以上のデータを利用して，南新疆貧困地区農家の経営の実態を回帰分析の方法で調べることにしたい。ここでは農業生産量の対数値を被説明変数とする生産関数を加重最小二乗法で推計し，何が生産量の大小を

決定するかを探った。その結果は第 2-2-5 表の 3 本の方程式として示されているが，その特徴は次のとおりである。

まず第一に，生産関数の基本である土地と労働力の生産への寄与について見ると，生産要素としての土地の重要性が再確認されるとともに，労働力の増大がマイナスに作用していることに現れているように農業労働力の余剰状況を予想させる。調査結果の中で「貧困の原因は何と思うか」との質問への答えに「労働力不足」と答える者が多いが，統計的にはそれとは異なる結果となった。また，扶養家族が多くなればなるほど農業生産が有意に減少するという結果となっており，この意味でも余剰人口が経済発展への負担となっていることが確認できる。

また第二に，兼業の影響を羊・鳥などの「農業内兼業」と出稼ぎ，裁縫，絨毯織りなどの「農業外兼業」に分けて回帰させた結果は，前者では方程式 2 と 3 で有意ではないものの，それが農業生産と代替的（競合的）である一方で，後者は全方程式で農業生産にもプラスに寄与しているという結果が得られた。後者の理由は今ひとつ明らかではないが，たとえばそうした兼業による収入増のポジティブな影響があるのかも知れない。

さらに第三に，トラクター，馬，ロバ保有についてもその影響を調べてみたが，第 1 式でトラクター所有農家の生産性の高さが確認された。しかし，トラクター所有農家は「貧困農家」というよりは，先に述べたように貧困農家以外のデータを一部追加する目的で入れられたものである。その意味で，この計算結果を直ちに「貧困農家がトラクターを導入すれば農業生産が増える」ものとして理解することはできない。範疇的に別の農家が含まれているということであって，この意味では「トラクター保有」というダミー変数は「非貧困農家」というダミー変数として見るのが望ましい。したがって，このダミー変数の推定パラメーターがプラスであるのは当たり前のことである。なお，馬や驢馬の保有が一部でマイナスに有意となっている。貧困農家においては，経営実態に合わないこうした経営手段の保有は負担となってネガティブな影響を与えている可能性がある。

次に第四に，家長の学歴の影響である。ここでは，方程式 3 で高校卒業という学歴が農業生産にも寄与していることがわかる。高校卒業と聞くと，こ

第 2 章　民族自治区農村の生業と民族間格差

第 2-2-5 表　新疆農家生産関数の推定結果

推定方法：加重最小二乗法

	1	2	3
定数項	6.96***	7.51***	7.20***
	(43.57)	(15.31)	(28.26)
中間投入対数値	0.03	0.08	0.04
	(1.29)	(1.37)	(1.59)
家庭内労働者数対数値	−0.30***	−0.95***	−0.47***
	(−3.62)	(−7.16)	(−4.49)
耕地面積対数値	0.33***	0.49***	0.34***
	(4.49)	(4.35)	(4.34)
家庭内非労働者数対数値	−0.15***	−0.47***	−0.20***
	(−4.56)	(−6.15)	(−4.25)
農業内兼業ダミー	−0.36**	−0.09	−0.10
	(−2.56)	(−0.41)	(−0.53)
農業外兼業ダミー	0.16***	0.22**	0.12
	(2.78)	(2.36)	(1.80)
トラクター保有ダミー	0.45***	0.01	0.24
	(3.58)	(0.02)	(1.18)
ウマ保有ダミー	0.01	−0.46***	−0.09
	(0.12)	(−3.64)	(−1.29)
ロバ保有ダミー	0.05	−0.31***	−0.20**
	(0.89)	(−5.74)	(−2.17)
小学校卒業ダミー		−0.42***	−0.21**
		(−2.84)	(−2.58)
中学校卒業ダミー		−0.69***	−0.07
		(−3.02)	(−0.40)
高校卒業ダミー		0.14	0.50***
		(0.76)	(3.36)
現金収入		−0.0001	0.00004**
		(−1.59)	(2.22)
借入金額		0.0001*	
		(2.00)	
義務労働日数		−0.0008	
		(−0.82)	
R^2	0.27	0.51	0.36
データ数	39	32	35

注 1）被説明変数は農業生産量対数値である。
　 2）（　）内は t 値、***は棄却域 1％水準、**は棄却域 5％水準、*は 10％水準で有意あることを示す。

れは貧困家庭ではそもそも不可能と思われるかも知れないが,「トラクター保有者」でなくとも卒業者は存在している。その意味で,意味のある結果と言える。ただ,小中学校卒業という学歴水準の方が「無教育」より生産が少なくなっているのは,このレベルの貧困家庭にとっては小中学校水準の教育では間に合わず,無教育の方が負担のない分だけ有利となっている可能性がある。

　第五に,「現金収入」や「資金借り入れ」が経営に有利に働いているかどうかを調べたが,方程式3のように現金収入のみを入れた場合にはそれが有意に,方程式2のように両方を入れた場合には資金借り入れのみが有意になった。これは,一定程度の現金収入がなければ資金借り入れもできないので,両変数が多重共線関係にあることを示唆している。また,これら方程式2,3ではトラクター保有の係数が有意でなくなっており,これもまた多重共線関係の一部を担っているのではないかと思われる。そして,実際,それぞれの相関係数を計算すると,

「現金収入」と「資金借り入れ」間の相関係数　　0.33
　　　　　　　　　　　　　　　　　　　（自由度34で,5%有意）
「現金収入」と「トラクター」間の相関係数　　0.27
　　　　　　　　　　　　　　　　　　　（自由度34で,10%有意）
「トラクター」と「資金借り入れ」間の相関係数　　0.25
　　　　　　　　　　　　　　　　　　　（自由度34で,10%有意）

であることがわかった。ともかく,収入の多い農家は資金借り入れもでき,よって大型機械の導入もできて,その結果として再び収入が増えるという好循環を持っていることがわかる。

　最後に,「義務労働日数」の影響も検討したが,特に影響していないという結果になった。調査結果の中で「貧困の原因は何と思うか」との質問への答えに義務労働を答えるものがあるが,それはただ一戸に留まり,労働力が過剰気味の下では大きな問題ではないのではないかと思われる。

　したがって,以上の要点は次のようにまとめることができる。すなわち,①生産要素としての土地の重要性,②農業労働力の余剰状況,③扶養家

族の存在が農業生産の負担になっていること，④「農業外兼業」の生産性が高いこと（羊・鳥などの牧畜系兼業とは代替的），⑤富裕な農家が資金を借りてトラクターなどを使っている可能性，の5点である．

Ⅳ　農家収入を決める諸変数について

　以上は「農業生産」の量を決める「生産関数」の分析であるが，農家の最終目的は収入であるから，次に「現金収入」を決める諸変数を調べることにする．第2-2-6表と第2-2-7表がそれぞれ「現金収入」およびその対数値を被説明変数として加重最小二乗法で回帰分析したものである．
　これを見ると，まず第一に，「家庭内労働者数」や「家庭内非労働者数」が効いている一方で，農業生産増が収入増に結びついていないことがわかる．先の「農業生産量」には家庭内労働力の多寡が影響を及ぼしていない，ないし負担となっていることが示されているので，それとの対比を行えば，労働力の一定部分が農業外収入に携わっており，その収入の寄与の方が大きいということが想像される．土地面積の大小が収入に関わっていないこともその傍証となっている．
　さらに第二に，裁縫，絨毯織りなどの「農業外兼業」の所得効果が高い一方で，羊・鳥などの牧畜系兼業（農業内兼業）の効果のないことである．これを調査結果の中で「脱貧の方法は何と思うか」との質問への答えに「牧畜をする」との回答が多かったことと斉合させるには，こうした養羊，養禽を自家消費目的と理解する以外にない．つまり，「収入」に表れない方法での「脱貧」には役立っているが，「収入増」としては表れていないということである．なお，「家庭内非労働者数」が有意にプラスとなって効いているのは，「農業外兼業」と彼ら／彼女らが何らかの形で関わっているのではないかと考えられる．
　最後に，ここでは中学校までの教育が所得増に繋がっていることが確認された．
　したがって，ここでも現金収入に関わるまとめを行えば，次のようになる．

第 2-2-6 表 農家の現金収入（元）に関する回帰分析

定数項	1762.98
	(0.37)
家庭内労働者数対数値	518.57**
	(2.44)
耕地面積対数値	96.19
	(0.44)
家庭内非労働者数対数値	288.78*
	(2.02)
農業内兼業ダミー	174.46
	(0.42)
農業外兼業ダミー	271.12**
	(2.47)
農業生産対数値	−967.72
	(0.40)
小卒ダミー	337.83
	(1.49)
中卒ダミー	292.38*
	(1.79)
高卒ダミー	137.37
	(0.81)
R^2	0.10
データ数	32

注 1) 被説明変数は現金収入である。
　2) （ ）内は t 値であり，***は棄却域 1％水準，**は棄却域 5％水準，*は 10％水準で有意あることを示す。

第 2-2-7 表 農家の現金収入対数値に関する回帰分析
推定方法：加重つき二段階最小二乗法

定数項	−0.14
	(−0.02)
家庭内労働者数対数値	1.11***
	(4.79)
耕地面積対数値	0.12
	(0.69)
家庭内非労働者数対数値	0.43***
	(4.56)
農業内兼業ダミー	−0.07
	(−0.19)
農業外兼業ダミー	0.30***
	(2.61)
農業生産対数値	2.51
	(0.93)
小卒ダミー	0.38***
	(2.83)
中卒ダミー	0.60***
	(3.68)
高卒ダミー	−0.03
	(−0.15)
R^2	0.18
データ数	32

注 1) 被説明変数は現金収入である。
　2) （ ）内は t 値であり，***は棄却域 1％水準，**は棄却域 5％水準，*は 10％水準で有意あることを示す。

ホータン郊外の温室栽培。夏は砂漠で十分暑いので，この施設は冬にも何かを栽培しようとしていることを示している。

すなわち，①農業の貧困解決効果の低さ。他産業への転換の重要性。②初等教育充実の重要性である。

V 「食不足期間」と生産量，現金収入，家族人数との関係について

しかし，以上のように「農業生産」や「現金収入」ということも貧困問題に関わる重要変数であることながら，調査にある「食不足期間」はより直接的に貧困の程度を表現している。そのため，この「食不足期間」がどのような要因で決まっているかについて，考えられる変数を交互に入れて普通最小二乗法で探ってみた。第2-2-8表がその結果である。

それによるとまず第一に，家族人数の影響を調べた方程式1では，5パーセント水準では有意ではないものの，係数がプラスであることから，家族人数の増が農業生産増というプラス効果より，負担の増として食料不足に結びついている可能性が示されている。先に見たように，労働力の増大は農業生産増をもたらしておらず，その状況下での現象と思われる。

また第二に，このことは方程式2において「家族人数」ではなく「労働力」との関係でより強く析出することができた。ここでは5パーセント水準で有意となっている。

したがって，ここでは第三に，現金収入（もちろんこれは食不足解消に寄与）でコントロールした場合に，「家族人数―労働力」で定義された「扶養家族数」がどう影響するかを調べたのが方程式3であるが，その結果はやはり食不足をより深刻化することがわかった。人口コントロールの必要性が示唆されている。

最後に第四に，方程式4では方程式3に「農業生産」も説明変数に加えて推計したが，その結果は有意とはならなかった。この意味では農業の自家生産さえ食不足解消に寄与できないほどに弱弱しい存在でしかないということになる。

以上より，「食不足期間」について総じて言えることは，①収入は食不足解消に寄与するが，②農業生産の寄与は少ないこと，③人口抑制が必要なこ

第 2-2-8 表 「食不足期間」に関する回帰分析

推定方法：普通最小二乗法

	1	2	3	4
定数項	1.57*	1.33*	1.94**	2.64**
	(1.72)	(1.81)	(2.36)	(2.24)
家族人数	0.22			
	(1.35)			
労働者数		0.45**		
		(2.08)		
現金収入			−0.00**	−0.00**
			(−2.28)	(−2.15)
扶養家族数			0.42*	0.40*
			(1.84)	(1.70)
農業生産量				−0.00
				(−0.83)
R^2	0.04	0.10	0.20	0.21
データ数	42	42	37	37

注 1) 被説明変数は「食不足期間」である。
　2) （　）内は t 値で，***は 1％有意，**は 5％有意，*は 10％有意を示す。

と，となる。

Ⅵ 「貧困の原因」についての農家の回答傾向について

ところで，こうした貧困の原因について，被調査者の内で「労働力不足」を挙げている農家と「資金不足」を挙げている農家に何らかの特徴があるのだろうか。この点を調べるために，まず第 2-2-9 表では，家族人数や労働力数の多寡が「労働力不足」との回答に影響を与えているかどうかをプロビット・モデルとして推定した結果を示している。ここでは，「労働力不足」と答えた農家を 1，そうでない農家を 0 としているが，この結果は家族人数も労働者数もともに説明変数として有意でなかった（ただし，推計値の符号は合っている）。自由度不足が計算結果の有意性を低めている可能性を否定できないが，農家の回答と「現実」には落差のあること，その意味で言われているほど「労働力不足」が原因ではない可能性もまた示唆されている。

第 2 章　民族自治区農村の生業と民族間格差

第 2-2-9 表　「労働力不足」と貧困の原因に関する回帰分析

推定方法：プロビット・モデル

	1	2
定数項	−0.2282	−0.04769
	(−0.35)	(−0.88)
家族人数	−0.0959	
	(−0.77)	
労働力数		−0.3274
		(−1.30)
R^2	0.008938	0.03778
データ数	42	42

注 1）被説明変数は「貧困原因」として「労働力不足」を挙げたか (1) 挙げなかったか (0) である。
　2）（　）内は t 値で，***は 1 パーセント有意，**は 5 パーセント有意，*は 10 パーセント有意を示す。

第 2-2-10 表　「資金不足」と貧困の原因に関する回帰分析

推定方法：プロビット・モデル

	1	2
定数項	0.2947	−0.80525***
	(0.50)	(−2.62)
生産支出	−0.00073	
	(−1.47)	
資金借入れ	−0.00023	
	(−1.21)	
生活支出		0.001434
		(0.70)
R^2	0.06201	0.01953
データ数	38	39

注 1）被説明変数は「貧困原因」として「労働力不足」を挙げたか (1) 挙げなかったか (0) である。
　2）（　）内は t 値で，***は 1%有意，**は 5%有意，*は 10%有意を示す。

　さらに，第 2-2-10 表では，生産支出の高低や資金借り入れの大小，あるいは生活支出の大小が「資金不足」との回答に影響を与えているかどうかをプロビット・モデルとして推定した結果が示されている。ここでは，「資金不足」と回答した農家を 1，そうでない農家を 0 としているが，結果として生産支出も資金借り入れも説明変数として有意に推計できなかった（ただしここでも推計値の符号は合っている）。やはり，自由度不足が計算結果の有意

性を低めている可能性を否定できないが，ここでも農家の回答と「現実」には落差のあること，また言われているほど「資金不足」が原因ではない可能性もある。

VII 最終学歴と農家経営方法の関係について

以上のデータ分析はすべて回帰分析によるものであったが，最後に農業生産や現金収入に影響のあった最終学歴が，「経営方式」にも影響しているかどうかを検討しておきたい。具体的には，まずは，「専業／牧畜兼業／裁縫・出稼・織絨毯等の兼業」という3種の経営方式について，第2-2-11表では最終学歴を「高校」と「中学以下」に分けてχ^2独立性の検定を行い，第2-2-12表では最終学歴を「高校」「中学」「小学校」「無教育」に分けたχ^2独立性の検定を行った。その結果，前者ではχ^2_0検定量が0.898となって，自由度2，確率0.1のχ^2値=4.605より小さく，帰無仮説は棄却されず，後者についてもχ^2_0検定量が4.596となって自由度6，確率0.1のχ^2値=10.64より小さく，帰無仮説は棄却されなかった。再びデータ数不足の影響も考慮しなければならないが，ともかく計算結果では最終学歴が特に兼業をする／しないなどに影響を与えていなかったということになった。

VIII 小括

以上を振り返ってみれば，やはり農業所得拡大の限界が認識されざるを得ず，他の職業への移動がどうしても必要になる。趙・葉（2003）が述べるように治水と開墾によって耕地を拡大することもたしかに効果があり，それは継続してなされなければならないが，それを待たずとも兼業を含む職業の移動は可能であろう。都市・農村間の格差がこれだけ開いているということは，都市には供給できる豊かさがあるということであって，これはこの間の人口の流入によっても縮小していない。一種公的な文書国家統計局農村社会経済

第2章　民族自治区農村の生業と民族間格差

第 2-2-11 表　最終学歴と農家経営方法についての χ^2 検定の結果（2×3表）

実測値	牛, 馬等の兼業	裁縫, 出稼, 織毯等の兼業	兼業なし	合計
高校	1	1	1	3
中学以下	11	7	26	44
合計	12	8	27	47
理論値				
高校	0.77	0.51	1.72	3
中学以下	11.23	7.49	25.28	44
合計	12	8	27	47

第 2-2-12 表　最終学歴と農家経営方法についての χ^2 検定の結果（4×3表）

実測値	牛, 馬等の兼業	裁縫, 出稼, 織毯等の兼業	兼業なし	合計
高校	1	1	1	3
中学	1	2	5	8
小学校	5	4	16	25
無教育	5	1	5	11
合計	12	8	27	47
理論値				
高校	0.77	0.51	1.72	3
中学	2.04	1.36	4.60	8
小学校	6.38	4.26	14.36	25
無教育	2.81	1.87	6.32	11
合計	12	8	27	47

調査総隊（2004）がこの方法を強調するのは理のあることである。

　しかし，この大目的を達成するためには，もうひとつ具体的な提案も必要であり，そのさまざまな提案も出されてきている。たとえば，胡（2004）や鄭（2003）は「以工代賑」（働く機会を提供することで救済に代えること）を強調しお金ではなく仕事を与えるべきとの考えに立ち，労務輸出に政府がもっと積極的になるべきと主張している。また，そのひとつの具体策として蒲・左（2002）が「点と線」戦略によってまずは特定の地方都市を加工基地・卸売市場（点）として強化し，それと各農村を線で結ぶという方式を提案している。これらの諸提案のすべてが実行に移されねばならない。

第3節

寧夏自治区東部貧困県の平均的回族家庭の生活状況

大西　広

　前節までは，新疆自治区における経済格差を見たが，少数民族問題を経済格差と捉えるうえで重要なのは，「格差」が典型的な新疆自治区—ウイグル族等の状況ばかりでなく，ある程度キャッチ・アップの進んでいる民族の状況でもあるということである。その典型が回族である。

　ところで，回族の実態についての第1章の結論は多少両義的であった。第1章では大きく三つの方法を用いて民族比較をしており，その第一の産業分類では回族は漢族と負けない近代的産業に従事していることが示されていた。また，第二の所得／少数民族比率／産業分類のグラフによる分析でも，寧夏回族自治区の所得格差の主要な原因は第一次産業≒農業従事者の高い地区で生じていることがわかった。これは逆に言うと，寧夏自治区では農業従事者はかなり回族に偏っていることを示唆している。

　しかし，我々がよく知るように，特に中国西部の各都市には回族がレストランを多数開店し，あるいはそれ以外の近代的産業に従事しているのもよく見かける。ということは，寧夏自治区ではかなりの「回族農民」を見つけられるものの，回族全体としては非農業部門の回族も多く，回族全体を論じるためにはそうした人々も視野に含めなければならない。そして，その点の注意が必要だと第1章3節（県別データの回帰分析の回族に関する分析）では述べた。

　したがって，多少の両義性を残しつつも，全体としては回族は漢族との格差の少ない民族，そしてそのために民族矛盾も特にない民族としてあるものと考えることができる。この認識に基づき，もう少し回族を調べてみようというのが本節である。

以上のような問題意識の下で，筆者は2007年に10月に寧夏回族自治区の国家級貧困県である呉忠市塩池県馮記溝郷の聞き取り調査に入った。この地がほぼ完全な少数民族地区であるのがひとつの理由である。上述のように，「貧困県」かつ「少数民族地区」の，またさらに農業や牧畜業を営む回族は回族の典型ではないが，その点に注意しつつもその現状を知る事には意味がある。聞き取りの件数も回族に限れば5軒しかないので不十分であることは否めないが，前節の新疆自治区の貧困地区分析と合わせて報告しておきたい。

I 調査に先立つ問題意識

その調査の対象として選択した郷は牧畜と農業を本来の産業とする地域であり，かつ重要なことは，砂漠の緑化を進めるために「退耕還草」事業を行っている地域であったことである。これは貧困地域の産業転換と補助金の実態を知るうえでも興味深い問題である。

しかし，今回の調査では，前節で見た新疆自治区の少数民族農家調査が明らかにした諸点の寧夏自治区貧困県での状況にも注目した。具体的には，i) 農家経営における土地面積の重要性，ii) 労働力の過剰状況，iii) 扶養家族の重圧，iv) 農民層の分解，v) 労務輸出と地元の工業開発・観光開発などの農外所得の重要性，vi) 子どもの教育の重要性，である。総じて言えば，新疆自治区の調査地では農業所得は土地面積に決定的に依存しており，それに見合った労働力以上の労働力や扶養家族は家計の負担となっていた。この解決は農外所得以外にない状況にあり，よってそうした努力がなされているかどうかが問題となる。

さらにもうひとつ，統計的に知られる寧夏自治区の状況から予想される他地域との異同についてもここで確認しておきたい。寧夏自治区を中国にある他の少数民族自治区や四川，重慶，貴州，雲南，甘粛，青海各省内の少数民族集住地区（ここではこれらを合わせて「少数民族集住地区」と呼ぶ）と比較してその特徴を析出するにはやはり前節と同じく温軍（2003）が示した諸表で比較するのが良い。第2-3-1表がその要約であり，特に他の少数民族集住

第 2-3-1 表　寧夏自治区の他の少数民族集住地区との比較

	寧夏自治区	全国少数民族集住地区平均	内地漢民族集住地区	全国平均
①貧困発生率	18.4%	15.0%	7.3%	11.3%
②乳児死亡率	15.34%	32.34%	12.68%	17.87%
③0歳児の平均余命	62.59年	64.71年	69.83年	69.80年
④農村人口比率	70.2%	77.8%	71.7%	73.2%
⑤農業人口比率	58.7%	64.0%	45.9%	50.1%
⑥1人当りGDP指数	72.4	66.1	111.6	100.0
⑦1人当り消費水準	58.6	69.8	110.4	100.0
⑧農村住民1人当り収入	59.2	76.8	108.7	100.0
⑨1000人当り科学技術人員数	29.00人	20.95人	25.45人	24.30人
⑩15歳以上人口に占める非識字・半識字比率	23.32%	18.69%	14.01%	15.14%
⑪小学校未就学者比率	18.34%	15.16%	11.23%	12.23%
⑫大学・高専卒業者比率	2.93%	2.10%	3.11%	2.85%

注)「貧困発生率」は康暁光『中国貧困与反貧困理論』1995 年,「乳児死亡率」および「0 歳児の平均余命」は『中国人類発展報告』1999 年,「耕地面積比率」は中国科学院自然資源総合考察委員会『中国農業自然資源数拠匯編』1980 年,「農村人口比率」,「農業人口比率」,「1 人当り GDP 指数」,「1 人当り消費水準」,「農村住民 1 人当り収入」,「15 歳以上人口に占める非識字・半識字比率」,「小学校未就学者比率」,「大学・高専卒業者比率」および「1000 人当り科学技術人員数」は『中国統計年鑑』2000 年,
出所)温（2003）掲載の各種の表より整理。

地区と比べて以下の特徴のあることがわかった。すなわち,

a) 農村人口・農民人口の比率が低いという人口構造を反映して,乳児死亡率,1 人当り GDP といった基本的な指標は他の少数民族集住地区より良い。

b) しかし,農村住民に限ると 1 人当り収入が他の少数民族集住地区より悪く,それが全体としての貧困発生率や 1 人当り消費水準,0 歳児の平均余命といった指標での比較劣位をもたらしている。

c) その影響で非・半識字比率や小学校就学率といった基本的な教育水準に問題が生じているが,他方で科学技術人員の人口比率,大学・高専卒業者比率といった点では比較優位となっている。つまり,これらを総合すると,回族の中で貧困が問題となるのはその農村住民,農業従事者であることがわかる。回族は都市でレストラン業などを営み,農民人口比率は比較的少ない。これが彼らの比較優位のいくつかをもたらしている。

しかし，これは逆に言うと，都市に住む回族と比べて農村に止まる回族の立ち遅れの問題を生じさせていることになる。我々の調査は農村であるから，そのように立ち遅れた部分の回族の状況を調査していることになる。

II　調査の概要

さて本題の調査内容に入ろう。ここでは調査対象の呉忠市塩池県馮記溝郷の五つの村の「標準的」な家庭を選択し，ヒアリングをするという形式で行った。この地区の2006年における1人当りの年間純収入は平均で2200元である。そのため「標準的」とは，ほぼこの程度の所得を得ている家庭を意味している。少数のヒアリングしかできなかったため，このような方法をとった。また，塩池県自体は少数民族比率が少ないが，訪問した五つの村は大多数が回族の村を選択している。具体的なヒアリング結果は以下のようなものであった。

1) 岔岱村　農民　回族
   - 一家の1人当り年間純収入は2000元。これで生活は良くなった。
   - 収入は，農業，牧畜業，出稼ぎからなり，農業は旱魃で縮小。よって牧畜業の収入の方が多く，羊100頭を飼っている。この地では「中の上」の頭数であり，禁牧ゆえに草は他から買っているが，禁牧の影響はそう大きくない。出稼ぎ先は塩池県内の高速道路建設で家族5人のうちの息子2人が行っている。娘は他の仕事に行っている。総収入に占めるこの比率は上昇している。
   - 息子2人は高校に合格しなかったため進学しなかったが，娘は進学して今は清華大学に通って電子工学を学んでいる。清華大学は重点大学なので学費は寧夏自治区政府が毎年5000元補助してくれている。来年からは大学院に進む。

2) 苦水村　農民　回族
   - この村の生活水準は，去年は 2280 元となり，以前よりだいぶよくなった。この家も以前は土の家に住んでいたが，97-8 年に建替え，今はレンガの家に住めるようになった。
   - 農業収入は減ったが，牧畜収入と副業収入で暮らしている。副業としては息子夫婦が付近の石炭堀りの手伝いに出て収入増となっている。この村だけでも石炭堀りの機械が 11 台設置されていて，これが 33 人の雇用を作り出している。苦水村の人口は 267 人なのでこれは大きい。また，他地区の石炭堀りにも出ている。毎日出れば月 1000 元余りの収入となる。
   - 家族は 9 人。
   - 退耕還草は農業労働力 1 人につき 1 ムーできて，それに年 200 元の補助が降りる。この家庭は 5 人なので 1000 元をもらっている。
   - 禁牧の影響もそう厳しくない。また，草地化もうまく進んでいる。
   - さらに収入が増えれば，息子夫婦の部屋を買いたい。また，教育費にも使いたい。
   - この村はコミュニティーとして結束している。

3) 強記灘村　建材販売業　回族
   - 一家の 1 人当り純収入は 2300 元。中の上に位置する。
   - 呉忠市から買った建材の小売りをしているが，近年皆が家を建て替えるようになり儲かってきている。今後は石炭堀りに関わる事業などで規模を拡大し，この村を出て「郷」レベルの建材市場を計画。そこに店を持ちたい。それには資金が必要であるが，そのために信用社（中国農村信用社：中国農村部の金融機関）からの借用を考えている。

4) 老荘子村　羊皮取引業　回族
   - 一家の 1 人当り純収入は 2100 元。2 人家族。
   - 郷の市場や村人から羊皮を買取り，ためてから再び市場で大商人に売る仕事をしている。いつも大体 200-300 枚保有し，季節変動によって普

第 2 章　民族自治区農村の生業と民族間格差

寧夏回族自治区の回族地域ではどんなに小さな集落にもモスクがある。そして，これが集落のコミュニティーの団結の源となっている。

通は一枚 40-50 元，50-60 元，70-80 元という価格がつく。ただし，一枚 200 元を超えたこともあった。毎年物価は上がっているが，利益率は 1 枚当り 3-5 元で変化がない。ただし，取引きする枚数は増えているので収入は増している。こういう商人は各村にいる。利益率をさらに上げるには投資が必要。
- 禁牧は生態に良い影響を与え，また補助金もあって良いことだ。他にも良い政策をしてくれるので政府に不満はない。郷の書記は漢族だが問題ない。以前は回族の書記であったが……。

5）　南灘村　農民　回族
- 一家の 1 人当り純収入は 2000 元。5 人家族。
- 新品のテレビやオーディオセットがあり，それを示して生活水準は良く

73

なったと説明。
- この村は計画移民による村なので各戸の土地が広く，そのため副業はしていない。本来の農業収入は雨不足で激減。ただし，退耕還草の保障金があり，併せると所得全体の30パーセントを占める。牧畜業収入は全体の70パーセント。これは今年の羊肉価格の上昇（去年の8元から15元に）によるもの。飼料のトウモロコシ価格も6元から8元に上昇したが，この上昇率は相対的に低いので牧畜業収入が増えている。つまり，農作物価格と牧製品価格との価格上昇率の差が農業収入と牧畜業収入の比率を決めている。
- 子どもは息子2人，娘1人で，それぞれ中学と高校に通っている。高校卒業後は大学入学も期待している。合格してくれるならばその時は全力でお金を払う。回族もこうして教育を重視している。

なお，塩池県県城からとったタクシーの運転手と郷の党書記からとった情報も非常に興味深いものであったので追加でレポートすると次のようになる。すなわち，

6) 塩池県県城　タクシー運転手　漢族
- 月3000元の収入。同業仲間の半分はその程度の収入を得ている。
- 以前はトラックの運転手であったが，4万元で車を買ってタクシー業に転向した。今なら6万元かかる。
- タクシー業者のほとんどは漢族で回族は5パーセント程度。
- この人物に言わせると
「回族は商売などもっとしばられない仕事をし，タクシーのような着実な仕事をしない。」「回族は子どもの教育を重視しない」

7) 塩池県馮記溝郷　党書記　漢族
- 漢族の方が活動的で村を出て仕事をする比率が高い。漢族の村では300人の村民中200人が外に出て，女性と子どもしか残っていないところもある。

・ただし，回族があまり外に出ない理由のひとつには経営規模が大きく，また製塩などの事業もできるということがある。1軒あたり3ムーあれば食事には問題がなく，10頭の羊があれば収入に問題がない。最大の経営は1000頭以上を飼っている。さらに出稼ぎと政府補助で現金収入は十分ある。
・塩池県は国家級の貧困県であるため，国家からの補助金がでている。お金以外にもテレビが国から配られ，MMTSというアンテナで衛星放送も見られる。また上水パイプも近く配られることとなっている。また，健康保険を1人当り10元／年納めると最大8000元の支給がある。
・さらに貧困家庭であれば，月単位で小麦粉と米が，年単位で食用油が，そして肉の手当てまでしている。
・調査した五つの村以外では，年間世帯単位で5万元の収入を得ているところもある。

III 調査結果が示唆するもの

したがって，以上の調査結果から我々が当初に設定した問題関心についてどのようなことが言えるかを整理すると次のようになろう。

まず，その最初の関心＝①砂漠の緑化と農牧業との関係については，「禁牧」も「退耕還草」も共に成功裏に進んでいることがわかる。実際，もともと砂漠であった土地で草地化されたところを現地で確認することができた。

また第二に，②の関心に関わっては，上記の緑化事業の手段としての「禁牧」や「退耕還草」による牧地・農地の縮小が家計収入にマイナスの影響を与えていないことも確認される。禁牧も退耕還草もそれによる農業・牧畜業収入の減少をカバーする政府補助金が十分に補償されており，このことは2)や5)の家庭の発言によって十分裏付けられている。2)の家計の発言では家族が多いほど「退耕」面積を拡大できて嬉しいというニュアンスが込められており，これにはこの補助金が馮記溝郷の1人当り平均所得の6分の1をカバーするほどの金額であるということがある。禁牧自体にもまた別の補助

金があるから，結局はこうした補助金が緑化事業を根本的には支えていることになる。言うまでもなく，こうした補助金は，沿海部を中心とした中国全土の経済成長が初めて可能としたものである。

　第三に，③の労働力の過剰状況・副業・労務輸出の状況については，禁牧や退耕還草による農牧業生産の余地の縮小があるので，ここでは一層重要であるが，それをまず可能としているのが，付近での高速道路の建設や石炭生産の拡大であるから，結局のところ，これもまた経済成長の成果の分配ということになる。ただし，漢族に比べればその「積極性」は強くなく，その理由を党書記に言わせると7）のように，回族の一戸当たり土地面積が大きいために出稼ぎの必要性が漢族より少ない，また3）の回族住民に言わせるとムスリムとしての食習慣／生活習慣の違いが他地域に移出しにくくしているということであった。このことは，出稼ぎ先として新疆があることにも反映されている。ただ，もっと本質的な積極性の問題である可能性もある。この点は寧夏回族自治区の民族別企業家精神の問題を扱う本書第5章1節で詳しく論じる。また，少数民族の労務輸出の問題については，新疆自治区からの事例を次の第3章1節で扱い，さらに全主要民族の全体的状況について第3章2節で扱う。

　さらに第四に，この問題とも関わるのは④の教育問題である。これは，たしかに1）の息子ふたりが高校に行ってないことから「教育軽視」というタクシー運転手の評価に納得しないわけでもないが，他方で娘が清華大学に行っていたり，5）の家庭のような態度もあり，本調査では必ずしも「軽視」と言えない。この点は今後の調査がさらに必要になる。

　最後に⑤の都市と農村の問題は③の対外的積極性の問題と関わる。それは，当初には農村に住んでいても，事業家として都市に移り住むというような者がいるからである。たとえば，③の建築材料商人は事業拡大で郷の中心に進出を希望し，また塩池出身の回族には油田開発やカシミヤ，ウールなどの取引をする有限会社を設立した者もいると紹介してくれた。この郷に属する六つの回族村で他にこうした商売をしている者は羊皮商人（インタビュー4）の商人）と漢方薬商人ということであるが，そうした商人は皆事業拡大を望んでいるということであったので，そうした志向性を持つ住民が一定数存在

するということになる。回族は全国にいて民族的ネットワークを形成していることに 3) の建築商は言及したが，そのネットワークが都市を主に拠点としていることはほぼ間違いなかろう。したがって，農村のみに限定すると他の少数民族集住地区に劣る回族住民たちの生活水準も，こうした「都市への進出」の流れの中で都市・農村を含む全体としては改善の方向性がさし示されている。

　以上より，不十分ながらも自身の経済的地位を上昇させようとする寧夏自治区貧困県の回族の努力の存在が析出された。本書で何度も述べたように少数民族は自身の経済的地位の上昇を勝ち取ることなく「民族問題」を回避することはできない。今回は調査の対象数があまりに限られ，問題点の析出に止まったが，今後さらなる調査でより明確な結論を導きたい。

第3章
少数民族の労働移動と労務輸出

扉写真

ウルムチ（烏魯木斉）市内で携帯電話のプリペイド・カードを販売する農村出身の若者

南新疆からウルムチ（烏魯木斉）に流入する若者はこれといった定職を持たず，路上で露店を開くか写真のように携帯電話のプリペイド・カードを販売するか，といった仕事をしている。特に2009年の世界経済危機の直後には職確保はさらに困難化し，ウルムチ（烏魯木斉）暴動に繋がった。この男性も暴動当日，ウルムチ（烏魯木斉）にいたという。暴動に参加した可能性も大きい。2009年8月撮影。

前章第3節において,回族と漢族を比較した際,労働力移動の問題が,それぞれの民族における本質的な積極性に関わるという点を示唆した。この積極性の問題は民族別企業家精神の問題を扱う第5章で特に詳しく論じるとして,本章では,少数民族の労務輸出の問題について,まず新疆自治区の事例を報告し,さらに全主要民族の全体的状況について考察する。

第1節

新疆カシュガル（喀什）地区およびコナシェヘル（疏附）県における労務輸出の実態[1]

馬戎（翻訳　吾買爾江・艾山）

I　新疆カシュガル（喀什）地区およびコナシェヘル（疏附）県における農村労務輸出

　南新疆の農業資源が限られているため,地元の第二,第三次産業の発展は,毎年中学を卒業する数多くの労働力を吸収できていない。中国中部地区の農村における農民所得の向上,農村余剰労働力の就業問題を解決するためには南新疆の農村労働力に内地の大都市や工業開発区で就業するように働きかけ,組織することができれば非常に効果的である。

1）（編者注）2009年7月のウルムチ暴動は広東省韶関市の玩具工場で働いていたウイグル族労働者が漢族労働者との衝突の中で殺害されたことが原因となっている。これは新疆ウイグル自治区から自治区外への労務輸出に問題がありうることを示しており,大きな社会問題となった。このため,当該労働者の派遣元であるカシュガル（喀什）地区疏附県を本書編者（大西）も訪問して調査を行ったが,より詳しい調査が2010年10月8日付けで「中国網」にアップされた。著者は馬戎北京大学教授で「南疆維吾尓族農民工走向沿海城市 ── 喀什地区疏附県労務輸出調査（一）」という論文である。この問題を考えるうえで極めて重要な調査であるため,本人の了解を得てここに掲載する。ただし,紙面節約のため以下では重要でない冒頭部分をカットし,第2節以降のみを訳出している。

新疆ウイグル自治区政府は，21世紀に入って以来，労務輸出を奨励している。統計によると，2003年において新疆の労務輸出は54万人で，労務輸出所得は9.3億元となった。2004年には100万人に増え，労務輸出所得が13億元に達している。2007年には上半期だけで65万人となり，8億元の労務輸出所得が達成された。新疆政府部門の予測では2007年年間の労務輸出は120万人を超える見込みである。カシュガル（喀什）地区の2006年の労務輸出は56万人であり，9万人の農民工が職業技能訓練を受けた形になっている。新疆農村余剰労働力移転の主な方向は，地区内綿花産地，主に夏の期間の綿花収穫期に集中している[2]。

　農村労働力を徐々に農業から建設，水利などの産業に移転させるため，地方政府は労務輸出に有利な一連の優遇措置を決めている。たとえば初めて都市部に入る農民工対象の無料訓練，農民工の都市部就業のための職業紹介補助政策，政府からの研修資金の支給，公共事業では地元から最低50パーセントを雇用しなければならないとする規制等である。これらの措置で農村余剰労働力の移転が奨励されてきた。

　2006年の数字では全国の農民は非農業部門から50パーセントの所得を得ていたが，新疆では20パーセント以下であり，これは今後新疆自治区内の農民所得を労働力輸出で高める可能性を示している。2007年1月に行われた新疆ウイグル自治区農村工作会議では，地区政府は労務輸出増収額を農民増収の40パーセント以上にするとの目標量を提案し，具体的には大規模な農民技能訓練に加え，地元農村経済の産業移転の強化，区内その他への労務輸出といった農民増収措置を推進している。

　このような方針の下で，南新疆地区は季節性の区内労働力移転以外に，契約労働者の形で内地への労働力輸出を積極的に組織している。2006年には2万1771人の農村労働力が訓練され，北京，浙江，天津，山東等の地域に輸出されている。ここで問題となるカシュガル（喀什）地区コナシェヘル（疏附）県の場合は，2005年は5万6000人，1億300万元，2006年には7万

---

2) 綿花収穫期には労働力が不足するため，毎年この時期，政府は農村労働力を甘粛，青海等の他地区および新疆内の綿花生産地区に投入して綿花の摘み取り作業をさせている。これは西北地区における季節的な労働力移動の一つの重要な内容となっている。

1000 人，1 億 3000 万元の労務輸出とそれによる所得を得，労務輸出所得は農民総所得の 4 分の 1 を占めている。2007 年上半期の全新疆の労務輸出は区内に 4 万 3000 人，区外には 4000 人を超え，最低賃金は 700 元，最高賃金は 1700 元となっている[3]。

我々はコナシェヘル（疏附）県への現地調査で県の労働社会保障局のスタッフと会い，県の労働輸出実務の実際を詳細に尋ねた。県は内地企業との「雇用契約」はすべて「県農村労働力転移指導チーム」か「県労働輸出辦公室」によるものであり，全県の労働力移転および省を超えた労務輸出は「県労働力移転サービスセンター」より具体的に組織し管理されていたことがわかった。県労働力移転サービスセンターでは，各々郷鎮において中学を卒業して仕事探しをしている労働力のリスト，企業とサインした「雇用契約」のファイル，派遣者の健康診断票，内地企業に派遣された労働者リスト，派遣先企業から送られた労働者の出勤表と賃金表，作業や生活を示した写真などの資料が保存されていた。これらの原データファイルで書かれた資料は間違いないものと思われる。我々はまた，村の基層郷政府で職員から労働力の動員と管理における具体的な活動状況も聞いた。

コナシェヘル（疏附）県労務輸出辦公室が 2007 年 4 月 2 日に出した「疏附県から天津市への労働力輸出統計」では，天津市に輸出されそこで働いている労働者は女性が中心で 97.6 パーセントを占め，男性は 21 人で 2.4 パーセントしかなかった。説明によるとこれらの男性従業員の半分はウイグル族のための食事を作る料理人であり，他の 12 人は管理者として働く県ないしは郷鎮の幹部であった。

2007 年 6 月に作成された「コナシェヘル（疏附）県各郷鎮政府が組織・内地輸出した従業員リスト」では，2007 年にトクザキ（托克扎克）鎮とウクサキ（吾庫薩克）郷はそれぞれ 141 人，37 人の男性労働力を天津市に輸出し，2006 年には女性が主体であった労働力輸出構造を転換している（第 3-1-1 表）。この表には第 3 回，第 4 回に内地に輸出された労働力数も記載されているが，これはおそらく，最初送られた者で地元に戻ってきた者の補充，あ

---

[3] 2006 年にカシュガル（喀什）地区のパイザワティ（伽師）県は浙江，天津および北京市に位置する 11 の企業に 2500 人以上の労働力を輸出し 720 万元を故郷に送金した。

第 3-1-1 表　2007 年 6 月コナシェヘル（疏附）県各郷鎮政府が組織・内地輸出した従業員の内訳

派遣単位	輸出先	男性従業員	女性従業員	合計
トクザキ（托克扎克）鎮	天津	141	52	193
ウパル（烏帕尓）郷	天津（第二回）	4	8	12
ウパル（烏帕尓）郷	天津（第三回）	2	64	66
イングスタン（英吾斯坦）郷	天津（第四回）	0	137	137
アクカシュ（阿克咯什）郷	保安	1（シェフ）	43	44
アクカシュ（阿克咯什）郷	保安	0	30	30
テリム（鉄日木）郷	保安	0	58	58
ブラキス（布拉克蘇）郷	天津	2	62	64
ウクザキ（吾庫薩克）郷	天津	37	52	89
站敏郷	天津	0	323	323
合計	—	186	829	1015

第 3-1-2 表　コナシェヘル（疏附）県各郷鎮政府が組織・内地輸出した従業員の帰郷原因

帰郷原因	人数	帰郷原因	人数
病気のため	54	帰郷結婚	1
無断帰郷	24	管理に従っていない	1
帯隊帰郷	14	企業に返された	1
理由のない帰郷	8	途中で帰った	1
家族の病気	2	家族の死亡	1
工場から解雇	2	合計	110
年齢が高すぎる	1		

るいは追加契約で後から送られた者であろう。この表から見られるようにコナシェヘル（疏附）県の内地への労務輸出はすでにシステム化されている。

　ウイグル語のネットサイトには多くのウイグル族青年らは内地では働く気がなく，密かに帰郷していると書かれており，政府の組織した内地への労働力輸出は強制的であるとなっている。実際，輸出従業員登録リストの中の「内地に輸出された従業員のうち帰郷した者のリスト」を見ると，従業員の姓名，所属郷組，年齢，性別，身分証明書番号と「帰郷原因」が詳細に記されている。我々はこの表を第 3-1-2 表のように整理したが，帰郷した合計 110 人の中にはたしかに「無断帰郷」と「理由のない帰郷」というものが含まれており，それを合わせると 32 人で帰郷総人数の 29.1 パーセントとなる。これは県全体で輸出された 4000 人余りのうちの 32 人で 0.8 パーセントしか占めていないが，内地で働き続ける気がなく政府管理部門の許可を得ず帰郷している従業員は少なからずいることを示している。これらの青年らは最初から

内地輸出に反対だったのか，工場労働に就いてから現地の労働環境に慣れなかったのか，労働条件に不満だったのかをよく調べる必要がある。

詳しく調べてみると，この24名の「無断帰郷」した従業員は全員内地の同じ工業で働いていた。この工場の製品には汚染物が含まれていて従業員が慣れなかったのか，管理方法が過酷で帰郷の原因になったのかを知ることができない。しかし，この工場の従業員のうち他14人が「帯隊帰郷」（指導幹部の指導による集団的帰郷）となっており，以上合わせて38名の従業員はイングスタン（英吾斯坦）郷からのものであった。この工場でいったい何が起こったのか，賃金や福祉面で労資争議があったのか，あるいは汚染防止措置に彼らが不満を持ったのか，さらなる調査が必要である。我々の調査でも従業員と工場の間に紛争が起こったことがあり，コナシェヘル（疏附）県は県委員会副書記1名を問題解決のために派遣していたことがわかった。当時紛争が起こった工場がこの工場であるかを確かめる必要がある。政府部門の工作報告では労務輸出のプラス面しか書かれていないが，少人数でも「無断帰郷」のような現象があるのであるから，南新疆の農村からのウイグル人女性青年らの天津等における企業での勤務・生活環境上の不適応の事実に政府部門はもっと関心を持つべきである。

労務輸出が自発的であるかについても我々は一定の調査を行った。コナシェヘル（疏附）県のひとりのウイグル人郷長は，この県の労務輸出には強制・命令が時にある，しかしそれはわずか2〜5パーセントだと答えた。彼は，98パーセントの青年は自発的に内地に行っている，しかし労務輸出対象となっているのは主に中卒の若い女性となっているため，多くの親が心配していると考えている。たとえば，彼の郷では八十数歳の高齢者の孫娘が内地に働きに行っていたが，その高齢者が何度も政府に娘を戻してくれるように要請したという。ただし，その従業員を率いていた幹部によると，その孫娘自身は帰りたくなかったという。その後，郷政府はその高齢者と孫娘をビデオで会話させたが，その際孫娘はその高齢者に600元を送金したと言っていた。その後もまた1000元再送金したとのことで，やはり孫娘自身が帰りたくなかったというのが真相であった。もう一つの例に，あるウイグル人農民が彼の息子の婚約者が天津に行かされた後，数か月後に手紙で婚約を解消された

と郷政府に抗議したというものがある。彼女は都市でしばらく生活した後，再び農民になりたくない，農家と結婚したくないという気持ちになったという。現在，多くの農村部の青年男性が若い女性を内地に出稼ぎに行かせたくないのは，自分たちが結婚しにくくなるからである。したがって，農民の一部には労務輸出がいくつかの懸念されるべき問題を引き起こしている。

　このウイグル族の郷長は彼らが労務輸出を組織した時の作業プロセスを紹介してくれた。2007年3月に内地のある靴工場に労働力が必要となり，60人の募集を郷政府に要請した。郷長はチームを連れて企業を視察し，ビデオカメラで工場の状況，宿舎，食堂，作業室の画像をとり，DVDを作成し，それぞれの村に配り，一週間内に村のすべての農家が見て自発的に登録するように指示した。結果的に，90パーセント以上が自主的に登録したという。60人が内地に行き，その後3人だけが戻ってきた。うち2人が病気のために帰郷し，もうひとりは結婚1年未満で夫が猛反対だったために仕方がなく戻ってきたという。

II　外出労働力の所得と福祉

　我々はコナシェヘル（疏附）県の「労働力移転サービスセンター」で「新疆コナシェヘル（疏附）県農村労働力転移指導チーム」が企業と結んだ8部の「雇用契約」を見た。それよるとコナシェヘル（疏附）県から天津，保安，浙江企業に輸出された労働力の基本的な生活と福祉の状況を理解できる。具体的には次のようなものであった。

（1）　寮はイスラム教徒用の食堂および浴室が一般に提供されており，さらに一部企業は無料の寮を提供している。しかし，いくつかの企業は給与明細書に「宿泊費のために15元を差し引いた」，「宿泊預金52元」等の項目を記載しており，つまり一部企業の寮は有料となっている。ただし，寮費はそう高くなかった。また，一部企業では無料でエアコン，給湯および季節的労保用品を提供している。

2009年ウルムチ（烏魯木斉）暴動のきっかけとなった漢族の暴行事件が起きた広東省韶関市の玩具工場。総従業員1万8000人のうち約2000人がウイグル族で，はるばる南新疆疏附県から集団で働きに来ていた。写真はウルムチ（烏魯木斉）事件の直後のもので，もちろん「関係者以外立ち入り禁止」となっていた。

(2)　食料補助金は一部の企業が毎月一定額（月100〜203元まで異なる）を支給しており，さらに労働者に同行したウイグル族シェフには食料品調達料，労働者には給食手当を提供している。ただし，一部企業は最初の月だけ100元を補助し，また完全に補助金を提供していない企業も一部にあった。

(3)　各企業は労働者に同行したウイグル族のシェフには宿舎と給与を提供し，かつその食堂を保証している。主シェフの給与は月1000元であり，アシスタントシェフの給与は月に800元となっている。

(4)　保険については，ほとんどの企業は労働者に外傷害保険，工傷保険と医療保険を支払っている。工傷事故が生じた場合，企業は保険の申請と賠償責任の履行を行う。ただし，一部企業の契約にはこの条例が書かれていない。

(5)　コナシェヘル（疏附）県ないしその傘下の郷鎮の幹部が管理人として派遣されるのは勤め先から課された義務となっており，よって給与を受け取っている。日常の労働者の管理で企業側はこれら管理者の協力を必要とするため，企業は通常，彼らに「補助金」，無料の宿泊ないし食事手当を提供している。手当は一般に毎月500元となっている。一部企業はまた，県から派遣された管理人に事務室を提供している。

(6)　各企業の契約で賃金に係る内容は以下の通りとなっている。まず，試用期間の「救済賃金」は，各企業の状況に応じて試用期間が異なり，一か月間と決める企業もあれば，3か月間と決める企業もある。ほとんどの企業は試用期間中の最低賃金として400〜500元を支払っている。

また，企業側の責任で工場が停まった場合は，契約では最低賃金を支払い，その額は一般に月670～680元となっている。さらに，一部企業は月850～900元を最低保証している。この数字からわかるように，労働者の最低賃金は最低でも月680元以上となっている。一部例外的に契約期間が3年となっている企業は労働者の就業を安定させるため，「工齢奨（勤務年数に応じた奨励金）」を設け，1年働けば200元，2年働けば400元，3年働けば600元を奨励するとしている。

(7) 労働時間については，8社のうち3社は8時間勤務制を，3社は10～10.5時間勤務制をとっているが，残りの2社の契約にはこの条例は入っていない。週休については，3社は毎週1日，1社は4日に1日の休日，1社は月3日の休日としている。残りの3社の契約にはこうした項目がなかった。

(8) 工場までの旅費と親族訪問については，2社では当該旅費を事後払いしている。また2社は先払いした後，後で少しずつ賃金から控除している。他の4社の契約には旅費支給の項目がない。2年以上の雇用契約を結んだ5社の契約には親族訪問の内容が記載され，うち4社は年に1回，1社は年に2回を認めている。ただし，企業ごとに親族訪問の旅費標準は異なっている。一部の企業は全額支払いしているが，一部の企業は定額手当（500～600元）を提供している。親族訪問を放棄する労働者はその相当の料金を受け取るとなっている。

以上の契約のすべては県政府の「労働力転移指導チーム事務室」(6部)または「県労務輸出事務室」(2部)が公印を押して県政府の責任を明記したものとなっている。したがって，紛争ないしその他の問題が起こった場合には，県政府が企業側と交渉し，労働者の利益を守るようになっている。

我々は「労働力転移サービスセンター」を訪問した際，企業側から送られてきた労働者の所得明細を見ることができた。明細には各労働者の姓名，勤務日，休暇や欠勤状況が記載されており，それを使って賃金の分布を調べると第3-1-3表のようになった。

我々はまた別の企業がコナシェヘル（疏附）県から受け入れた従業員39人の

第 3-1-3 表　一部企業における新疆からの従業員の賃金状況

ある紡織工場の月賃金		ウパル（烏帕尔）郷の月賃金		ある企業の月賃金（試用期間第一月）		
月賃金（元／月）	人数	月賃金（元／月）	人数	月賃金（元／月）	人数	%
100～199	0	330	9	200～299	5	2.7
200～299	3	336	4	300～349	15	8.0
300～399	17	346	4	350～999	132	70.6
400～499	5	358	4	400～449	7	3.7
500～599	10	合計	21	450～499	23	12.3
600～699	1			500～650	3	1.6
合計	36			1000（シェフ）	2	1.1
				合計*	186	100.0

注）*何名かの従業員と1名のシェフはこの月には工場にいなかった。

2006年10月における勤務給与明細書も見ることができた。この明細書には「基本給，精勤ボーナス，除去補助金，出勤，残業時間，残業代，国慶節残業時間，国慶節残業代，合計，控除宿泊費，宿泊預金」等の項目が含まれていた。2人の組長の給与はそれぞれ1011.93元と903.27元だったほか，当月のその他の従業員の給与は745～908元で，平均給与は820元だった。国慶節の残業には100元もの残業代が支払われたが，820元というこの給与水準は契約で規定された救済賃金水準を上まわり，2005年におけるコナシェヘル（疏附）県の農民1人当り年間純所得1816元の45パーセントに達している。毎月このような所得を故郷に送り，農村部での両親の手に届けることができれば，南新疆農民の生産の発展と生活改善に大きな支えになるはずである。

Ⅲ　カシュガル（喀什）地方政府による省外労務輸出組織の実際

　カシュガル（喀什）地区とコナシェヘル（疏附）県の政府による作業報告等の資料によると，カシュガル（喀什）地区およびコナシェヘル（疏附）県は省を超えた労務輸出を奨励し組織するために以下のような奨励政策および関連の措置を導入していた。
　まず第一に，管理システムと権威を持った管理組織が導入されている。各級の党委員会と政府は「農村労働力転移指導チーム」を設け，カシュガル（喀什）では，地区の主要指導者としてチーム長とし，4大作業班の関連リー

ダーを副チーム長として「カシュガル（喀什）地区労働力転移作業指導チーム」を作った。コナシェヘル（疏附）県では県委員会書記を県の「農村労働力移転作業指導チーム」のチーム長とし，県，郷鎮，村では労働力移転を管理する三つのレベルそれぞれで具体的な組織機構を設けた。つまり，県レベルでは「労働力移転サービスセンター」を，各郷鎮では労働保障事務所に委託して「労働力移転事務室」を設立し，郷鎮党書記を事務室主任に兼任させている。また，郷鎮は「労務輸出公司」を成立し，重点村では「労働保障作業所」を設け，さらに各村には2名の専門職労務情報担当者を決めて，村にある二つの委員会（村委員会，村党支部委員会）のメンバーとしている。

第二に，幹部と教師の労働移動責任制を実施している。県レベルの行政幹部が先に現地に出向き，またそれぞれの幹部，職員，教師がひとりひとりの労働者の移動について丁寧に各農家に連絡を取る責任を持つ。さらに行政幹部は各郷鎮における農村労働力の数を調査したうえで，労務輸出作業ファイルを作り，労務輸出指標を割り当てて監督検査・評価する。そして関連部門と協力するという責任体制を確立している。最後に，労働保障，共産主義青年団，婦人連合，労働組合，教育，公安，工商，税務等の部門・単位の職責も明確にしている。

第三に，労務輸出に関する宣伝と紹介を強化している。ラジオ・テレビを用い，また宣伝チームを組織して村に行かせて状況説明をしている。たとえば，コナシェヘル（疏附）県は天津市に働きに行っていた青年達の就業・生活状況を撮影してDVDを作り，すべての村で放送した。また，天津の勤務先から帰郷した13名の青年達を集め，それぞれの郷鎮で天津での経験を紹介させている。さらに，宗教関係者（「宗教人士」）や親の代表者を勤務先に行かせ，郷政府は大会を開いて労働者の賃金を大会会場でそうした親たちに渡したりしている。

第四に，労務輸出の過程では，幹部らの子弟や親戚を率先して登録させ，その次に農民家庭に行って人員を確保している。募集人数がはっきり知らされてから健康診断をさせ，合格した者を漢語の訓練と作業技能研修に参加させている。また，県の「労働力移転サービスセンター」が組織して彼らを沿海部の企業に連れて行っている。コナシェヘル（疏附）県は「先に研修をし

てから送り出す。訓練によってそれを促進する。研修は依頼元の依頼に基づいて行う。しっかりと方針を持って送り出す」といった指針を出している。そして，労働者を派遣する時はいつも，県指導者が引率し，医療関係者や民族シェフも同行させている。県では送別会を開き，国慶節などの休日には県指導者は派遣先に行って従業員を慰問している。

　第五に，労務輸出のプログラムは以下のとおりとなっている。すなわち，(1) 派遣元の職を維持したまま一時的に派遣されるようなケースでは，派遣元企業は内地政府を通じて派遣先企業と連絡をとる，(2) 郷鎮幹部が派遣先企業の現地考察を行い，契約の具体的な項目について交渉する，(3) 幹部らは村で宣伝し，農家の子弟が自主的に登録するよう組織する，(4) 郷鎮政府は幹部を派遣労働者に同行（30〜50人ごとに幹部とムスリムシェフ各1名）させ，集団で企業に行って長期滞在する，(5) 郷，県幹部らは定期的に派遣先企業を訪問して従業員を慰問し，労働・生活環境に慣れなかった労働者は帰郷させる，というものである。

　第六に，労務派遣のための組織の改善を行っている。たとえば，コナシェヘル（疏附）県では既に587人もの専門的に労働力移転に協力するグループが形成されている。この県の輸出労働力が集中している天津，河北，浙江の3省には当該県の「労務輸出作業事務所」が設けられ，作業事務所ごとに2名の専門職幹部を決め，派遣労働者と企業との調整作業を行っている。また，派遣先企業では50人の労働者ごとに通訳を兼ねたチーフ（県郷幹部）1人，ウイグル人シェフ1人が，さらに労働者が多い場合には専門医務員と法律コンサルタントも同行している[4]。彼らの給与，補助金，宿泊等は企業側から保証されるが，代わりに企業の労働者管理に協力し，かつ労働者の法的な権利を保護する仕事を行っている。

　第七に，労務輸出に対する各種の優遇政策も整備されている。すなわち，(1) 派遣された労働者の土地請負経営権の留保，(2) 無料での職業訓練と合格した場合の証明書の発行，(3) 派遣される労働者の無料での健康診断，政府による医療保険加入，(4) 派遣される労働者が必要とする各種証明書の統

---

[4] 全県からの合同した大型派遣の際には行政幹部16名，公安警備員7名，医療関係者7名，法律コンサルタント6名が同行し，派遣に関わるすべての過程で派遣労働者を支援している。

一的で無料の発行，(5) 貧困緩和のための無償資金の提供での優先と彼らの農地水利インフラ建設プロジェクトにおける労働義務(農地水利インフラ建設プロジェクトにおける全受益者のうち労働能力のある者は規定に基づきプロジェクト建設，維持および特殊項目の建設のために働く義務がある）の免除および農業繁忙期の党員幹部らによる勤労動員での彼らの農地の灌漑や種入れ作業の優先，さらに彼らの高齢者介護と子どもの入学難問題のサポート，(6) 帰郷後の起業への優遇政策に基づく奨励と土地，水，電気の提供での支援，(7) 第二，第三次産業に移行して2か月以上経ちかつ平均年所得が1600元以上の郷鎮に対する派遣労働者1人につき20元の県財政からの経費補助，である。

上記のような諸制度や諸政策からすると，カシュガル（喀什）地区とその諸県は相当進んだ労務輸出の制度を形成しており，地元や内地企業でも管理システムを構築し，責任者を確定し，具体的な制度も整備して既に一定の経験を積んでいる。この結果，コナシェヘル（疏附）県は2005年に国家労働社会保障部から「労働力輸出の模範県」に認定されている。

コナシェヘル（疏附）県の労務輸出は完全な政府行為として行われている。政府が表に立って受入れ先企業と連絡をとり，サービスと資金を投入して研修をし，企業までの移動の組織，受入れ先企業での管理にも協力している。とすると，他方の受入れ先での地方政府はいかなる役割を果たしたのだろうか。派遣先政府が受入れ先企業に対して何らかの指導や規制を行っているのだろうか？

我々はこの点でも調査をしたが，コナシェヘル（疏附）県でのヒアリングによると受入れ先の政府もこの労働力輸出に積極的に参加していることがわかった。二つの地方政府間で架け橋の役割を果たしたのは内地から新疆諸県に派遣された「兼職幹部」であった。彼らのこのような特別な職員によって省を超えた労務輸出が可能となっている。「兼職」期間中の彼らの主な役割は自身が派遣された県からの労務輸出をいかに促進するかであった。

コナシェヘル（疏附）県の労働局副局長は以下のように述べている。すなわち，天津市はコナシェヘル（疏附）県に対する貧困者支援の義務を負っており，コナシェヘル（疏附）県の副県長のうちのひとりは天津市から来た兼職幹部である。そして，彼は天津市に長期滞在して天津市で労働力を必要と

する企業との連絡をとっているのである。天津市開発区事務室の副主任はコナシェヘル（疏附）県で3年間兼職した後，県委員会の副書記となった。彼は天津市の開発区が管轄する企業をよく知っており，ほとんどの期間では天津に住み，労働者を受け入れる企業を決めるのに協力してくれた。このため企業との連絡においても天津市委員会組織部の正式ルートを使えたので比較的問題がなかった。具体的には，彼が受入れ先企業をまず探して次に県が具体的なプロセスに入る。すなわち，郷鎮幹部らを受入れ先企業に送り，労働者の労働・生活環境を調べ，研修要求なども調べる。そして郷に戻ってから農家を組織して研修を行い，最後に郷村幹部が労働者を連れて企業に行く。ここでわかるように，コナシェヘル（疏附）県の受入れ先企業との連絡は天津市委員会と市政府の紹介によって天津市開発区事務室が介在するため，受け入れ企業は雇用契約を真面目にしているものと思われる。何らかの紛争が生じた場合には企業はコナシェヘル（疏附）県の訴訟を受けるだけではなく，現地政府からの処罰にも直面するからである。

　南新疆は人口が多く土地が少ない。多くの中卒者は家で待業していて農民所得は低い。したがって，労務輸出は農家所得の増加にとっての突破口であり，農民の素質を高め新たな農民を育成する有効なルートとなっている。コナシェヘル（疏附）県は2003年に最初の青年農民グループを天津の企業に送っている。また，2006年7月初めに県指導者は彼らを訪問した際，うち5人が1人1万元ずつを拠出して新しい設備を購入し，郷里で新たな企業を立ち上げる準備をしていた。そのため，8月には県政府が彼らの提案を検討して支持する意向を示し，企業用地を用意するというようなことも行っている。このように労務輸出は将来の「投資者を招く」ための間接的な労働力の研修としても機能して一部の農民たちの起業家精神を呼び起こしている。これらの変化が南新疆の将来の発展のために積極的な役割を果たすことは間違いない。

Ⅳ　南新疆からの他省向け労務輸出において注意すべき問題点

　しかし，ウイグル族の青年男女たちが天津市で働く中で以下のようないく

つかの問題に直面していることも事実である。(1) ウイグル族が集中的に居住している地区から漢族が集中して居住している地区に行くことで民族アイデンティティの差異がコミュニケーション上の摩擦と精神的なストレスを引き起こしている，(2) 漢族生活空間においてイスラム教の信仰と密接に関連した生活習慣をどう保つかといった問題，(3) 家庭と学校でこれまで使ってきたウイグル語と違って仕事場では漢語が必要とされるという問題，(4) 過去には自宅から学校に通っていたのが，厳しい時間管理と労働のリズムに合わさなければならないという問題，(5) 中卒者の場合ほとんどが自宅から学校っていたため家庭から離れた経験がなく，内地の集団生活に慣れるのに時間がかかるという問題，(6) ウイグル族の伝統的な考え方では男女間には差があり女性は早く結婚する傾向があるという問題[5]，若い未婚女性が外部の地で働くとウイグル族の伝統的な習俗に合わないため将来彼女らの結婚に影響が出るかもしれないという問題，である。

したがって，以上のような点を考えると南新疆からの労務輸出はいくつかの問題に注意を払う必要がある。具体的には，

その第一は安全問題である。天津はカシュガルから遠く離れていて，受け入れ企業に行き異文化の社会環境で生活するなか，精神的なストレスや文化的なギャップは人間関係的に摩擦を起こす可能性がある。これに対する予防は絶対に必要である。旅中に幹部らが指導し，医療関係者を同行させ，バイリンガルの幹部が生活指導することが必要だろう。

第二に，漢語と技能研修がある。漢語のできないウイグル族の若者が企業の管理者や技術者とスムーズに連絡を取れるようにし，工場以外の漢族を主とする社会とうまくコミュニケーションできるようにするために，一定期間の漢語研修は絶対に必要である。労働局によると，コナシェヘル（疏附）県の漢語研修期間は 1 か月である。労働者が企業について以降に企業は必要に応じて専門知識をもカバーした漢語と技能の研修を組織する必要がある。企業側は労働者を使って利益を得るだけではなく，彼らの教育と育成の責任も担うべきである。天津市等の内地企業所在地の地方政府や関連の管理機構

---

[5] 2000 年の人口センサス資料ではウイグル族女性の平均初婚年齢は 18.99 歳であった（黄栄清等（2004）p. 124）。

（開発区など）は企業に，南新疆からのウイグル族青年たちの民族的特質をよく理解させ，企業が彼らの教育や育成の責任を負い，民族団結を強化する責任があることをしっかり認識させなければならない。

　第三に，民族習俗である。イスラム教は多くの宗教的な規則と生活習慣がある。最も中心的なものは食習慣である。政府は民族・宗教政策としてこれらの点を強調してきている。受け入れ企業も新疆からの労働者にはイスラム食堂を提供し，新疆からウイグル人シェフを受け入れて彼らの食事や宿泊や給与も保障することが契約に書き込まれなければならない。この点は非常に重要であり，両親らが最も心配することである。また，イスラム教のお祭りや断食などに対しても国家の宗教政策に基づいて適切に対応されなければならない。

　第四に，文化的な適応についてである。中華民族は一つの民族大家庭として諸民族の伝統文化は中華文化の構成部分であり，数千年にわたる諸民族の文化交流を通して諸民族は相互に学び合い，相互の融合を進めてきたところがある。そのため企業は従業員が諸民族の共通点と利益の共同性に関心を持つように働きかける必要がある。コナシェヘル（疏附）県が天津市に設けた作業事務所は企業と協力して休日には文化交流活動を展開し，従業員を現地の博物館に案内したり芸術プログラムを見るように組織し，従業員の視野を広げて異文化に対する理解と寛容のレベルを上げる必要がある。

　第五には，双語教育（バイリンガル教育）の問題がある。現在の労働力市場は従業員に対して言語や労働能力面で一定の要求を設けている。ウイグル族が集中している南新疆でも，第二次，第三次産業で就職するためには基本的な漢語能力を身につけなければならない。現在，新疆の区外への労務輸出の大きな障害の一つは民族教育学校卒業生の漢語能力がかなり低いことである。中小学校の漢語教育の強化はウイグル族卒業生が都市部や区外に出ていくために，またウイグル族居住地区における現在のような閉鎖的な就職状況を変えるために大いに役立つ。双語教育の普及は南新疆の農村青年・家族を区外への労務輸出により積極化するに違いない（この問題については第7章で詳述する）。

　第六に，派遣労働者確保においては自発性の原則が守られねばならない。コナシェヘル（疏附）県では幹部や教師の労働力移転責任制を実施し，幹部や教師は「動員」指標を達成するよう要求されている。これでは派遣が強制として

行われる可能性が生じるので，労務輸出においては「自発」の原則が堅持されなければならない。この意味で幹部らの子弟や親族を先頭に立てるやり方は奨励されるべきである[6]。このようなやり方で，民衆の心配を緩め模範の役割を果たしてこそ，労務輸出に民衆の自発的自覚的な参加を促進することができる。

V　最後に

　南新疆の多くのウイグル族青年らは発展した沿海部に働きに出ることによって南新疆の農村社会に新たな変化をもたらし，南新疆農村に新たな形を与えつつある。まず，人口が多く土地が少ない南新疆の農家の所得を増加させ，貧困解消のスピードを速くする。各家庭から1人分の食料を減らし，かつ毎年何千元の所得が増えることによって，農民1人当りの所得と生活水準を有効に高めることができる。第二に，これらのウイグル族青年らは天津，浙江などの地域で何年か働けば，閉鎖的な観念から必然的に脱却して南新疆の現代化をより速く促進することができ，対外交流を強化し，多元文化の社会に発展させることができる。第三に，沿海大都市企業を目標とした労務輸出は漢語研修を必要とするが，これは他方で南新疆青年農民らの一般的な漢語学習をも促す。第四に，沿海部で働いた経験を持った青年の一部は故郷で起業する意欲と能力を持ち帰っている。これは南新疆地区の産業・社会構造の変化や新疆自治区と沿海地区の協力・交流の発展に積極的な役割を果たす。最後に，近年，大量の漢族が流動人口として西部の少数民族地区に入ってきており，他方において新疆のウイグル族青年が沿海部に行くようになっている。これは漢族だけが流動人口となるといった一方的な状況を変え，全国的に諸民族が多方向的に移動する状況を作り出そうとしている。これは諸民族が集住するという従来の在り方自体を変革するという意味で民族関係に深い影響を与えるだろう。

---

6) コナシェヘル（疏附）県の作業報告では「イングスタン（英吾斯坦）郷の村幹部が先頭にたって自分たちの子弟を天津への労務輸出に登録した。彼らの模範的な活動でこの県が派遣した5回計167名の労働者のうち70パーセントがこの郷から出た」となっている。

第2節
民族地区から外地に流出する少数民族

大西広, 吾買爾江・艾山

　本書冒頭で述べたように中国少数民族の経済分析は，政治的な問題からデータや調査機会の制約があり，その研究をどのような方法で行うか，ということ自体が研究上の最初の関門となっている。そのため，これまでの多くの研究は，たまたま得られた貴重なデータを分析するか，さもなければ，公表された数少ないデータの研究によらねばならなかった。そして，この「公表された数少ないデータ」の代表はほぼ10年に一度行われる人口センサスである。この人口センサスは民族別の地域別人口や学歴，職業，産業分類を詳細にしているので，いわば唯一の公式の民族統計として[7]多数の研究者が分析を行っている。

　このため，中国少数民族の研究は人口，学歴，職業，産業分類，労働力率といった分野では進んでいても[8]，それから少しはずれる分野の研究は遅れている。筆者たちが行ってきた研究は，民族別の所得格差を同データから抽出・分析し，少しでもその制約を突破しようとするものであった。本節も，それと同じ趣旨から主には人口センサスを使って，これまで未開拓であった分野，すなわち労働力移動についての分析を行う。

[7) 毎年発行されている『中国民族統計年鑑』も重要な情報源であるが，これは厳密に言うと「民族別統計」ではなく「少数民族自治地区別統計」となっていて，民族それ自身の分析には限界が大きい。
[8) たとえば，Gustafsson & Sai (2009), Hannum & Xie (1998), Maurer-Fazio, Hughes & Zhang (2005)。

I 民族別の労働力外出率の推計

　具体的には民族別労働力移動を次のようにして推計した。すなわち，人口センサスには省別民族別の人口数があるので，それを使って，民族自治地区を含む「民族集住省」内の人口増加率と各民族全体の人口増加率を比較し，その差を「人口の社会変動」として推計するものである。誤解を避けるために数式によって示せば次のようになる。

　　民族別人口社会変動
　　　＝民族別「民族集住省」内の人口増加率－民族別の総人口増加率

　これは各民族の「民族集住省」からの流出率と理解すればよい。ただし，ここでは，それぞれの民族は「民族集住省」内においても，外においても同じスピードで自然増加しているとの仮定がある。「民族別の総人口増加率」は「民族集住省」内外で一致し，よって，これを「民族別『民族集住省』内の人口増加率」から差し引くと，その「民族集住省」からどの程度人口が外に流出したかがわかるはずだからである。なお，以下ではこれを「労働力外出率」と呼ぶ。

　また，もうひとつの推計上の問題は，この「民族集住省」という設定にある。言うまでもなく，個々の少数民族は省の単位で集住するだけではなく，州や県，あるいは郷の単位で集住するから，以上の分析は「省間移動」のみに注目したものとして限界がある。しかし，州や県の単位での計算は極めて複雑で，ここでは省略した。また，この「民族集住省」はウイグル族の場合は新疆ウイグル自治区，チベット族の場合はチベット自治区，青海省，甘粛省，四川省，雲南省となるが，「中国統計年鑑」および「中国少数民族年鑑」は，自治県などを持たない省でも，ある程度以上の人口を抱える省を「少数民族分布の主要地区」としているので，この分類を基本的に利用することとした。たとえば，回族は北京や天津に自治地区を持たないが，ある程度の人口を集積しているので，この「少数民族分布の主要地区」として認識されている。具体的には，次の第 3-2-1 表のとおりとなる。

第 3 章　少数民族の労働移動と労務輸出

第 3-2-1 表　「中国統計年鑑」2008 年版および「中国少数民族年鑑」2006 年版による「少数民族分布の主要地区」

モンゴル族	内蒙古	遼寧	吉林	河北	黒竜江	新疆				
回族	寧夏	甘粛	河南	新疆	青海	云南	河北	山東	安徽	遼寧
	北京	内蒙古	天津	黒竜江	陝西	貴州	吉林	江蘇	四川	
チベット族	チベット	四川	青海	甘粛	雲南					
ウイグル族	新疆									
ミャオ族	貴州	湖南	雲南	広西	重慶	湖北	四川			
イ族	雲南	四川	貴州							
チワン族	広西	雲南	広東							
プーイ族	貴州									
朝鮮族	吉林	黒龙江	遼寧							
満州族	遼寧	河北	黒竜江	吉林	内蒙古	北京				
トン族	貴州	湖南	広西							
ヤオ族	広西	湖南	雲南	広東						
白族	雲南	貴州	湖南							
土家族	湖南	湖北	重慶	貴州						
ハニ族	雲南									
カザフ族	新疆									
タイ族	雲南									
リ族	海南									
リス族	雲南	四川								
ワ族	雲南									
シェ族	福建	浙江	江西	広東						
高山族	台湾	福建								
ラフ族	雲南									
水族	貴州	広西								
東郷族	甘粛	新疆								
ナシ族	雲南									
チンポー族	雲南									
キルギス族	新疆									
土族	青海	甘粛								
ダフール族	内蒙古	黒竜江								
ムーラン族	広西									
チャン族	四川									
プーラン族	雲南									
セラ族	青海									
マオナン族	広西									
チーラオ族	貴州									
シボ族	遼寧	新疆								
アチャン族	雲南									
プーミ族	雲南									
タジク族	新疆									
ヌー族	雲南									
ウズベク族	新疆									
ロシア族	新疆	黒竜江								
エベンキ族	内蒙古									
ドアン族	雲南									
ボーナン族	甘粛									
ユグール族	甘粛									
キン族	広西									
タタール族	新疆									
トーロン族	雲南									
オロチョン族	黒竜江	内蒙古								
ホジェン族	黒竜江									
メンパ族	チベット									
ロパ族	チベット									
チーヌオ族	雲南									

しかし，実は，このうえで，チワン族については広東省を「民族集住省」からはずしている。というのは，チワン族の場合は，広東省北辺にも1か所自治県があるが，広東省内のこの自治県の人口は広西自治区に比べて圧倒的に少なく，かつ，広西自治区から外出するチワン族の圧倒的な行き先が広東省であるからである。このチワン族の研究で主に「抽出」しなければならないのは，広西自治区から広東省への移動だからである。

　そこで，この方法で実際に計算すると，第3-2-2表の第2列のようになった。漢族は「民族集住地区」を持たないのでこの表では計算されていない。見られるように，土家族までの比較的大きな14の少数民族では，モンゴル族，回族，ミャオ族，チワン族，プーイ族，朝鮮族，侗族，土家族の労働力外出率が高く，チベット族，ウイグル族，イ族，満州族，ヤオ族，白族の労働力外出率が低いことがわかった。また，この表は基本的に人口の多い順に並べてあるが，非常に少数の人口しか持たない民族で，突出した値を示したトーロン，オロチョン，ホジェン，メンパ，ロパ，ムーラン，高山，ラフ，キン，マオナンの10の民族は最下段に集め，以下の計算では異常値として除外している。

第3-2-2表 民族別の「労働力外出率」，学歴その他

	労働力外出率（％）	平均就学年数（年）	鎮人口比率（％）
漢族		**7.656**	13.5
モンゴル族	−4.418	**7.906**	16.9
回族	−3.832	**6.840**	13.8
チベット族	−0.877	3.521	8.7
ウイグル族	−0.502	**6.749**	9.1
ミャオ族	−3.258	5.874	8.4
イ族	−0.959	5.319	6.4
チワン族	−4.063	**7.286**	13.6
プーイ族	−3.805	5.647	9.7
朝鮮族	−5.012	**9.353**	16.1
満州族	−0.920	**8.049**	14.6
トン族	−4.153	**6.761**	91.3
ヤオ族	−0.847	**6.794**	10.1

第 3 章　少数民族の労働移動と労務輸出

白族	−1.144	**6.931**	11.7
土家族	−5.879	**6.957**	10.9
ハニ族	−0.670	**4.769**	6.6
カザフ族	−0.035	**7.793**	8.8
タイ族	−0.462	**5.773**	21.4
リ族	2.696	**6.816**	9.7
リス族	−0.782	**4.395**	4.4
ワ族	−2.530	**4.907**	8.8
シェ族	−7.755	**6.652**	11.2
水族	−2.713	**5.399**	7.9
東郷族	0.173	**2.646**	2.0
ナシ族	0.114	**6.926**	18.1
チンポー族	−0.822	**5.945**	14.9
キルギス族	−0.103	**6.814**	7.4
土族	−7.369	**6.128**	9.9
ダフール族	−2.855	**8.703**	27.8
チャン族	−1.132	**6.692**	10.7
ブーラン族	−1.114	**4.832**	4.0
セラ族	−6.059	**4.007**	9.2
チーラオ族	−2.395	**6.326**	12.7
シボ族	−0.223	**8.796**	12.1
アチャン族	−1.071	**6.033**	5.6
ブーミ族	−0.813	**5.330**	8.2
タジク族	−4.527	**6.300**	6.8
ヌー族	−1.754	**4.768**	7.4
ウズベク族	−1.589	**8.770**	24.8
ロシア族	−5.929	**9.530**	18.1
エベンキ族	−3.571	**8.458**	34.1
ドアン族	−0.369	**4.946**	23.7
ボーナン族	2.450	**3.819**	9.9
ユグール族	−1.762	**7.115**	15.0
タタール族	−5.099	**9.373**	18.5
トーロン族	−21.256	**5.660**	9.5
オロチョン族	−115.146	**8.848**	33.1
ホジェン族	−104.019	**9.210**	25.5
メンパ族	−119.005	**3.193**	15.9
ロバ族	−127.692	**3.544**	15.4
ムーラン族	−20.706	**7.417**	91.7
高山族	−75.211	**8.726**	19.5
ラフ族	98.597	**4.165**	5.2
キン族	194.030	**7.837**	12.5
マオナン族	−44.633	**7.325**	13.3

101

Ⅱ 「労働力外出率」と民族のアクティビティー

　こうして傾向を析出すると,「労働力外出率」は民族のアクティビティーを表すものと言える。漢族との見分けが困難になりつつあるチワン族の労働力移動率が高く, チベット族やウイグル族の労働力移動率が低くなっているからである。このため,「民族のアクティビティー」を表す指標として, 民族別の学歴をとり, それとの相関分析を行うこととした。

　具体的には, 第3-2-2表の第3列がそれぞれ「学歴」として計算された「平均就学年数」である。「学歴」は我々がここで分析する「人口センサス」に表出されているが, そのままでは一系列の変数とはなっていないために, 各民族の学歴別人口比率から「平均就学年数」を導いた。ただし, その際,「掃盲班」は未就学とほとんど変わらないが0.5年とし,「大学本科」は民族語で学ぶ少数民族は5年であるところ, 学ぶ内容は漢族の4年と同じなので, 4年としている。そして, この「平均就学年数」を「労働力外出率」に普通最小二乗法で単回帰をさせた結果が次の第3-2-1図と第3-2-3表の第2列に示されている。グラフでは右下がりの相関がゆるくしか析出できていないように見えるが, p値は4.1％となって5パーセント基準で統計的に有意である。簡単に言うと, 学歴が進むほど各民族ともにアクティブとなり, 民族自治地区以外に進出をする傾向があるということである。

Ⅲ 労働力移動パターンの分析

　こうして各民族がどの程度に外出しているかについての分析ができたが, もう少し, どの地域に外出しているか, の分析にも話を進めたい。そして, それはまず, 漢族から土家族にいたるまでの主要15民族について, 次の第3-2-3表のように示すことができる。ここで, 表中の第1行は各民族の総体としての人口増加率を示し, その下の地区別の数字は各民族の人口総数で地区別の人口増加数を割ったもので, これらの地区別の数字を合計すると第1

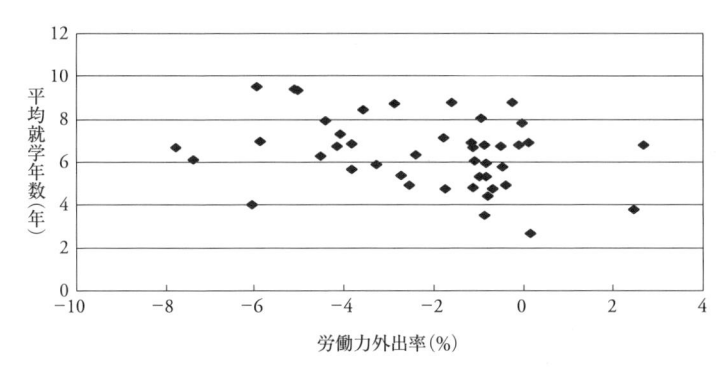

第 3-2-1 図　労働力外出率と平均就学年数との相関

行の民族別の人口増加率となるようになっている。つまり，各民族ごとの自然人口増加率が地域間で同じであると仮定すると，この数字の並びは各民族が各地区に労働力としてどの程度「外出」したかを示していることとなる。そして，この数字を見る限り，広東省がいかに特別の地位を占めているかがわかる。広東省は他省より人口数が多いので，多少はこの数字が大きくなって当たり前であるが，それ以上に目だって大きな数字となっている。これはつまり，広東省が全国から労働力を集めて人口を急速に増やしていることを示している。

しかし，もちろん，労働力の移動はさまざまな内容を持っており，広東省に主に工場労働者として雇われていくようなパターン（「務工人員」）以外も存在する。たとえば，上海には商業活動をする目的で各地から人々が集まり（「経商人員」），また農地の余裕のある新疆自治区や黒龍江省，あるいは他産業に転進して保有農地の耕作者を求める沿海部には農業活動をする目的の労働力移動（「務農人員」）もある。そして，実は，この3種の全体的なパターンは第 3-2-3 表末尾で示されている。『中国人口年鑑』の 2005 年版からの数字である。なお，本節の人口移動分析が 1990 年と 2000 年の間のものであるのに，ここで 2005 年版の数字を使っているのは，得られるデータが 2005 年度と 2006 年度しかないからである。

したがって，こうして「経商人員」，「務工人員」，「務農人員」の移動パターンがわかれば，各民族の「外出」がこれらのどのパターンに近いかを調べる

103

第 3-2-3 表　各民族人口総数を分母とした民族別地区別人口

	計	漢族	モンゴル族	回族	チベット族	ウイグル族	ミャオ族	イ族	チワン族
合計	9.9	9.4	21.1	14.0	17.9	16.5	21.1	18.0	4.0
北京	0.242	0.248	0.43	0.334	0.035	0.015	−0.086	0.019	0.018
天津	0.094	0.096	0.174	0.129	0.017	0.011	0.017	0.011	0.01
河北	0.493	0.492	0.584	0.566	0.046	0.021	0.078	0.041	0.02
山西	0.327	0.355	0.137	0.042	0.023	0.014	0.023	0.031	−0.001
内蒙古	0.164	0.113	12.819	0.199	0.027	0.015	0.018	0.027	0.003
遼寧	0.208	0.174	1.721	0.011	0.03	0.028	0.024	0.033	0.005
吉林	0.189	0.213	0.324	0.037	0.032	0.017	0.014	0.031	0.003
黒龍江	0.09	0.12	0.05	−0.178	0.032	0.014	0.01	0.022	−0.003
上海	0.27	0.291	0.094	0.083	0.022	0.017	0.059	0.019	0.013
江蘇	0.527	0.566	0.238	0.126	0.039	0.026	0.251	0.092	0.029
浙江	0.395	0.414	0.061	0.027	−0.072	0.01	0.681	0.086	0.072
安徽	0.248	0.264	0.283	0.412	−0.072	0.006	0.066	0.056	0.011
福建	0.356	0.378	0.078	0.202	0.022	0.015	0.246	0.034	0.019
江西	0.236	0.256	0.163	0.005	0.027	0.016	0.054	0.031	0.001
山東	0.491	0.525	0.372	0.422	0.039	0.03	0.065	0.071	0.003
河南	0.502	0.536	0.336	0.966	0.051	0.039	0.049	0.064	0.01
湖北	0.487	0.489	0.109	−0.002	0.019	0.016	0.183	0.011	0.016
湖南	0.23	0.099	0.3	0.044	0.052	0.03	4.775	0.045	0.017
広東	1.971	2.067	0.407	0.191	0.124	0.039	1.552	0.12	2.707
広西	0.142	0.131	0.165	0.062	0.043	0.021	0.495	0.038	−0.054
海南	0.088	0.077	0.036	0.031	0.008	0.005	0.13	0.008	0.123
四川＋重慶	0.496	0.427	0.476	0.136	3.999	0.044	1.572	5.162	0.032
貴州	0.251	0.073	0.487	0.483	0.024	0.015	8.576	2.072	0.089
雲南	0.474	0.345	0.312	1.413	0.372	0.016	2.002	9.81	0.856
チベット	0.037	0.007	0.012	0.071	7.195	0.01	0.004	0.003	0.001
陝西	0.218	0.237	0.064	0.085	0.038	0.008	0.01	0.01	0.004
甘粛	0.242	0.232	0.159	1.036	1.659	0.017	0.016	0.024	0.003
青海	0.032	0.003	0.308	1.319	3.798	0.004	0.001	0.003	0
寧夏	0.073	0.047	0.054	3.915	0.007	0.003	0.003	0.001	0.001
新疆	0.291	0.173	0.246	1.822	0.085	16.009	0.059	0.018	−0.003

ことで，民族別の「外出先」の目的の差，外出先での仕事の種類の違いを予想することができる。そのため，ここでは，各民族の地区別移動率と全中国の「経商人員」,「務工人員」,「務農人員」の移動パターンとの相関係数をとった。その結果は次の第 3-2-4 表で示されている。

　ただし，ここでも先の分析と同じくそれぞれの民族の集住地区の数字ははずして相関係数が計算されている。集住地区の人口増加が高いのは当たり前

第 3 章　少数民族の労働移動と労務輸出

増加率（単位％）と労働力種類別の全国移動パターン（単位人）

プーイ族	朝鮮族	満州族	トン族	ヤオ族	白族	土家族	経商人員	務工人員	務農人員
16.6	0.0	8.5	18	23.4	16.3	40.2	4651020	35517673	1036460
0.025	0.658	0.866	0.038	0.032	0.043	0.116	691939	1983807	66960
0.016	0.479	0.256	0.015	0.009	0.005	0.056	32844	491802	4137
0.117	0.263	3.895	0.064	0.028	0.017	0.075	135221	410064	6307
0.026	0.039	0.004	0.019	0.005	0.01	−0.113	55419	301094	6102
0.028	−0.016	0.4	0.014	0.006	0.006	0.02	68164	231092	20555
0.038	0.537	4.378	0.013	0.009	−0.05	0.047	80252	332000	30378
0.038	−1.969	−0.624	0.014	0.004	0	0.01	29843	89343	13197
0.009	−3.412	−1.569	0.006	0.001	0.001	0.015	31813	114798	24786
0.033	0.228	0.049	0.07	0.033	0.018	0.08	489672	3296008	95398
0.241	0.212	0.06	0.329	0.041	0.09	0.247	462651	2877386	74454
0.791	0.079	0.024	0.687	0.077	0.142	0.942	241345	6665003	72999
0.076	0.104	0.032	0.056	0.011	0.013	0.012	43385	83528	21383
0.142	0.086	0.018	0.209	0.035	0.029	0.488	42210	1400572	3563
0.06	0.08	0.009	0.03	0.009	0.005	0.013	20514	64603	3049
0.06	1.27	0.142	0.025	0.008	0.05	0.034	154089	611782	14362
0.062	0.162	0.103	0.032	0.008	−0.01	0.032	97373	257850	3165
0.026	0.046	0.019	0.61	0.012	0.377	7.099	94666	156353	13286
0.076	0.118	0.028	3.711	11.413	0.673	14.23	92997	108936	7874
0.847	0.512	0.111	0.21	3.131	0.331	2.296	1103173	14038849	347903
0.361	0.092	0.037	0.622	6.761	−0.14	0.046	48983	138775	4744
0.056	0.031	0.011	0.035	0.226	−0.01	0.044	18401	63007	8119
0.128	0.182	0.048	0.072	0.037	0.066	6.796	108165	247417	5261
12.461	0.05	0.052	9.119	0.511	4.008	6.722	91382	172645	4433
0.808	0.074	0.052	0.079	0.837	10.271	0.033	139159	518528	10468
0.016	0.002	0	0.002	0.001	0.039	0.003	39530	124760	4831
0.011	0.025	0.022	0.009	0.008	0.003	0.016	96428	224836	8135
0.027	0.052	0.006	0.011	0.007	0.011	0.014	28049	55904	1842
0.005	0.008	−0.008	0.003	0.001	0.008	0.003	35260	66506	1632
0.001	0.008	0.055	0.002	0.002	0.001	0.007	14397	42270	1915
0.02	0.026	0.009	0.012	0.012	0.005	0.184	63696	348155	155222

で，ここでの分析は非集住地区にどの程度外出しているか，というものだからである。また，この趣旨から朝鮮族については山東省の数字もはずして計算している。これは，朝鮮族は韓国企業の集中する山東省への外出傾向を持つが，これは朝鮮族の特殊性であるから，「経商人員」，「務工人員」，「務農人員」の移動の全国的な傾向との一般的な比較の対象とはならないからである。

第 3-2-4 表　各民族別の労働力移動パターン

民族	民族別人口移動との相関係数		
	経商人員	務工人員	務農人員
漢族	0.7874	*0.8901*	0.8618
モンゴル族	*0.3605*	0.1523	0.2377
回族	0.5541	0.5497	0.5599
チベット族	0.4044	0.2610	*0.4969*
ウイグル族	0.3842	0.3132	0.3600
ミャオ族	0.7108	*0.9584*	0.8325
イ族	0.5835	*0.7081*	0.5701
チワン族	0.7564	*0.8766*	0.8591
プーイ族	0.4999	*0.7120*	0.5227
朝鮮族	*0.7311*	0.4967	0.4745
満州族	0.2471	0.2074	0.1540
トン族	0.2345	0.4179	0.2284
ヤオ族	0.0002	0.0263	−0.0750
白族	0.5357	0.6120	0.5350
土家族	0.7520	*0.9600*	0.8634

データ出所）第 3-2-3 表

　そうした注意をしながら第 3-2-4 表を見ると，この結果もまた非常に興味深い。というのは，それぞれの民族で「経商」，「務工」，「務農」のどれにウエイトがかかっているかの相対的な大きさに注目した際（それらの数字を太字のイタリックで記している），漢族，チベット族，チワン族が「務農」に相対的にウエイトを置いている一方で，朝鮮族とモンゴル族が「経商」にウエイトをかけていることが析出されているからである。また，相関係数の絶対的な大きさだけで見るとモンゴル族の「経商」との相関は大きくはないが，モンゴル族のうち，都市部に住む者は経済活動が活発でそうした志向性を持っていると言われる。民族の自治地区外での活動を間接的に表現する指標として非常に興味深い。

Ⅳ　むすびに代えて

　以上，本節では，主に人口センサスを使って，民族別の労働力移動の傾向を推計し，そのアクティビティーの強弱，および外出先での活動内容の特徴を析出した。民族ごとのアクティビティーの違いは，第1章で見たように，従事産業の分布，都市／農村比率や学歴などにも表れるが，同時に人口移動の面でも表れることがわかった。各民族の経済活動上の比較研究は，このようにさまざまなアスペクトからなされねばならないというのが筆者たちの見解である。

コラム2

ウルムチ（烏魯木斉）暴動の実際と矛盾の本質

大西　広

　2008年3月のラサ暴動と並び，中国における民族矛盾の激しさを象徴する2009年7月5日のウルムチ（烏魯木斉）暴動は初動における政府対応のまずさと対するウイグル会議の誤った情報などの要素が矛盾の増幅を帰結している。この様子を再現すると次のようになる。

暴動への対応が差別的な「王楽泉政権」

　このウルムチ（烏魯木斉）暴動には「漢族側」が何と暴動2日後には「反ウイグル暴動」を起こしたということがあったが，自治区政府はこの取り締まりをしっかりやったかどうか疑問がもたれている。捉えられた漢族の暴動犯はごく一部にとどまり，いくつかの目撃情報では外地から来た漢族警官が（制服のうえに私服を着て）7月7日の暴動を起こしていたとなっている。もちろん，これは上級の指示によるものではなく，現地の事情に無理解な外地の漢族が7月5日の反感から勝手にやった可能性もあるが，当時の王楽泉自治区党書記が企んだものとの疑惑は今もなお晴らされていない。

　筆者自身，暴動直後に2度ウルムチに入ったが，政府のキャンペーン「7・5事件収束図片展」自体にも大きな疑問を感じた。その理由は，「7・5事件」は犯罪として厳しく糾弾されても「7・7事件」のことは論じられていないからである。すべての暴力が否定されなければならないはずのところに，このような偏ったキャンペーンのみがなされること自体が「7・5事件」への警察・政府の関与が疑われる。私の知り合いの「友人の友人の友人」もこの事件で殺害されている。王楽泉は事件の直後に「この事件は民族紛争ではなく，一部の犯罪者と全住民への犯罪である」と述べたが，「7・5事件」

とそれへの対処の甘さは，政府自身も「漢族とウイグル族の対立」の枠組みの中で対応し，かつ「漢族寄り」の明らかに偏ったものとなっている。ついでに言うと，2009 年 9 月に問題となった「注射針事件」（路上で注射針に刺される事件が続出したというもの）の犯人としても漢族しか捕まえられていないことも偏っている。筆者は新疆大学の客員教授として 9 月に招待講演をしたが，その場に来た院生は自分の指導教授の奥さん（ウイグル族）も被害者であると述べていた。こうして漢族にも犯人がいるが，彼らはひとりも捕まっていない。ある人物はこの偏りについて「漢族は占領者意識を持っている」と表現した。そう言われても仕方のないような状況となっている。

民族主義を煽るウイグル会議情報

　しかし，それでも思うことは，対する「ウイグル会議」の側の宣伝にもウイグル族側の不利な情報は一切含まれていないという問題があることである。たとえば，そこではウイグル族暴徒が漢族をどのように襲い殺したかは書かれていない。実はウルムチ（烏魯木斉）に住む筆者の弟子の奥さん（ウイグル族）もまた漢族と間違われて頭を石で殴打され，筆者は現地でその話を詳しく聞いたが，ウイグル会議のウェブサイトではこうした犯罪がまるで無かったかのようになっている。もちろん，その逆の「政府側の情報」にも偏りがあるが，「抑圧されている側の情報は偏っていない」というわけでもない。日本国内の良心的な市民団体にはワンサイドの情報だけで事態を判断しているものが多いので特に注意を喚起しておきたい。

　嘘の情報としては，たとえば，暴動直後にウイグル会議から流された「新疆医科大学で 4 人の女子学生が首を切られて遺体が木に吊り下げられた」という情報もあった。筆者はこの情報に近いものが『週刊文春』7 月 23 日号でも書かれたために真に受け，ある講演で聴衆に伝えてしまうという過ちを犯したことがある。学者として恥ずべき過ちであり，筆者が「ウイグル会議情報には気をつけよ」という理由のひとつはここにある。

　また，ウイグル会議の流す「ウルムチ（烏魯木斉）暴動の写真」に，湖北省での暴動の写真や別の交通事故の写真，あるいは遠く中東での写真が混じっていたということもあった。ウイグル会議はこれを単なる間違いと釈明

暴動当日，逃げ惑う漢族たちを救助したとの美談の残るウイグル族ホテル・トマリスホテル。ウイグル族経営のホテルとしてはウルムチで最大。そのウイグル族が漢族を救ったのであるから，ウイグル族のすべてが漢族を殺戮しようとしたわけでないことが分かる。ただし，写真のこの現場は当時血の海となっていた。

しているが，なぜそのような写真が混じったのかが十分説明されないと意図的な嘘であったとの疑いを晴らすことはできない。

さらに，「事件の発端となった広東省韶関市の工場[1]にウイグル族は強制的に連れていかれた」というウイグル会議情報も大局的には正しくない。筆者自身も事件の直後に筆者の研究室に留学していた若い研究者と連れ立って当該労務輸出の派遣元を訪問し，彼の親族と会い，本当のところを聞かされたが，その親族は「強制ではない，出稼ぎを希望する者の数が募集人員より

---

1) ウルムチ（烏魯木斉）暴動のきっかけとなった漢族とウイグル族の乱闘事件が起きた工場で，ウイグル族2名が死亡している。この工場で失業した漢族男性が「6人のウイグル族男性が2名の漢族女性をレイプした」とのデマを6月16日にネット上に書き込んだことから始まった乱闘事件であるが，「レイプ」ではないものの「セクハラ」は行われていたようで，ウイグル族側にも問題がないわけではなかった。

多く，よって希望しても行けない」と答えた。また，事件により帰って来たウイグル族もまた行きたいと言い，ウイグル会議情報と異なり出稼ぎ先の賃金は漢族よりウイグル族の方が高いということであった。厳密には，本書第3章1節の詳しい調査に見るように，やはり一部には強制があったが，やはりそれはごく一部の現象であった。

ついでに言うと「カシュガル（喀什）の伝統的家屋が同化政策のために壊されている」というウイグル会議情報（『朝日新聞』8月12日付けも報道）も現地の実態に合っていない。泥塗りの古い家屋を鉄筋やレンガの建物に改築するのは多くの現地住民の要求でもある。このことも現地で実際に確認した[2]。

少し細かなことに拘っていると思われるかも知れないが，こういう状況の下での嘘や誇張は民族対立を煽ることにしかならない。そして，実際，これらの結果として両民族間の情報ギャップが広がり，双方の憎しみが増幅されているのである。これはまさしく最も恐れるべき状況であり，この現実的帰結に政府側・ウイグル会議側双方の責任が問われなければならない。

日常的な差別の構造

しかし，こうして暴動後の状況が最悪であるからといって，暴動前に問題がなかったわけではない。ウイグル会議が煽ったかどうかは別として，携帯メールで呼びかければすぐに数千人が集まるほどのウイグル族の不満は日常的に鬱積しており，この問題に迫ることができなければ社会科学とは言えない。そして，この不満も筆者は完全に共有することができる。

たとえば，北京であれば別であるが，ウイグル自治区では「民族問題」という言葉を口にすることさえできない。たとえ「独立」を主張するものではなくとも「民族問題」の存在を自由に論じることはできないし，我々日本人が先方で講演をする時もそのような話に及ばないかどうかピリピリした雰囲

---

[2] この問題でも矛盾はないわけではない。小学校など公共施設の建設用地の土地収用で地権者との矛盾はあったようであるが，それはどこにでもある現象でこれをことさら「民族問題」と主張するには無理がある。また，政府資金による改築の場合，建替え後の転売ができなくなるのでそれを嫌って建替えしない家もあるが，彼らは建替えを強制されているわけではない。少なくとも2011年春に調査に入った際はそのようになっていた。

気の中で言葉を選ばなければならない。ついでに言うと，2010年にも南新疆の複数地区を「調査」したが，断食月の最中に学校教師がウイグル族に無理やり水を飲ますといったことが数年前まであったという。政府機関の指示によるものではなく，民間人の勝手な偏見によるものであるとはいえ，これは明らかに宗教弾圧である。

　また，2009年の9月に筆者が南新疆からパキスタンに越える際，ガイドとして雇ったウイグル族の国境通過が中国側税関係員によって拒否されたという「事件」もあった。理由は何と「イスラム教徒だから駄目」というものである。政府情報では，この間パキスタンの「テロリスト」と関わるウイグル族の出入りがあったということとなっているが，西安外国語学院を卒業し，日本語ガイドとして正式に日本側旅行社を通じて雇われているこの男性ウイグル族が「テロリスト」である可能性はまったくなかった。つまり，普通のウイグル族がウイグル族であるというだけの理由で中国公民の当然の権利を蹂躙されているのである。

　彼は同年の6月には同じルートを日本人観光客を連れて通過しているから，この事態はウルムチ暴動の余波と思われる。しかし，それでも思うことは，この末端の行政機構が「出国拒否せずに後で問題が起きれば首が飛ぶが，出国拒否をしても問題が起きない」との判断をしていることである。つまり，ここでは「出国拒否という人権蹂躙をしても問題が起きない」状況が作られていて，それはつまりウイグル族たちは自分たちの権利を蹂躙されても裁判所などで訴えることのできる状況にないということである。現下の新疆ウイグル自治区で少数民族の人権が蹂躙されている，というのはこうした状況を指している。

誰がデモをしたか，誰が暴動を行ったか

　しかし，それでも，この「暴動」という形式，それも多くの殺人を伴った暴動という形式がここでとられなければならなかったということにはならず，その点で「誰が暴動を行ったのか」が独自に検証されなければならない。そして，この問題を現地で詳しく知れば知るほど，デモに出た者，暴動を起こした者，そしてそのどちらでも無かった層の三者の存在することがわかる。

たとえば，私が事件直後の8，9月の二度の訪問で利用したトマリス・ホテルはほぼすべての従業員がウイグル族であるウイグル族ホテルでありながら，「漢族の暴動被害者を助ける」側にあったことがわかった。暴動当日，市内の何か所かで同時発生した暴動はこのホテル前でも起き，逃げ込んできた漢族たちをとっさに地下と上層階に誘導し，怪我人にはホテル常備の包帯や薬で応急措置をし，怖がる被害者を安心させる措置をとっている。全部で120人くらいかくまったという。そして，ここで重要なのは，このホテルの小さな入口めがけて多くの漢族が逃げてきた際，彼らはこのホテルのウイグル族たちが当然漢族を助けてくれるものと考えていたことである。もちろん，実際に助けてくれたのであるが，重要なのは，暴力をふるう路上のウイグル族とホテルのウイグル族をまったく別のものと考えていたこと，つまりウイグル族のすべてと漢族のすべての間の衝突ではないと彼ら自身が考えていたことである。

　実際，デモに出たのは学生たちであり，暴動を行ったのは南新疆からの出稼ぎ労働者たちであったことが，その後の調査でわかっている。当初は，私も「あの学生たちがどうして人殺しをするのか」と事態を信じることができなかったが，その後の調査で，彼らが暴動の犯人ではなかったことを確認することができた。ただ，それでも，この「デモに出た学生たち」にも「暴動を行った出稼ぎ労働者たち」にも，それぞれ「失業」という言葉で括られる共通した経済的不満があったことが重要である。

デモ・暴動参加者の不満の根元を問う

　というのはこういうことである。

　まず，ウルムチ（烏魯木斉）暴動の主要な参加者であった出稼ぎ労働者についていうと，折からの世界経済危機の影響で新疆ウイグル自治区の成長率が低下し，ウルムチでの仕事が急減したことが大きな不満となっていた。2009年における経済危機の中国への影響は輸出主導の沿海部経済が最も激しくなっていたが，「貿易に依存する経済」という意味では中央アジアに接する新疆ウイグル自治区も同じで，建設工事や路上での小物販売などに従事する彼らの仕事を直撃した。国家級貧困県・郷が集中する南新疆地区の所得

水準は現在もなお低く，2008年の調査では，たとえば絨毯織りに毎日朝から晩まで働いて一か月に400元にしかならない。このような状況を打開すべく，若い男性の多くがウルムチ（烏魯木斉）に来てこうした仕事をしているのだが，語学力が不足し，農作業しかしたことのない彼らを雇ってくれるのは建設業くらいしかない。それが不況で減少し，かつ路上での小物販売も経済危機の影響を受けたのである。

　また，暴動化する前にデモを行った学生たちの不満は，もっと直接的に就職先がないということである。現在，中国では全国的に学卒労働力の供給過剰となっており，漢族学生でも就職率は低いが，漢族企業は漢族を雇い，ウイグル族企業しかウイグル族を雇わないという状況の下，後者の働き先が極端に不足し，それが大きな不満となっているからである。一説には就職率は50パーセント以下と言われる。また，このことは暴動の後に政府が漢族企業にもウイグル族を雇うように，との通達を出したことでも裏付けられる。国有企業が多数を占めた以前には，国有企業の決まりによってバランスのとれた民族比率で労働者が雇われたが，私企業化の波はその規制を取り払ってしまった。その結果，漢族企業家は漢族しか雇わなくなったのである。

　しかし，ここで重要なことは，このふたつの階層の「失業」はともに，ウイグル族自身の企業家としての活動不足が原因していることである。漢族地域のように南新疆地区を発展させることができれば南新疆にも仕事は増えるし，かつ学生たちが「職を探す」のではなく「起業する」ことでもっと頑張れれば，ウイグル族を雇うウイグル族企業が増えるからである。

　したがって，デモや暴動がひろがるには，それ相応の理由があり，それにも解決策は存在する。簡単ではないが，である。これはチベットでも同じで，コラム1ではチベットのラサ暴動について既に詳しく検討している。いずれにせよ，民族対立を煽る各種の宣伝や措置を厳しく批判するとともに，矛盾の根本的な解決をめざすさまざまな努力も必要である。

II

民族企業家はどこまで成長しているか

第 4 章　吾買爾江・艾山，大西広

民族企業家の相対比率
新疆自治区企業データの分析

扉写真

チベット・ラサで商店を営むのは皆女性
チベット・ラサのバルコル（八角街）で仏具や首飾りなど小物の土産物を売る商店の女性店主。こうした商売をチベット男性は好まないため，どこでも店主や店員は女性である。肌の色も白い美人の女性であった。

企業データからの民族識別

　本書ではここまで民族間の経済上の格差について一般的な分析を行ってきたが，この「経済格差」の中で最も重要なものは言うまでもなく資本家と労働者との格差であり，したがって，少数民族は資本家＝企業家としても発展することなくしては民族間の平等を勝ち取りえないということがあった。それ故，ここから先の第Ⅱ部では主に少数民族の企業家形成の問題に絞って検討を行う。まず検討するのは新疆ウイグル自治区である。これを最初に扱うのは，「少数民族経営企業」を他の企業から区別するという一般的には不可能な作業が我々の入手したデータ，すなわち深圳市伊梅滙文化発展有限公司の『2008 新疆工商企業名録』と『2011 新疆工商企業名録』で可能となったからであるが，このデータの 2008 年版，すなわち前者が新疆ウイグル自治区におけるこの年の全製造業企業をカバーした全数データとなっているという利点もある。

　しかし，このデータではどうして「少数民族経営企業」を割り出せるのかが問題で，それは，このデータが業種，地区，規模，所有形態とともに各企業の経営トップ[1]の名前（氏名）をも含んでいるということによる。ウイグル族をはじめとする新疆自治区の少数民族は独特な名前（彼らは正確には個人の「名」しか持たないので，父親の名前を「氏」の代わりに使っている）を持っている。それによって「少数民族経営企業」とそうでない企業とを識別できるのである。実のところ，新疆自治区に多数住む少数民族でも回族は完全に漢族名を持つのでこの方法では「漢族経営企業」に分類されてしまうという問題があるが，その数は少なく（一部モンゴル族にも漢族名があり，それも「漢族経営企業」に紛れている可能性もあるが，その数も極めて少ない），また，ここで特に分析したいのはウイグル族，カザフ族，キルギス族といった広義のトルコ系民族およびペルシャ系のタジク族の動向である。彼らはチベット族のように漢族と混血をすることがないために漢族風の名前になることはない。そのために名前による識別が確実にできるので，この見通しをもって，データを利用することとなった。おそらく中国の少数民族経営企業研究としてこの

1）「企業トップ」とは具体的には法人企業の場合は法人代表，経理，取締役，非法人企業の場合は当データにいう「企業負責人」つまり経理か主任か工場長となる。

ような方法を利用したものは他にはない。データが基本的に公表されていないという条件の下で編み出した我々の独自の方法である。

したがって，我々はこのデータの全企業（後に見るようにそれは1万1000を超える）のひとつひとつを識別・分類して以下に見るような特徴を析出することとなった。その具体的内容が本章を構成する。

企業名自体にも若干の特徴

なお，こうして企業トップの名前に注目すると，同時に気づくのは企業名における特徴である。というのは，少数民族経営企業の中には，かなりパターン化された企業名のつけ方が見られるからである。具体的には，以下の4種である。すなわち，①所在地名＋経営者名＋業種＋公司あるいは有限責任公司，有限公司とするもの（たとえば，英吉沙県阿娜古麗民族工芸小刀製品有限責任公司），②所在地名＋経営者名＋業種＋工廠などとするもの（たとえば，和田市古力迪尔木斯曼醋廠），③経営者名＋業種＋工廠あるいは，商店，ホテル，レストラン，中心などとするもの（たとえば，吐松毛拉肉甫面粉加工廠），④その他である。このような企業が「伊梅データ」には合計で115社あり，これはここで特定された「少数民族工商企業」全883社の13パーセントを占めている。

こうした特殊な企業名のつけ方が成立したのには理由がある。というのは，ウイグル族をはじめとする新疆自治区のトルコ系ないしペルシャ系諸民族では企業家は皆から尊敬される存在となっており，その結果として企業家はその自分の社会的地位を示す趣旨から名前を企業名に入れる習慣ができあがったからである。

このような企業名のつけ方が多いのには，少数民族経営の企業は私営独資企業がほとんどであり，その多くは個人経営，家族経営の企業をベースに出発していることも原因している。考えてみれば日本の企業名も「田中商店」などは通常個人企業である。ウイグル族の場合は厳しい地理的条件，交通の不便さ，またほとんどが定住農民であることなどによって地域的移動性が低く，コミュニティ意識も強いために人間関係を特に意識する習慣が強く，これが企業名に個人名を入れる傾向を強くしている。最近では企業名に名前を

入れないケースも出てきているが，少数である。このような企業名の付け方は当該企業を少数民族経営企業と明示することにもなっており，それによって少数民族の顧客をより集めやすくなるということもある。

　また，この115社には次のような特徴もあった。すなわち，①すべてが1996年以降の設立で，2000年からの増加スピードが速い，②ほとんどの場合従業員数が2人から30人までである，③ほとんどが初歩的な加工（一定の加工なしに，使用・保存できない農産品の加工を指す，たとえば，冷凍肉，飼料）に特化した工場で，現地の少数民族住民の日常生活の需要を満たすための部門となっている。具体的には，製粉などの食糧加工工場が4割を占め，それ以外には食品加工，食用植物油加工，紡織・アパレル製造，革靴製造，飲料製造，製紙，人工原油生産，家具製造，金銀アクセサリー品加工，工芸品（プレゼント用ナイフなど），建築用レンガ製造などの伝統的な部門となっている。その一方で，より進んだ化学試薬や補助薬剤，漢方薬の製造企業は，1社ずつしかなかった。

　こうして，このデータは「少数民族経営企業」を特定できることを一番の特徴としたうえで，さらに設立年，業種別，地区別，規模別，所有形態別といった視角からの分類も可能となっている。そのため，以下ではこのデータを使って，まずは設立年，地区別，業種別の特徴を抽出し，そのうえで企業規模別，所有制別の特徴を抽出する。

I　設立年，地区および業種上の特徴について

企業設立年に関する少数民族経営企業の特徴について

　以上，筆者らの方法を概観したうえで，こうした少数民族経営企業の概観を全数データである『2008新疆工商企業名録』から行ってみたい。まず最初に設立年についての分布を少数民族経営企業と漢族経営企業に分けて調べてみたのが第4-1図である。少数民族経営企業と漢族経営企業の企業数に大きな差があり，それは図のスケールが両者でまったく異なることから見て取れる。たとえば，2004年以前の設立企業は合計で1万2767社あるところ，

第 4-1 図 新疆自治区における製造業企業の民族別設立状況の変化
出所）『2008 新疆工商企業名録』

うち漢族経営企業は 1 万 1895 社（93 パーセント），少数民族経営企業が 875 社（7 パーセント）であった。特に 2000 年から 2004 年までの 5 年間に毎年設立された企業の平均は，漢族経営で年平均 1294 社であるところ，少数民族経営企業では平均わずか 75 社であった。こうした「格差」こそが我々が最初に確認しなければならない基本的な特徴である。

しかし，それと同時に重要なことは，こうした「少数民族経営企業の遅れ」は時代による変化もあり，1978 年以前の格差は今日より「まし」であったこともわかる。この期間は 10 年ごと，あるいは約 20 年間の設立企業数をまとめて示しているのに表わされているように年別の設立企業数（厳密には 2007 年時点で残っていた企業の設立年）は極めて少ないものであったが，それでも民族別に比べると少数民族経営企業の遅れはまだ小さく，数倍の範囲に限られていた。これは，その後の格差が約 20 倍に拡がっていることと対照的である。この間の新疆ウイグル自治区内の漢族の人口比率は 1978 年に 41.6 パーセント，2007 年に 39.3 パーセントという具合にほとんど変化していないのにも関わらず，である。

この理由はいくつか考えられる。たとえば，漢族の人口比率は変化していなくとも，流入してきている漢族にはそもそも投資目的の者が多く，また以前から住んでいる漢族にも第二次，第三次産業にもとから従事していたものが多数であるからである。ともかく，これがこれからの分析の前提たる基本

第 4-1 表　新疆自治区製造業企業の地区別民族別分布

		漢族経営 企業数（社）	少数民族経営 企業数（社）	少数民族経営 企業比率（％）
	新疆合計	11911	883	6.9
北新疆	小合計	8728	141	1.6
	ウルムチ（烏魯木斉）	3402	40	1.2
	カルマイ（克拉玛依）	493	1	0.2
	サンジ（昌吉）	1780	11	0.6
	石河子	395	2	0.5
	イリ（伊犁）	1321	64	4.6
	タルバガタイ（塔城）	674	12	1.7
	アルタイ（阿勒泰）	371	4	1.1
	ボルタラ（博州）	292	7	2.3
東新疆	小合計	582	43	6.9
	トルファン（吐魯番）	263	37	12.3
	ハミ（哈密）	319	6	1.8
南新疆	小合計	2601	699	21.2
	バインゴリン（巴州）	1022	41	3.9
	アクス（阿克苏）	846	195	18.7
	キジルキルギス（克州）	39	36	48.0
	カシュガル（喀什）	540	228	29.7
	ホータン（和田）	154	199	56.4

出所）筆者作成。

状況となっている。

少数民族経営企業の地域的偏りについて

　続く第 4-1 表は漢族経営企業と少数民族経営企業の地区分布状況をまとめたものである。表にあるように漢族経営企業は全部で 1 万 1911 社あるが（これは立地の明確な企業のみの数である），その 73 パーセントにあたる 8728 社が，都市化の進んだウルムチ（烏魯木斉）中心の北新疆に立地し，南新疆には全体の 22 パーセント＝2601 社しか立地していない。しかし，少数民族経営企業の場合は全数 883 社の 79 パーセントを占める 699 社が南新疆に立地し，北新疆には 16 パーセントの 141 社しかない。これは人口的に少数民族の集まる地域に少数民族経営の企業が集中し，逆に人口的に漢族の広がる地域に漢族経営企業が集中していることを示している。本章後段では業種，

従業員数，所有制タイプのいずれの面でも少数民族経営企業は農村工業化の初期段階にあることを述べるが，企業の発展にとっては都市化が進んだ地域での立地が有利である。その差が生じうることを示唆している。

少数民族経営企業の業種について

　新疆の経済発展を支えている漢族経営企業は経済のあらゆる分野で起業し，増加している。近年西部大開発の後押しで，沿海部において発展を遂げてきた近代的な企業部門の新疆への進出，特に対中央アジア貿易を狙った現代的な企業の進出が目立っている。そうした状況はこのデータでも従業員30人未満の企業に限られるものの民族別に調べることができる。次の第4-2表（126-127頁，見開き）は製造業小分類ごとに漢族経営企業と少数民族経営企業のウエイトの相違を見るため右端の欄では各業種における少数民族経営企業におけるウエイトから漢族経営企業におけるウエイトを引いた数字を記している。たとえば，最上段の穀物製粉業であれば，少数民族経営企業におけるその比率は漢族経営企業におけるその比率より20パーセントも高いことが示されている。全体に「農産物加工製造」と「建築関係加工製造」と「工業製品加工製造」に3分類したが，その中では少数民族経営企業が漢族経営企業に比べて比率の高いものから順に並べている。

　これを見るとおおよそ次のような特徴を抽出できる。

　第一は，農産物加工製造と建築関係加工製造と工業製品加工製造との大分類で農産物加工製造における少数民族経営企業の比率が比較的高いことである。少数民族が主に農業（牧畜を含む）に携わり，その製品化の面で活動していることがわかる。また，建築関係加工分野におけるレンガ製造や工業製品加工分野における水道や絨毯製造なども少数民族の携わる農業やその他の伝統産業と関わっていることがわかる。農業用金属工具も農業関連である。

　しかし，これら少数民族経営企業が漢族経営企業に比べて相対的に「強い」部門がある一方で，「弱い」部門にも特徴がある。というのは，弱い部門は加工の度合が高く，複雑で高い技術力を要する部門に集中しているからである。

　したがって，少数民族経営企業はその農業や伝統産業関連で相対的に健闘

第4章　民族企業家の相対比率

新疆ウイグル自治区南新疆ホータン（和田）の紡績工場で働くウイグル族の女性たち。

しているものの，高度な製造業分野ではまだまだ遅れていることになる。先の第4-1図や第4-1表で見た特徴がここでも見られる。

II　企業規模と所有制に関する諸特徴について

企業規模別の特徴

　このデータでは2004年までに設立した製造業企業のうち漢族経営企業は1万1353社ある一方で，少数民族経営企業は869パーセントしかなく，新疆全体の7.1パーセントにとどまっている（第4-3表）。従業員数は500人以上の企業を見てみると，漢族経営企業が196社あるのに対して，少数民族経営企業は1社しかない。中国統計局の統計年鑑では国有企業と従業員数が100人以上，あるいは従業員数が50～99人でかつ年営業収入500万以上の

125

第 4-2 表 新疆自治区における従業員 30 人未満製造業企業の民族別業種分布

	業種	A. 漢族経営企業数	B. 少数民族経営企業数	(B／少数民族経営企業総数)−(A／漢族経営企業総数)
	合計	8155	733	0.000
農産物加工製造	穀物製粉	667	208	0.202
	米・麺製品製造	52	52	0.065
	植物油加工	12	36	0.048
	食品製造	31	20	0.023
	製糖	39	13	0.013
	木材加工	67	12	0.008
	肉製品	30	6	0.005
	各種飲料製造	91	11	0.004
	醤油・食酢など製造	81	8	0.001
	製茶加工	2	0	0.000
	インスタントラーメン	11	0	−0.001
	個体飲料	16	0	−0.002
	野菜・果物缶詰	18	0	−0.002
	液体乳・固体乳などの乳製品	66	4	−0.003
	お茶・飲料	37	0	−0.005
	肥料製品	39	0	−0.005
	農副産品初級加工	120	7	−0.005
	ケーキ・キャンデイ，チョコレート製造	156	10	−0.005
	有機肥料・微生物肥料製造	45	0	−0.006
	食料および飼料加工	426	18	−0.028
建築関係加工製造	粘土レンガ・建築用レンガ	425	44	0.008
	建築用石加工	120	8	−0.004
	セメント，セメント製品	198	14	−0.005
	建築・家具用金属部品	77	2	−0.007
	建築，安全用金属製品	69	0	−0.008
	防水建築材料	77	0	−0.009
	軽質建築材料製造	85	0	−0.010
	塗料製造	95	0	−0.012
	コンクリート構造部材	159	5	−0.013
工業製品加工製造	水道水の生産・供給	76	39	0.044
	絨毯製造	9	23	0.030
	紡織関係製造	204	37	0.025
	化学原料・製品・肥料製造	116	14	0.005
	塩加工	22	5	0.004
	原油加工・石油製品	88	9	0.001
	農業用金属工具	64	6	0.000

薬品製造	26	2	0.000
農業器具	27	2	−0.001
羽毛加工	6	0	−0.001
調味品製造	11	0	−0.001
金属関係加工	13	0	−0.002
衛生材料・医薬品	15	0	−0.002
有色金属圧延	16	0	−0.002
照明器具	16	0	−0.002
動物用薬品	16	0	−0.002
スープ・洗剤	18	0	−0.002
ボイラーおよび原動機械,生物,生化製品	20	0	−0.002
陶器製品	23	0	−0.003
石綿製品製造	28	0	−0.003
無紡布製造	30	0	−0.004
肉製品	30	0	−0.004
金属製実験室用品製造	32	0	−0.004
グラス繊維製品	32	0	−0.004
化学用品製造	35	0	−0.004
スイッチコントロール設備製造	36	0	−0.004
圧延形钢加工	37	0	−0.005
炭酸飲料製造	38	0	−0.005
電線電纜製造	40	0	−0.005
基礎化学原料製造	42	0	−0.005
工芸品製造	44	0	−0.005
通用零部品製造	44	0	−0.005
鋼鋳物製造業	45	0	−0.006
断熱材料・断音材料製造	45	0	−0.006
天然ガスの生産・供給	47	0	−0.006
ゴム製品	50	0	−0.006
皮服装製造	53	0	−0.006
綿,化学繊維ニット・ウエアおよび織物製造	54	0	−0.007
通信設備製造	66	0	−0.008
酒生産	70	0	−0.009
熱力生産と提供	77	0	−0.009
瓶装飲用水製造	107	0	−0.013
紙・紙板容器	187	5	−0.016
車部品製造	220	5	−0.020
木製品業・家具製造	256	0	−0.031
金属製品製造	687	26	−0.049
プラスチック製品	594	8	−0.062
その他	1032	74	−0.026

第 4-3 表 新疆自治区製造業企業の従業員規模別民族別分布

	漢族経営企業数（社）	少数民族経営企業（社）	少数民族企業比率（％）
合計	11353	869	7.1
5000 人以上	5	0	0.0
1000–4999 人	83	0	0.0
500–999 人	108	1	0.9
100–499 人	861	18	2.0
50–99 人	1055	47	4.3
10–49 人	5242	441	7.8
10 人未満	3999	362	8.3

出所）筆者作成。

非国有企業を「規模以上企業」と定義している。このデータセットでは年営業収入のデータがないが，従業員数だけで判断すると従業員数が50人以上の少数民族経営の規模以上企業は66社しかなく，新疆全体同類企業にとどまっている。従業員数が100人以下の企業において従業員は50～99人の少数民族経営企業はわずか47社，10～49人の少数民族経営企業は441社，従業員の10人以下の少数民族経営企業は362社である。つまり，少数民族経営企業のほとんどが50人以下の従業員で動いているが，新疆全体からみると16.1パーセントしか占めていないのである。

少数民族経営企業の従業員規模別で詳しく見てみると以下のようになる。従業員が100～999人の少数民族企業は19社あるが，そのうち1950年から1977年までに成立した企業は10社，1978年～1999年までに成立した企業が7社，2000年以降成立した企業は2社ある。このうちウルムチ（烏魯木斉）市に立地している企業は肉製品，金属包装容器製造業に従事し，カシュガル（略什）に立地している企業は，綿花加工，食糧加工，水道水生産，民族工芸品生産，絨毯，手作りの帽子製造などの産業に，ホータン（和田）地区の企業はシルク，絨毯，砂糖漬けなどの産業に従事している。2005年の「新疆統計年鑑」からも確認できるが，カシュガル（略什），ホータン（和田）地区の規模以上企業は9割以上が集団所有制企業であり，以上の企業の成立年数から見てもこれらの企業が伝統農村工業に従事する集団所有制企業であることがわかる。

従業員数が50～99人の少数民族企業47社については，1950年から1977

第 4-4 表 新疆自治区製造業企業の設立時資本金規模別民族別分布

(単位元)

	漢族経営企業数（社）	少数民族経営企業（社）	少数民族企業比率（%）
合計	11896	884	6.9
5000万以上	52	9	14.8
500-4999万	348	6	1.7
100-499万	784	16	2.0
50-99万	1287	35	2.6
3-49万	1098	154	12.3
3万未満	8327	664	7.4

出所）筆者作成。

年まで成立した企業が12社，1978年から1999年まで成立したのは21社，2000年から2004年まで成立したのは14社ある。そのうち南新疆のホータン（和田），カシュガル（喀什），アクス（阿克蘇）に立地する企業が35社，北新疆に立地する企業は12社ある。産業内容で見ると北新疆と南新疆の産業内容には，地域的産業特性により違いも見られる。すなわち，南新疆では機械化農業および園芸機具製造，砂糖づくり，食糧加工，じゅうたん，赤レンガ，家具，鉄制農具製造，綿花加工，塩加工，コンクリート板，民族服装産業がある一方で，北新疆ではプラスチック製品，食糧・食油加工，建築用レンガ，靴，綿花紡織加工品，家具，熱力生産，乳製品などの産業があり，2002年から石油加工品も作られるようになった。

従業員数が10人～49人の少数民族企業441社については，そのうち1947～1977年に設立された企業が69社，1978～89年に設立された企業が76社，1990～99年に設立された企業が158社，2000～2004年に設立された企業が138社ある。産業内容は上記部門以外に農産品初級加工（綿花加工など）部門，紡織服装，天然水，精油製造が90年代に入ってから増えている。アルミニウム，銅器製品などもあるが，飲料製造は2000年から増えている。

しかし，他方で企業を設立する際に企業が登記した資本金（登記資金）の額を整理すると第4-4表となり，驚くべきはこの場合，5000万元以上の大企業にも少数民族をその責任者とするものがあることである。これは国有企業ないし集団所有制企業であると思われる。ただ，第4-3表では従業員規模で大規模なものに少数民族経営企業がなかったから，第4-3表では上記

第 4-5 表　従業員 30 人以下企業における資本金（設立時）規模別分布

	漢族経営企業数（社）	少数民族経営企業（社）	少数民族企業比率（％）
合計	8155	733	8.2
500 万以上	65	3	4.4
100-499 万	424	17	3.9
3-99 万	1929	160	7.7
3 万未満	5737	553	8.8

出所）筆者作成。

のような国有・集団所有制企業が除外されているのであろうか。そうでなければ，少数民族を責任者とする第 4-4 表中の大企業に資本金は大きくとも従業員数が少ないという特徴があることになる。石油化学企業ではありそうなことである。

なお，新公司法第 26 条では有限責任公司の登記資金の最低限額は 3 万元以上，株式有限公司の登記資金の最低限額は 500 万元以上（新公司法第 81 条），投資公司の登記資金最低限額は 3000 万元と規定している[2]。非法人企業の登記に関して登記資金は要求されていない。非法人工業企業はほとんど個人独資企業あるいは合作企業であり，工場の形で存在している。第 4-4 表で示したデータでは少数民族経営企業のうち有限公司の成立の条件を満たせるような企業は 220 社しかなく，少数民族経営企業の 25 パーセントしかない。しかも，この 25 パーセントのうち半分以上が加工工場である。

第 4-5 表は従業員数が 30 人未満企業の登記時の資本金分布を示すが，資本金 3 万元未満の企業は，漢族経営企業が 8155 社であるのに対し，少数民族経営企業は 884 社であり，全体のわずか 10 パーセントしかない。資本金は 100 万以上の企業において少数民族経営企業は 4 パーセントしかない。資本金が 100 万以下の企業において，少数民族経営企業の比率は比較的高く約 8 パーセントである。小規模企業においても少数民族経営企業は資金面で劣っていることがわかる。

2）新公司法（http://www.cngsf.com/gongsifa/041.htm）を参考。

『2011 新疆工商企業名錄』による所有制と経営様式の特徴について

ところで，全数データではないが，上記に分析した『2008 新疆工商企業名錄』のような全数データではないが，独自の「大型企業」と「中小企業」との分類を持つ『2011 新疆工商企業名錄』が所有制別の分類および経営様式別の分類を表出していて意味がある。「大型企業」300 社と「中小企業」3085 社のデータである。全数ではないのでそのデータに限界はあるが，所有制や経営様式の特徴は『2008 新疆工商企業名錄』ではできないので，相対的に数の多い「中小企業」について『2011 新疆工商企業名錄』のデータを整理すると次の第4-5表のようになった。なお，このデータは製造業以外の企業も含むことも先の『2008 新疆工商企業名錄』と異なっている。注意されたい。

それによると，まず，所有形態別の特徴としては少数民族企業の比率が高いのが「外資」と「中外合作」と「農家専業合作」となるが，「農家専業合作」は少数民族企業を1社しか持っていないので除外し，「外資」と「中外合作」の高い比率に意味があるかを検討したい。「外資」とあるのはおそらく独資のことであろうから，「外資」と「中外合作」を合わせて海外企業との資本上の協力関係が少数民族において有意に大きいかどうかの検討となる。そのため，この「外資」と「中外合作」を合算し，さらにこれら以外の諸企業を「その他」として一括し，最後に「新疆中小企業数」から少数民族企業を引いて漢族企業だけを取り出して第4-5表を簡略化したのが次の第4-6表である。

このように整理できるとありがたいのは，これは2×2の分割表として漢族企業と少数民族企業の間に有意の差があるかどうかをχ^2検定の方法で調べることができるからである。そして，その結果，実際に計算したχ^2の値は 24.85 で，これは自由度1の右裾確率1パーセントの臨界値 6.635 より大きかった。つまり，統計的に有意に外資・中外合作が少数民族企業において多いことがわかった。また，それではなぜ少数民族企業にこうした外資系が多いのかを調べるために漢族経営企業，少数民族経営企業の「外資・中外合作」の全 38 社の具体的な業種，提携先などを調べると，少数民族経営企業のそれが圧倒的に輸出入関連企業であることが分かった。具体的には 9 社の

第 4-6 表 新疆自治区中小商工企業の所有制別少数民族経営企業の比率

	新疆中小 企業数（社）	少数民族経営 企業数（社）	少数民族経営 企業比率（％）
企業数	3085	151	4.7
企業所有制タイプ別			
国有	49	2	3.9
集体	28	0	0.0
有限公司	492	34	6.5
私営有限公司	646	32	4.7
私営独資	590	27	4.4
私営株式	136	4	2.9
私営合作	134	8	5.6
株式合作	126	6	4.5
外資	15	3	16.7
中外合作	23	4	14.8
個人企業	745	27	3.5
農家専業合作	5	1	16.7
聯営	11	1	8.3
その他	85	2	2.3
経営様式別			
生産加工	991	50	4.8
商業サービス	396	21	5.0
代理販売・小売	1627	74	4.4
招商代理	19	0	0.0
その他	52	6	10.3

出所）筆者作成。

少数民族経営企業のうち7社までがほぼ純粋な貿易会社で，残りの2社も農牧畜産品の輸出に関わっていた。漢族経営企業の場合には，全33社のうち物流を含む貿易関連企業が14社，製造業（一部農業）が18社，その他が1社であったから，少数民族による対外合作は貿易関連を中心としていることがわかる。ウイグル族がもともと商業に強かったことを反映しているとも言えるが，逆に言うと製造業での弱点を感じる。ただし，こうした中外合作企業の業種的な相違は χ^2 検定では通過しなかった。

なお，第4-5表中の経営様式については特に特徴が見られなかった。「招商代理」の少数民族企業が見られないが，これに似た経営様式である「代理

第 4-7 表　第 4-6 表データの外資・中外合作企業とその他企業の再分類

	漢族経営企業	少数民族経営企業	合計
その他	2903	144	3047
外資・中外合作	33	9	42
計	2934	151	3085

出所）筆者作成

販売・小売」と合わせてみると，全企業数 1646 社に対し少数民族企業が 74 社ということになって少数民族企業比率はやはり 4.5 パーセントとなる。これは中小企業総数における少数民族企業比率 4.7 パーセントと大きく異なるものとは思えない。この表のまま再び χ^2 検定をしたが，ここでは 10% 基準でも統計的に有意にはならなかった。つまり，経営様式上は新疆自治区の中小企業において漢族企業と少数民族企業の間の意味ある差がないことがわかった。

2011 年 7 月 26 日，新疆ウイグル自治区人民政府辦公庁は『自治区中小企業発展促進に関する実施意見細則（新政弁発［2011］126 号）』[3] を公表した。この細則は新疆中小企業の発展環境の改善，財政納税面で支持，融資困難の緩和，サービスルートの開拓などの面で具体的な措置を出している。2011 年 11 月 19 日に「新疆ウイグル自治区ブランド研究所」が設立している。そして，2010 年に 5 月 27 日に，主に少数民族企業家を育成する精華 MBA バイリンガルクラス（清華 MBA 双語班）が新疆 MBA 企業家協会 EMBA 終身学習クラブと新疆善楽創業職業養成学校が合併で設立している。本章分析のデータからわかるように，新疆の少数民族経営企業はまだ企業数も少なく，業種も限られているが，2005 年以降の発展が明確で，以上のような政策，機関によって，新たな発展段階に入ることが期待される。

3）『自治区关于促进中小企业发展实施意见细则』新疆维吾尔自治区人民政府办公厅文件，新政办发［2011］126 号

第5章
企業家精神と企業規模・形態

扉写真

寧夏回族自治区農村地区で羊皮取引業を営んでいる回族の男性

郷の市場や村人から羊皮を買い取り，再び市場で漢族商人に売る仕事をしている寧夏回族自治区塩池県老荘子村の回族の男性（右）との記念写真。毎年価格は上がっているが利益率には変化がない，ただし取引量が増えているので収入は増えていると言っていた。

前章では中国の少数民族が企業家形成で漢族に遅れをとっていることを新疆自治区内の膨大なデータを整理して明らかにしたが，この企業家形成の格差の背景には「企業家精神」の格差が存在する。資本主義的システム下で企業家になれるかどうかには，しっかりとビジネス・チャンスを探し捉え，それを事業という形式にもっていくだけの能力と志向性が決定的であって，実はこれこそが現在の中国経済の最大の強さであると考えている。そして，もしそうだとすると，民族間の「企業家形成」の度合の相違は，その前提としての「企業家精神」の格差に起因するということになる。このため，本章ではこの問題を寧夏回族自治区における回漢民族間の格差（第1節），および五峰土家族自治県における土家族と漢族の格差（第2節）に焦点を当てて分析する。

第1節

寧夏自治区における企業家精神の民族間比較

大西　広

I　回族の現状に関するいくつかの評価

　ここで寧夏自治区と回族を分析対象とするひとつの理由はデータの制約である。「企業家精神」は実際に企業家となっているかどうかの問題ではなく「志向性」のレベルの問題であるからアンケート調査のようなものがなければならないが，それは極めて限られている。しかし，そうした制約の中で，筆者は現地入りした際に胡・馬（1995）で公表されたまさにこの問題を対象になされた企業家精神の民族比較のアンケート結果を発見した。これが本書において寧夏回族自治区における回漢民族間の格差について分析することと

なったひとつの理由である。

　しかし，同時に，回族という民族を対象とする意義も特別に大きい。この一端はすでに第1章や第2章3節でも述べたが，回族は相対的に近代化が進んでいる民族であること，ただ，それでも都市部の回族と農村部の回族には違いが大きそうであることなど特に興味深い特質があるからである。チベット族やウイグル族といった民族が漢族に負けない近代的な民族に変身するためのヒントを探るうえで，またそのために農村的生活から都市的生活への転換が果たし得る役割を正確に見極めるうえでも，この対象は重要である。

　こうした回族の状況については，何人もの研究者がさまざまに異なる評価を下している。たとえば，回族現代史の第一人者である寧夏大学人文学院長の霍維洮氏に2008年1月にインタビューを行ったところ，寧夏灌漑地域の回族の所得は漢族より高いこと，回族には商業を重視する傾向があり市場制度が進んだところでは回族の方が所得が高いこと，その優位性を発揮できなかった改革前は回族は貧乏だったが改革開放で豊かになったこと，この変化は漢族より大きいことを氏は主張された。しかし，寧夏自治区におけるもうひとりの回族研究の第一人者である寧夏社会科学院回族イスラム教研究所の馬平所長にインタビューすると，それ以上にやはり地区ごとの相違が決定的だと主張された[1]。やや繰り返しとなるが，これは，本書でも第1章で新疆自治区との比較で確認している。寧夏自治区内の所得格差は民族格差としての性格より産業間格差ないし地域格差としての性格が強いことがわかったからである。

　したがって，ひとつの研究方向は，「地域間格差」をコントロールして所得の格差を分析することで，その意味では，現地で長い調査経験を持つ高橋（2002）の第5-1-1表や第5-1-2表のような同一村落での分析データは貴重である。民族混住村の調査ということで独自の重要性を持つこのデータでは，耕作面積，養羊頭数のどちらの平均も漢族が回族を上回っているが，有意とまでは言えない相違となっているからである。ここでのデータを母集団と理解した場合には平均値の検定において検定統計量 z が第5-1-1表では

---

[1] 霍維洮氏も地区毎の相違はもちろん認めているが，それとともに平均値としての上記の主張を重視している。

第 5 章　企業家精神と企業規模・形態

第 5-1-1 表　寧夏自治区納家戸村 1・11 村民小組における民族間の経営耕地面積の比較（1998 年）

経営規模（単位　ムー）	回族の戸数	漢族の戸数
0	3	1
0.1 以上-5 未満	20	4
5-7	23	5
7-10	16	11
10-13	2	4
13-29	2	1
合計	66	26
平均面積	5.81	7.81

出所）高橋（2002）p. 29 の第 3 表から一部を抽出

第 5-1-2 表　寧夏自治区納家戸村 1・11 村民小組における民族間の養羊頭数の比較（1998 年）

羊頭頭数（単位　頭）	回族の戸数	漢族の戸数
1-5	17	3
6-10	6	1
11-20	2	3
21-	3	2
合計	28	9
平均頭数	10.3	17.4

出所）高橋（2002）p. 29 の第 3 表から一部を抽出

0.35773 に，第 5-1-2 表では 0.35185 に，標本と考えた場合には第 5-1-1 表では 0.33465 第 5-1-2 表では Z＝0.32306 となった。これは両民族間の格差が統計的に有意でないことを示している。

他方，高橋のように農村部に注目するのではなく，都市部における回族と漢族の所得格差の分析が Shi & Sai（2009）によってなされるにいたっている。この論文では，今度は性別による所得格差など別の面での格差が抽出されているが，ここで問題としている民族については逆に回族の方が高いといった驚くべき特徴が導かれている。つまり，たとえ寧夏自治区全体で回族の所得の方が漢族より低いにしても，それは都市・農村間の格差の反映であって，都市の内部では回族の所得は低くないということになる。

II データの概要と分析方針

1992年寧夏自治区社会科学規画研究プロジェクトの調査データ

　しかし，この Shi & Sai (2009) の研究が重要なのは，こうした所得の高低に関する民族比較を行っただけではなく，両民族の所得決定メカニズムの相違の抽出によって，両民族の社会構造の相違を明らかにしたことである。そこでは，漢族が教育水準に依存して各構成員の所得に差が生じる近代的個人主義的社会の特徴を持つのに対して，回族社会は平等で，かつネットワークの力が所得水準を決めるという特徴を持つことを明らかにしている。これは回族の社会構造が「前近代的」であることを示している可能性があり，より進んだ研究が求められる。そして，そのため，ここでは「企業家精神」という基準で両民族の相違を考えてみることにする。

　そこで，この目的のために使用するデータは，胡・馬 (1995) に公開されたものである。これは，1992年に寧夏自治区社会科学"85"規画重点研究プロジェクトの一環として行われた「寧夏回漢民族経済行為発展取向研究」の調査によるもので，寧夏回族自治区の銀川市，銀北地区，銀南地区，固原地区 (これを本データでは「山川郷鎮」と呼んでいる) の1300所帯を対象にアンケート調査を実施。そこから得た1289の回答 (回収率99.15％) が整理されたものである。有効回答における上記4地区の比率は21.08パーセント，13.69パーセント，32.61パーセント，32.08パーセント，民族比率は回族が50.66パーセント，漢族が46.94パーセント，その他が2.4パーセントであった。また，男女比は61.29：38.71，年齢比は20-29歳が51.90パーセント，30-39歳が25.14パーセント，40-49歳が14.35パーセント，50歳以上が8.30パーセント，職業比率は労働者15.59パーセント，行政幹部8.77パーセント，知識人9.85パーセント，農民56.63パーセント，個人企業主8.92パーセントであった。さらに，学歴は非識字者が16.06パーセント，小学校卒が18.93パーセント，中学校卒が31.03パーセント，高級中学（日本の高等学校に相当）卒が19.47パーセント，中専（中等専業学校）卒が5.82パーセント，大専（3年制の大学）卒が5.90パーセント，大学本科卒が2.79パーセント，

政治的には共産党員が35パーセント，共産主義青年団員が25.06パーセントであった。少し古いデータなのが気になるが，その後20年弱の間の志向性の変化が民族間で並行して進んでいるとすれば，民族間の回答の傾向は相対比としては問題がないと想像できる。また，回答者の年齢が低いことから，現在も活躍中の人々に対する過去の調査と考えることができ，その意味での意義もある。当時とは違って，民族問題はより敏感な問題となり，同様の調査結果は近年発表されなくなった。その意味でも，このデータは貴重なものとして分析する必要があると筆者は考えた。胡・馬（1995）では，我々の目的にとって有意義と思われる多くの図表が示されているので，それを紹介するとともに，そこではなされていない統計学的な分析によってより明確な結果を得ることが本節での目的となる。

経済文化観一般についてのデータと分析

分析する最初のデータは経済文化上の一般的特性の地区別民族別の比較データであり，その原表は次の第5-1-3表のようになっている。

この表は極めて興味深い。たとえば，一般に回族の方が漢族より企業家精神で遅れていると考えられがちであるが，「山川郷鎮」の「幸福感」の「功利進取型」や「文化参与交流」の「知識」といった項目ではむしろ逆転している。そして，このことは「山川郷鎮」といった山間地区のある種の特殊性を示唆している。あるいはより一般的に言って民族間の相違が大きいのか，地域間の相違の方が大きいのかを厳密に識別する必要があるということになる。そのため本節の課題はこの表の統計的な分析をどのように行うかということとなる。これは実はそう簡単ではない。

たとえば，この表中の6列の数列が数列ごとに意味ある平均値を持っているわけではない。この表中の数字は，最初の「主体要素」では全体を100パーセントとした回答者中の単回答の分類，それ以外は複数回答の分類を示しているものと思われるが，それらは当然「より企業家的」である場合に高い値をとるものとそうでないものとを混在させていることとなる。そして，そのため，ここでは各数列の平均値の相違を計算して，それへの「民族特性の寄与」と「地区特性の寄与」とを計算するということにはならない。それらの特性

第 5-1-3 表　経済文化上の一般的特性の地区別民族別比較（単位：％）

		銀川市 回族	銀川市 漢族	銀南銀北県市 回族	銀南銀北県市 漢族	山川郷鎮 回族	山川郷鎮 漢族
主体要素	高等教育	2.98	7.63	4.12	5.45	1.08	2.39
	高校以下	36.8	51.41	31.69	53.24	27.68	29.47
	宗教文化観	58.22	34.6	60.37	41.7	71.52	54.38
幸福観	道義安足型	41.08	39.76	52.15	47.66	50.15	63.2
	功利進取型	59.11	51.33	47.0	53.28	48.9	45.6
	精神実現型	1.62	3.4	1.07	2.18	1.08	2.2
	生存型	63.71	68.28	78.0	65.23	79.17	84.5
文化参与交流	情報	37.33	43.12	38.16	35.64	29.01	30.46
	知識	54.0	60.11	57.5	68.03	53.5	51.28
	社交・政治	51.53	54.16	28.9	70.26	44.05	50.77
変革志向	安全志向	24.02	49.05	38.51	48.23	59.03	51.23
	「創新立業」	37.38	41.45	20.66	18.5	18.56	23.9
現状と発展の障害	満足	73.51	80.23	88.0	81.16	62.55	78.63
	まあまあ	2.1	3.19	3.28	2.77	1.05	1.01
	資金・技術不足	34.52	49.01	40.89	72.52	63.74	79.5
	気概・見識不足	56.3	51.28	47.73	58.19	74.0	82.81

出所）胡・馬（1995），56 ページ。

が項目ごとにプラスに寄与したりマイナスに寄与したりとなるからである。

　そういう意味では，通常考えられるこの種の表の分析は「分割表」を用いた χ^2 検定ということとなろう。3 地区内における民族間の回答構造に差があるか，民族内における地区間の回答構造に差があるかの検定を行い，その p 値を比較すれば，「民族」と「地区」のどちらがより大きなファクターであるかがわかるからである。しかし，これも本表の分析では不可能であった。というのは，この検定法はそれぞれのマス目には「％」で示される比率が入るのではなく，回答者の中の実数が入らねばならないが，その数が公表資料では特定できないからである。上述のように 1289 の回答総数のうち，銀川市，銀北地区，銀南地区（このふたつを合わせたのが第 5-1-3 表の「銀南銀北県市」），固原地区（第 5-1-3 表の「山川郷鎮」）がそれぞれ 21.08 パーセント，13.69 パーセント，32.61 パーセント，32.08 パーセントを占め，回族が 50.66 パーセント，漢族が 46.94 パーセントを占めることがわかり，これらの人数を特定できても，たとえば「銀川市の回族」「銀川市の漢族」……といった数を特

第 5 章　企業家精神と企業規模・形態

第 5-1-4 表　第 5-1-3 表における民族・地区間の回答構造の相関係数行列

		銀川市		銀南銀北県市		山川郷鎮	
		回族	漢族	回族	漢族	回族	漢族
銀川市	回族	1	0.885159	0.897093	0.829359	0.818513	0.806327
	漢族		1	0.855717	0.92085	0.778011	0.817242
銀南銀北県市	回族			1	0.811607	0.870216	0.859057
	漢族				1	0.83435	0.891124
山川郷鎮	回族					1	0.954527
	漢族						1

出所) 第 5-1-3 表データから計算。

定できないからである。このため，この方法もとれない。

　もうひとつ検討した方法がある。それは，第 5-1-3 表の六つの数列間の相関係数をとり（それは当然 $_6C_2 = 15$ 通りある）それら相関係数間の大きさを比較するというものである。これは実際に行い，次の第 5-1-4 表のような結果を得，たとえば「山川郷鎮」内の民族間の相関が最も高いといった興味ある結果を導くことができた。また，この結果，「地区は同じであるが民族が異なる場合の相関係数」の平均は 0.8692，「民族は同じであるが地区が異なる場合の相関係数」の平均は 0.8838，「民族も地区も異なる場合の相関係数」の平均は 0.8271 となって，「民族も地区も異なる場合の相関係数」が他より低いことが示唆された。また，第 5-1-4 表中で最大の相関係数は「山川郷鎮」内の両民族間，最小の相関係数は銀川市の回族と銀南銀北県市の漢族の間のそれであったから，これだけでも地区間格差の大きいこと，民族が異なっても田舎の内部ではあまり違った志向性を持っていないことが示唆されている。しかし，それでも，この程度の相関係数の差では相関係数間の相違の有意差を検出することはできない。そのため，最終的には我々は以下のような方法を執ることとした。

III　民族間格差と地区間格差

　まず，第 5-1-3 表における六つの数列間の差をとり，その分散を計算する。その分散が大きければ選ばれた数列間の相違が大きいと判断され，あるいは

その分散の大きさを比較することで民族間の相違が大きいのか地区間の相違がより大きいのかをF検定することができる。ただし，この前提には，この「差」の数列が正規分布をしているかどうかの検定が先行しなければならない，という条件がつく。各数列は当然0-100の間の数値をとり，かつそれぞれここで計算した数列間の差はプラスとマイナスの値をほぼ同じ比率でとるはずであるから，これは基本的に左右対称となっているはずであり，その意味で正規分布と想定することは自然である。また，もし比較している一対の系列が本来に同じ分布をしているような場合には，どちらの系列もその「本来の分布」からの誤差がガウスの意味で正規と想定することも自然であるが，その場合にはここでの「差」はふたつの系列の正規誤差の和となり，それは「正規分布の再生性」から正規分布をする。この意味でも正規性を想定することはできるが，ここでは検定も行う。

したがって，まずは第5-1-5表，第5-1-6表のようにそれぞれの「差」をとった。ここでは，分析の焦点を明確にするため民族も地区も異なるものの「差」はとらず，地区は同じだが民族は違う三つの組み合わせの「差」（第5-1-5表）と逆に民族は同じだが地区は違う三つの組み合わせの「差」（第5-1-6表）のみをとっている。そして，この表を見るだけでも興味深い特徴を見出せるのは第5-1-5表において回漢の差が安定していないことである。たとえば，どの地区においても一方の民族が他方の民族と比べてある特徴を安定的に持つとすると，この表の符号は行ごとに同じとなるはずであるが，現実にはなっていない。何と16ある行の中で符号が三つとも同じなのは6行しかなく，これは両民族の傾向性が安定していないこと，すなわち両民族の差が傾向的ではないことを示している。この2表の最下行には，各列の16個の数字を「標本」と考えた場合の分散の値が計算されている。この値が大きいほど，それぞれの「差」＝相違が大きいことを示している。

次にこの9列の分布の正規性の検定に移る。正規性の検定はコルモゴロフ・スミルノフ検定[2]と，歪度をチェックするディアゴスティノ検定[3]，尖度

---

[2] 正規分布の累積確率の理論値を計算し，それと現実の累積分布との乖離の最大値が出現する確率pを計算することによってチェックする検定。

[3] 歪度＝0を仮定した時，歪度／標準誤差が正規分布するという性質を使った検定。

第5章　企業家精神と企業規模・形態

第5-1-5表　同一地区・別民族間の比較（単位％）

		回漢民族間 銀川市内	回漢民族間 銀南銀北県市内	回漢民族間 山川郷鎮内
主体要素	高等教育	－4.65	－1.33	－1.31
	高校以下	－14.61	－21.55	－1.79
	宗教文化観	23.62	18.67	17.14
幸福観	道義安足型	1.32	4.49	－13.05
	功利進取型	7.78	－6.28	3.3
	精神実現型	－1.78	－1.11	－1.12
	生存型	－4.57	12.77	－5.33
文化参与交流	情報	－5.79	2.52	－1.45
	知識	－6.11	－10.53	2.22
	社交・政治	－2.63	－41.36	－6.72
変革志向	安全志向	－25.03	－9.72	7.8
	「創新立業」	－4.07	2.16	－5.34
現状と発展の障害	満足	－6.72	6.84	－16.08
	まあまあ	－1.09	0.51	0.04
	資金・技術不足	－14.49	－31.63	－15.76
	気概・見識不足	5.02	－10.46	－8.81
標本分散		113.38	244.02	73.46

出所）第5-1-3表データから計算。

をチェックするアンスコンベ・グリン検定[4]，そして最後に歪度と尖度をまとめてテストするジャック・ベラ検定[5]があるが，この歪度と尖度の検定は最後のジャック・ベラ検定で合成されているとの立場から，この検定結果はコルモゴロフ・スミルノフ検定とジャック・ベラ検定のみを示した。帰無仮説は共に母集団を正規分布とするものとなっているが，この結果9系列のうち，帰無仮説としての正規分布を受け入れられるのは見られるように4系列にすぎない（コルモゴロフ・スミルノフ検定は「0.10以上」をもって帰無仮設の非棄却と判断）。ただし，最後のジャック・ベラ検定のみをもって正規性の検

[4) 尖度＝3を仮定した時，尖度／標準誤差が正規分布するという性質を使った検定。
5) 歪度をチェックする検定も尖度をチェックする検定も，その検定統計量は前述のように正規分布しているかどうかの検定となっているが，もしそれらが正規分布と理解されるなら，このふたつの統計量のそれぞれを2乗した値の和は自由度2のχ^2分布をするはずである。したがって，この和の値をχ^2検定するのが「歪度と尖度をまとめてテストするジャック・ベラ検定」となっている。

第 5-1-6 表　同一民族・別地区間の比較（単位％）

		銀川・銀南銀北間		銀南銀北・山川間		銀川・山川間	
		回族同士	漢族同士	回族同士	漢族同士	回族同士	漢族同士
主体要素	高等教育	－1.14	2.18	3.04	3.06	－1.9	－5
	高校以下	5.11	－1.8	4.01	23.77	－9.12	－22
	宗教文化観	－2.15	－7.1	－11.15	－12.68	13.3	20
幸福観	道義安足型	－11.07	－7.9	2.0	－15.54	9.07	23
	功利進取型	12.11	－2.0	－1.9	7.68	－10.2	－6
	精神実現型	0.55	1.22	－0.01	－0.02	－0.54	－1
	生存型	－14.29	3.05	－1.17	－19.27	15.46	16
文化参与 交流	情報	－0.83	7.48	9.15	5.18	－8.32	－13
	知識	－3.5	－7.9	4.0	16.75	－0.5	－9
	社交・政治	22.63	－16.0	－15.15	19.49	－7.48	－3
変革志向	安全志向	－14.49	0.82	－20.52	－3.0	35.01	2.2
	「創新立業」	16.72	23.0	2.1	－5.4	－18.8	－18
現状と発 展の障害	満足	－14.49	－0.9	25.45	2.53	－11.0	－2
	まあまあ	－1.18	0.42	2.23	1.76	－1.05	－2
	資金・技術不足	－6.37	－24.0	－22.85	－6.98	29.22	30
	気概・見識不足	8.57	－6.9	－26.27	－24.62	17.7	32
標本分散		122.98	104.08	176.00	186.23	234.76	274.88

出所）第 5-1-3 表データから計算。

第 5-1-7 表　第 5-1-5，5-1-6 表の 9 系列の正規性の検定（p 値のみ表示）

		コルモゴロフ・スミルノフ検定	歪度と尖度の検定 （ジャック・ベラ検定）
回漢民族間	銀川市内	0.10 以上	0.0180
	銀南銀北県市内	0.10 以上	0.1490
	山川郷鎮内	0.10 以上	0.3744
回族同士 漢族同士	銀川・銀南銀北間	0.10 以上 0.10 以上	0.6412 0.0370
回族同士 漢族同士	銀南銀北・山川間	0.0779 0.10 以上	0.7976 0.9955
回族同士 漢族同士	銀川・山川間	0.0374 0.0404	0.4111 0.6010

出所）第 5-1-5，5-1-6 表データから計算。

定とするケースも多いので，そうすると二つを除いて検定にパスしたことになる。これらの結果をよく理解したうえで以下の分析が進められなければならない。

こうして，上記9系列の正規性については曖昧な結論しか出せなかったので，続く「F検定」には限界がある。九つの系列の標本誤差は次の第5-1-8表にまとめたが，斜体で記したものは最後のジャック・ベラ検定で正規性を確認できなかったもの，太字で示されているものは上記の検定すべてをパスしたものである。大きく言って，大きな値を示しているものと小さな値を示しているものが，正規性を十分満たしていない。しかし，ともかく，正規性を満たしているかどうかに関わりなく，分散が大きいかどうかには意味がある。

たとえば，表中の九つの数字のうち，大きなものから五つをとると，それはすべて表中で灰色に塗った部分にあるが，この部分とは「山川郷鎮」と他のふたつの地区との間の相違であり，これらは同一民族であってもそれほどに「山川郷鎮」と他地区との間の志向性の違いが大きいことを示している。逆に言うと，「銀川市内」と「銀南銀北県市」との相違はそれほど大きくないことになり，それも表中の数字から確認できる。

さらに，それと対照的に注目すべきは最低の値73.461と3番目に小さな値113.383とであり，これらは「山川郷鎮」内や「銀川市内」に住む人々は民族は違っても志向性が同じであることを示している。

もちろん，表中中央にある244.015という高い数字は，「銀南銀北県市」ではその内部でも民族が異なれば傾向性はかなり異なってくることを示唆しているが，そうした中間地帯ではそうではあっても，全体としては他と切り離された「山川郷鎮」と他地区との相違を中心に，「地区間の相違」の方が「民族間の相違」よりも大きいこと，言い換えれば「民族間の相違」と現象する格差の基本的な部分は「地区間の相違」にすぎないことが示されていると総括できる。「銀南銀北県市」という中間地帯＝より移行過程にある地域おける民族格差の明確化とともに結論として確認しておきたい。

上述の正規性の検定の結果により，これらの分散の比をF検定によって行うことが一部を除いてできない。これは残念なことであるが，一応F検

第 5-1-8 表　一般的特性の民族間／地区間格差の標本分散

		銀川市		銀南銀北県市		山川郷鎮	
		回族	漢族	回族	漢族	回族	漢族
銀川市	回族		113.383	122.985		234.764	
	漢族				104.077		274.877
銀南銀北県市	回族				244.015	175.997	
	漢族						186.228
山川郷鎮	回族						73.461
	漢族						

出所）第 5-1-5，5-1-6 表最下行の標本分散を並べたもの。

定の際の臨界値を 5 パーセントと 10 パーセントについて示しておくと，自由度は 16 − 1 = 15，16 − 1 = 15 となり，それぞれ 2.4034 と 1.9722 となっている。ひとつの参考として（つまり正規性が確認できていれば，基準とできた数字として）示しておきたい。

IV　民族間格差と学歴間格差

　続いて分析するのは，民族格差の「学歴格差」との関係であり，これに関わるデータは，胡・馬（1995）の 78-9 ページ，79 ページおよび 81 ページに掲載されている。それぞれ「失職・棄農時のビジネス態度」「ビジネス動機」「ビジネス失敗時の態度」について，アンケートへの回答を学歴別，民族別に示したもので，それらはまとめて第 5-1-9 表に示した。我々の方法論は，このアンケート結果の個別の内容に踏み込まず，代わりにその「回答傾向」が民族と学歴のどちらにより大きな影響を受けているかを見るというものであるから，ここではこれらの数字を一括して分析することとする。

　まず統計解析に先だって，整理した第 5-1-9 表を見ると，そこでは「非・半識字者」から大学卒までの連続した学歴の上昇に伴って「企業家精神」に関わる回答が増えることが見て取れる。最初の「失職・棄農時のビジネス態度」との質問では「転身に賛成」との回答が，次の「ビジネス動機」の質問では「自分の鍛錬」との回答が，最後の「ビジネス失敗時の態度」の質問では「失敗を恐れず継続努力」との回答がほぼこの志向性を表現している。

しかし，いうまでもなく，こうした目に見える傾向以外のものを調べるのが統計解析の目的であり，その前提として再び同一学歴内の民族差，同一民族内の学歴格差の正規性について調べたものの結果が第5-1-10表に示されている。ふたつの検定をパスしたのは全49系列の中の30だから前回より多いが，その部分を灰色で網かけをして全49系列の格差の標本誤差の表で明示したものが次の第5-1-11，12，13表である。この表は，「学歴は同じだが民族は違うもの」（第5-1-11表），「回族同士だが学歴が違うもの」（第5-1-12表），「漢族同士だが学歴が違うもの」（第5-1-13表）というように三分割して示しているので，まずは「漢族同士」のものが「回族同士」のものより格差の分布が不安定である（正規でない＝灰色の部分が少ない）ことを見てとれる。

そのうえで，さらに詳細に表を見れば，あと3点の傾向が見て取れる。すなわち，

1) 検定を通過しているものの標本分散は概して小さくもなく，かつ大きくもないものである。これは前回と同じであるが，そうして見た時，第5-1-11表で検定をパスしている数字が小さいことが注目される。最小の二つの数値がここに含まれるということは，一般的に「学歴格差」より「民族格差」の方が小さなことを示している。ここで，分散比のF検定をすると，5パーセントの有意水準では2.3334が臨界値，10パーセントの有意水準では1.9281が臨界値なので，たとえば，中学校内，高等学校内の民族格差はほとんどの同一民族内の学歴間格差よりも有意に小さいことがわかる。

2) また，同様に興味深いのは，検定をパスした数値だけの比較でも，第5-1-12表が示す「回族内」の格差は第5-1-13表が示す「漢族内」の格差より一般に小さいことである。同様の学歴間格差でこの両表ともに検定通過をしている9マスはすべてこの傾向を示し，さらにそのうち「大専」の3か所はF検定でもほぼ有意な格差であることがわかる。これは回族の方が一般に均質であること（学歴間格差が少ないこと）を示しているものと思われる。

第 5-1-9 表　ビジネス態度に関する

民族	学歴	非・半識字者		小学校	
		回族	漢族	回族	漢族
失職・棄農時のビジネス態度	転身したいができていない	23.08	22.55	21.37	24.78
	生活可ならこのままでよい	27.88	37.25	25.19	23.01
	どちらでも	13.46	9.8	9.92	9.73
	転身に賛成	35.58	30.39	43.51	42.48
ビジネス動機	自分の生活改善	8.65	17.96	9.61	12.39
	子供のため	15.86	16.02	10.38	18.14
	社会の福利のため	8.17	11.16	14.23	17.39
	貧民救済のため	8.17	2.42	8.07	4.42
	メッカ巡礼のため	3.84	0	5.77	0
	ビジネス自体が尊い	11.06	9.31	3.46	10.17
	自分の鍛錬	10.57	16.66	21.94	21.68
	流れの中で自分も	12.98	15.68	12.3	9.29
	生活が困っているから	15.38	8.33	12.31	8.85
	その他	5.29	0.97	1.97	1.77
ビジネス失敗時の態度	失敗を恐れず継続努力	57.84	55.88	64.62	63.06
	やり方を変え小さく継続	34.31	33.33	28.46	30.63
	危険が大きいので放棄	7.84	10.78	6.92	6.31

出所）胡・馬（1995）78-9，79 および 81 ページ。

3) 最後に，これはいわば当然のことであるが，第 5-1-12 表，第 5-1-13 表では共に右上の方が数値が大きくなっていることである。隣接した学歴間の差よりも学歴差の大きい方がその「ビジネス態度」の格差も大きいことが示されている。

言うまでもなく以上において最も重要な結論は第一の後半の点である。回族／漢族間のビジネス態度の相違は学歴間の態度の相違ほど大きなものではないことがわかった。

V　民族間格差と世代間格差

続いて分析するのは，同じく胡・馬（1995）90-104 ページが掲載するより

学歴別民族別比較（単位：％）

中学校		高等学校		中専		大専		大学	
回族	漢族	回族	漢族	回族	漢族	回族	漢族	回族	漢族
28.07	21.51	20.79	21.48	21.62	15.79	25.78	32.5	29.25	10.0
18.42	20.35	11.88	8.05	18.92	13.16	7.56	10.5	8.25	0.0
6.14	9.88	7.92	10.07	5.41	2.63	5.56	9.5	6.25	5.0
47.37	48.26	59.41	60.4	54.05	68.42	61.11	47.5	56.25	85.0
6.14	10.46	12.0	14.38	11.11	14.47	9.72	15.0	18.75	15.0
16.23	15.7	13.5	11.33	6.94	17.1	13.89	7.5	3.12	0.0
12.28	14.29	11.5	15.0	12.5	9.21	11.11	17.5	9.37	30.0
7.45	6.68	5.5	4.33	8.38	5.29	2.78	6.25	9.37	2.5
4.61	0	5.5	0	5.55	0	8.33	0	0	0.0
8.5	11.63	5.93	10.66	5.4	1.35	2.78	2.5	3.12	7.5
23.46	20.93	26.24	32.0	32.43	39.19	26.39	27.5	31.25	32.5
8.77	10.17	7.42	4.66	4.05	4.05	6.94	11.25	3.12	5.0
9.21	7.26	9.4	7.66	8.11	5.4	13.89	8.75	22.5	5.0
3.29	1.74	2.0	4.66	5.55	2.63	4.16	2.5	9.37	2.5
81.06	74.12	86.14	82.67	75.68	71.05	76.47	90.0	93.75	80.0
15.42	20.0	10.89	15.33	10.81	21.05	20.59	5.0	6.25	10.0
3.52	5.88	2.97	2.0	13.51	7.89	2.94	5.0	0	10.0

　具体的な事業機会への接し方に関する世代別のアンケート結果についてである。ただし，胡・馬（1995）では，この世代別の集計結果が第5-1-14表に示したもの以外にも「現状の生活に満足かどうか」といった点や遵法意識についても聞いているが，狭義の企業家精神の問題ではないと判断し，その質問への回答はカットした。また，実は，掲載された数字はもともと回答者全体の中のそれぞれの項目を単回答したものの百分率を示したものであるため，それぞれの項目の合計が100にならなければならない。しかし，誤植のために合計が合わない部分は妥当な推測によって数字の修正を行っている。また，妥当な推測のできない場合は元の数字のままとしている。事情を理解されたい。

　そのうえで，まず，第5-1-14表をこの表のままで見てもいくつかの傾向が知られる。それは，①当然のことではあるが青年の方が概して積極的であること，②項目によっては回族の方が漢族より積極的であること，ただし③その傾向はどちらかというと老年・中年層に強く，青年層ではやはり漢

第 5-1-10 表　ビジネス態度に関する学歴／民族差の正規性の検定（p 値のみ表示）

		コルモゴロフ・スミルノフ検定	歪度と尖度の検定（ジャック・ベラ検定）
回漢民族間	非・半識字者	0.10 以上	0.4964
	小学校	0.0897	0.5686
	中学校	0.10 以上	0.5103
	高等学校	0.10 以上	0.7842
	中専	0.0002	0.1018
	大専	0.10 以上	0.5054
	大学	0.10 以上	0.1405
回族同士	非・半識字者／小学校間	0.10 以上	0.3823
漢族同士		0.10 以上	0.1760
回族同士	非・半識字者／中学校間	0.10 以上	0.1167
漢族同士		0.0698	0.3192
回族同士	非・半識字者／高等学校間	0.0302	0.1454
漢族同士		0.0192	0.3297
回族同士	非・半識字者／中専間	0.10 以上	0.7075
漢族同士		0.0082	0.0022
回族同士	非・半識字者／大専間	0.10 以上	0.2947
漢族同士		0.10 以上	0.1919
回族同士	非・半識字者／大学間	0.10 以上	0.5302
漢族同士		0.0123	0.0066
回族同士	小学校／中学校間	0.10 以上	0.0530
漢族同士		0.0903	0.0019
回族同士	小学校／高等学校間	0.10 以上	0.0079
漢族同士		0.10 以上	0.2419
回族同士	小学校／中専間	0.10 以上	0.1394
漢族同士		0.10 以上	0.1729
回族同士	小学校／大専間	0.10 以上	0.8818
漢族同士		0.10 以上	0.2167
回族同士	小学校／大学間	0.10 以上	0.0206
漢族同士		0.10 以上	0.0517
回族同士	中学校／高等学校間	0.10 以上	0.0458
漢族同士		0.10 以上	0.6492
回族同士	中学校／中専間	0.10 以上	0.8527
漢族同士		0.0204	0.0011
回族同士	中学校／大専間	0.10 以上	0.1014
漢族同士		0.0296	0.7259
回族同士	中学校／大学間	0.10 以上	0.7347
漢族同士		0.10 以上	0.0010
回族同士	高校／中専間	0.10 以上	0.7583
漢族同士		0.10 以上	0.7194

第 5 章　企業家精神と企業規模・形態

回族同士	高校／大専間	0.10 以上	0.2187
漢族同士		0.10 以上	0.7520
回族同士	高校／大学間	0.0180	0.7424
漢族同士		0.0008	0.0002
回族同士	中専／大専間	0.10 以上	0.8007
漢族同士		0.10 以上	0.8485
回族同士	中専／大学間	0.10 以上	0.4633
漢族同士		0.10 以上	0.5786
回族同士	大専／大学間	0.10 以上	0.8760
漢族同士		0.0175	0.0000

出所）第 5-1-8 表データから計算。

第 5-1-11 表　ビジネス態度に関する同一学歴内民族間格差の標本分散

非・半識字者	25.06
小学校	13.42
中学校	12.84
高等学校	11.19
中専	42.68
大専	57.80
大学	152.4

出所）第 8-10 表データから計算。

第 5-1-12 表　ビジネス態度に関する回族内の学歴間格差の標本分散

	非・半識字者	小学校	中学校	高等学校	中専	大専	大学
非・半識字者	0	27.87	92.41	163.75	133.8	132.21	248.3
小学校		0	42.19	69.86	49.51	32.96	121.6
中学校			0	22.21	29.28	30.19	70.92
高等学校				0	26.44	18.47	41.2
中専					0	36.41	65.33
大専						0	62.29
大学							0

出所）第 5-1-10 表データから計算。

第 5-1-13 表　ビジネス態度に関する漢族内の学歴間格差の標本分散

	非・半識字者	小学校	中学校	高等学校	中専	大専	大学
非・半識字者	0	36.06	80.03	206.1	203.5	214.4	417.4
小学校		0	19.72	70.62	52.01	148.4	214.0
中学校			0	38.11	67.78	57.83	174.2
高等学校				0	37.14	38.92	81.56
中専					0	110.0	94.38
大専						0	**157.7**
大学							0

出所）第 5-1-10 表データから計算。

第 5-1-14 表　事業機会への接し方の世代別民族別比較（単位：％）

		青年		中年		老年	
世代 民族		回族	漢族	回族	漢族	回族	漢族
外地から親族が来たら その地の市場動向を聞 くか	非常に知りたい	54.93	60.13	49.17	39.08	49.12	36
	知りたいほうだ	30.14	24.12	25.23	31.67	22.81	20
	どちらでもよい	9.84	9.97	21.05	17.35	19.3	16
	特に聞かない	5.07	5.79	11.55	11.91	8.77	28
メディアの国内外経済 情報報道について	非常に関心がある	38.94	47.27	39.04	32.86	36.84	28
	関心がある	31.09	27.65	22.98	33.32	19.3	38
	たまに聞く	23.18	19.61	26.35	23.29	21.05	22
	特に注意しない	6.16	5.47	11.64	10.54	22.81	12
請負事業の話が身近に あればどうするか	積極的に申請する	44.82	53.85	39.06	38.5	36.84	32
	参加したいほうだ	20.17	21.47	26.52	27.91	22.81	14
	どちらでもよい	21.01	13.78	19.91	18.38	15.38	15.79
	関心がない	14.01	10.9	14.53	15.22	24.56	32
身近な企業が事業で株 を発行する時，手元に 千元あれば	投資する	55.74	59.62	49.78	43.42	43.86	40.82
	物を買うか銀行に預金	19.05	20.19	24.43	25.84	21.05	26.53
	手元にお金をおく	9.8	6.73	12.68	12.01	7.02	10.2
	一切不参加	15.41	13.46	13.11	18.74	28.07	22.45
無償技術指導による農 業のビジネス機会が提 供されれば	積極的に応える	72.09	72.61	67.64	65.64	78.57	56.25
	見守る	22.38	21.13	22.13	26.1	10.71	27.08
	信頼できないので無視	5.52	6.27	10.23	8.5	10.71	16.67
金銭感覚	お金はすべてだ	11.83	9.09	12.97	18.5	14.28	14
	お金は必要。ただしすべてでない	68.73	69.16	60.04	57.82	58.93	62
	お金は万能だが悪でもある	19.44	21.75	27.01	23.74	26.79	24

出所）胡・馬（1995）90，92-95 および 98-99 ページ。

族の方が積極的であるように思われることである。

　しかし，やはり，これまでと同様の分析を行うべく，まずは正規性の検定を行い，その結果は次の第 5-1-15 表に示した。ここでは 9 系列のうちすべてがジャック・ベラ検定をパスし，コルモゴロフ・スミルノフ検定も 3 系列以外のすべてがパスした。検定をパスした 6 系列は第 5-1-16 表で数字のバックを灰色に塗っている。これらを考慮して各系列の標本分散を第 5-1-16 表で比較するとおおよそ次のようなことがわかる。すなわち，

1) 今までは中位の標本分散をしているものが主に正規性の検定をパスしていたが，今回はやや小さめの数字のものでも正規性の検定をパスし

第 5 章　企業家精神と企業規模・形態

第 5-1-15 表　事業機会への接し方に関する世代／民族差の正規性の検定（p 値のみ表示）

		コルモゴロフ・スミルノフ検定	歪度と尖度の検定（ジャック・ベラ検定）
回漢民族間	青年同士	0.10 以上	0.3935
	中年同士	0.10 以上	0.6353
	老年同士	0.10 以上	0.7183
回族同士	青年・中年間	0.10 以上	0.7593
漢族同士		0.0000	0.0497
回族同士	中年・老年間	0.0060	0.0465
漢族同士		0.10 以上	0.2115
回族同士	老年・青年間	0.10 以上	0.7158
漢族同士		0.0162	0.7203

出所）第 5-1-14 表データから計算。

ている。しかし，両民族の異世代間格差を見る場合，青年—中年間と青年—老年間では漢族の，中年—老年間では回族の標本分散の正規性検定がパスしていないので比較できない。

2)　しかし，同一世代内の民族間格差の標本分散はすべて検定をパスしているので，その大小を比べると興味深い。青年，中年，老年のそれが 16.6，21.9，102.9 と大きくなり，老年のそれは統計的に有意に青年や中年のそれより大きくなっているからである。ちなみに，自由度 20，20 の F 検定では有意水準 5 パーセント，10 パーセントの臨界値がそれぞれ 2.1242，1.7938 である。これは意味ある結果であり，強く言えば「同化」が進んでいると言うこともできる。

3)　「同一民族内世代間格差」の六つの標本分散の平均値と「同一世代内民族間格差」の三つの標本分散の平均値を（正規性検定にパスしていないものも含めて）計算すると，前者は 76.9，後者は 47.1 であった。これもまた，「民族」よりも「世代」の方が重要であることを示唆している。

Ⅵ　民族間格差と職業間格差

最後に分析するのは，同じく胡・馬（1995）pp. 113-115 が掲載する職業別

第 5-1-16 表　事業機会への接し方に関する民族間／世代間格差の標本分散

		青年		中年		老年	
		回族	漢族	回族	漢族	回族	漢族
青年	回族		16.6	31.3		41.9	
	漢族				87.5		56.9
中年	回族				21.9	71.6	
	漢族						172.0
老年	回族						102.9
	漢族						

出所）第 5-1-14 表データから計算。

のアンケート結果についてである。質問項目は以下の第 5-1-17 表にあるように前節の一部と同じものであるが，一般的な「積極性」が知識人においては回族の方が漢族より高い数値となっていることが注目される。また，個人企業主が多少高くなっている以外は，それほど職業間で差がないことが知られる。となると，ここでは民族間格差の方が大きいのだろうか。この検討のために前と同じようにまずは民族間格差，職業観格差の正規性の検定を行う。その結果は，次の第 5-1-18 表に示されている。

見られるように，今回は全 25 系列のうち 18 系列が両検定をパスしているので[6]，その部分（前節と同様，第 5-1-19 表ではその部分は灰色に網かけしてある）だけでも比較することでいくつかの知見を得ることができる。そのために，それぞれの系列間の標本分散を一覧表にした最後の第 5-1-19 表を見ると，ここでは次の諸点が見て取れる。すなわち，

1) 同一職業内の民族間格差の標本分散はすべて正規性検定をパスしているが，全体の最小値から中位の数値となっているから，全体的には「民族間格差」より「職業間格差」の方が大きいと言える。特に農民内部の民族格差の小さいことが注目される。農民内部の民族格差の標本分散は他のほとんどの数値と比べて有意に小さいからである。自由度 7, 7 の場合の有意水準 10 パーセントの臨界値は 2.7849，5 パーセントの臨界値は 3.7870 だから他のほとんどの標本分散は 5 パーセント水準で有意にこの農民内民族格差より大きいこととなる。

---

[6] ただし，データが少ないためパスしやすくなっているのも事実である。

第5章　企業家精神と企業規模・形態

第 5-1-17 表　事業機会への接し方の職業別民族別比較（単位：%）

	職業	労働者		行政幹部		知識人		農民		個人企業主	
	民族	回族	漢族	回族	漢族	回族	漢族	回族	漢族	回族	漢族
請負事業の話が身近にあればどうするか	積極的に申請する	37.50	42.70	37.74	48.33	32.2	27.27	43.25	49.04	52.38	51.92
	参加したいほうだ	16.96	20.22	33.96	23.33	30.51	37.88	22.59	21.92	17.46	23.08
	どちらでもよい	21.43	21.35	16.98	8.33	18.64	8.00	21.49	16.71	15.87	11.54
	関心がない	24.11	15.73	11.32	20.00	18.64	16.67	12.67	12.33	14.29	13.46
身近な企業が事業で株を発行する時，手元に千元あれば	投資する	58.93	47.19	50.94	51.67	62.3	57.58	49.45	50.55	53.97	61.54
	物を買うか銀行に預金	16.07	24.72	20.75	25.00	22.95	19.70	21.70	22.25	22.22	28.85
	手元にお金をおく	7.14	8.99	13.21	8.33	3.28	7.58	12.36	9.89	9.52	1.92
	一切不参加	17.86	19.1	15.09	15.00	11.48	15.15	16.48	17.31	14.29	7.69

出所）胡・馬（1995）113-115 ページ。

2) この「職業間格差」と「民族間格差」をより明確にするために，「同一民族内職業観格差」の 20 の標本分散の平均値と「同一職業内民族間格差」の五つの標本分散の平均値を（正規性検定にパスしていないものも含めて）計算すると，後者は 37.4, 前者は 67.30 であった。F 検定できるわけではないが，上述の点と合わせ，これらは総じて，「民族間格差」より「職業観格差」の方が大きな要素として機能していることを示唆している。

3) 知識人と他の職業とのクロスの範囲（その範囲を二重線で囲んでいる）の値が他よりも大きく見えることである。これらの数値のうちの三つは正規性検定をパスしていないから不確かさが残り，よって F 検定できないが，100 を超えるトップ 5 のすべての数値がこの範囲に入っている。知識人の特殊性がありうる。

4) また第二に，「回族内異職業間格差」と「漢族内異職業間格差」に注目してこの表を精査すると，ある職業とある職業との間では「回族内格差」の方が「漢族内格差」より大きく，また別の職業と別の職業との間では逆となっており，安定していない。つまり，この点でどちらの民族がより職業間格差が大きいかという一般的な傾向性は見られない。

5) しかし，この点をより詳しく見ると，「回族内異職業間格差」で正規性検定をパスしたものの最小値 25.35（農民と個人企業主との差）とふたつの最大値 86.10（労働者と行政幹部との差）71.82（知識人と農民との差）

第 5-1-18 表　事業機会への接し方の民族間／職業間格差の正規性の検定（p 値のみ表示）

民族	職業	コルモゴロフ・スミルノフ検定	歪度と尖度の検定（ジャック・ベラ検定）
回漢民族間	労働者	0.10 以上	0.4710
	行政幹部	0.10 以上	0.9643
	知識人	0.10 以上	0.9946
	農民	0.10 以上	0.1665
	個人企業主	0.10 以上	0.8154
回族同士	労働者／行政幹部間	0.10 以上	0.4678
漢族同士		0.10 以上	0.0105
回族同士	労働者／知識人間	0.0743	0.2591
漢族同士		0.10 以上	0.7186
回族同士	労働者／農民間	0.0859	0.4812
漢族同士		0.10 以上	0.7884
回族同士	労働者／個人企業主間	0.10 以上	0.2792
漢族同士		0.10 以上	0.9259
回族同士	行政幹部／知識人間	0.10 以上	0.8773
漢族同士		0.10 以上	0.0730
回族同士	行政幹部／農民間	0.10 以上	0.0007
漢族同士		0.10 以上	0.2300
回族同士	行政幹部／個人企業主間	0.10 以上	0.0614
漢族同士		0.10 以上	0.9634
回族同士	知識人／農民間	0.10 以上	0.9422
漢族同士		0.10 以上	0.3491
回族同士	知識人／個人企業主間	0.10 以上	0.0954
漢族同士		0.10 以上	0.1972
回族同士	農民／個人企業主間	0.10 以上	0.5026
漢族同士		0.10 以上	0.9952

出所）第 5-1-17 表データから計算。

の間では有意水準 10 パーセントで標本分散の有意の差が検出できる。有意水準 10 パーセントの臨界値（自由度は 7，7）が 2.7849 であるからである。その意味では，「労働者」「農民」といった職業につく回族と「行政幹部」「知識人」といった職業につく回族との志向性に差があることになる。

6）　また同様に「漢族内異職業間格差」で正規性検定をパスしたものに注目すると，「労働者―農民間」格差の標本分散が最小の 13.94 であるのに対して，「労働者―知識人間」が 123.80，「労働者―個人企業主間」が 85.39，「行政幹部―個人企業主間」が 38.97，「農民―個人企業主間」

第 5-1-19 表 事業機会への接し方の民族間／職業間格差の標本分散

		労働者		行政幹部		知識人		農民		個人企業主	
		回族	漢族	回族	漢族	回族	漢族	回族	漢族	回族	漢族
労働者	回族		46.5	86.1		51.96		49.48		61.41	
	漢族				38.1		123.8		13.94		85.39
幹部	回族				59.7	49.21		26.8		74.6	
	漢族						102.4		21.16		38.97
知識人	回族						35.37	71.82		103.0	
	漢族								125.2		146.24
農民	回族								9.32	25.35	
	漢族										51.15
個人企	回族										36.0
業主	漢族										

出所）第 5-1-17 表データから計算。

が 51.15 となって，有意に大きな値となっている。自由度が 7, 7 の有意水準 5 パーセントの臨界値は 3.7870 であるから，このうちのいくつかは 5 パーセントでも検定をパスしていることになる。回族内よりも「労働者─農民間格差」が小さいことによって，より明確な職業間の志向性の相違が浮き彫りになっている。

Ⅶ 小括

以上の諸結果をまとめると次のようになる。すなわち，

① 都市および都市周辺部と山間部との間の企業家精神の相違の方が民族間の相違よりも大きい。
② 学歴による企業家精神の相違の方が民族間の相違よりも大きい。
③ 企業家精神に関する民族格差は世代毎に縮小する傾向にあり，また全体としても世代による企業家精神の相違の方が民族間相違よりも大きい。
④ 職業による企業家精神の相違の方が民族間の相違よりも大きい。

以上の結論をまとめると，寧夏自治区における民族的な差異は総じて大きくないこと，あるいは「民族的な差異」に見えるものの本質は実は地域差や

学歴や職業上の差であることとなる。この原因の一部はチベット族やウイグル族のような言葉のハンデのなさにもあろうが，ともかくこの結論はシンプルである。

ただ，とは言っても，こうした現状理解の結論のうえに，もっとダイナミックな以下のような結論を導くこともできる。というのは，

⑤ 最初の地区別分析では山川郷鎮の民族間格差が小さかったのが，銀南銀北県市で最大となり，銀川市内ではまた小さくなっていることが興味深い。経済社会の発展が農村的なものから徐々に都会化するのだとしたら，この順に格差が変動することとなるからである。純粋な農村社会では経済格差がそもそもなく，よって民族格差も小さくなるが，それが都市化によって拡大し，しかし少数民族が都市に適応するならその格差は再び縮小する[7]。その時間経路がここでは示唆されている可能性がある。

⑥ また，ほぼ同じ趣旨から，3番目の分析で，「老年層内民族格差」＞「中年層内民族格差」＞「青年層内民族格差」となっていたことも意味がある。これは，歴史的に格差が縮小する可能性を示しているからである。

⑦ ただ，実は学歴別分析ではやや異なる方向の結果が出ている。というのは，同一学歴内の民族間格差は大卒のそれが最大となっているからであり，これは学歴が全体として上がれば上がるほど格差が拡大する可能性を示している。

このように，一部に異なる傾向性が示されたが，これらを含め，1992年のデータであっても，ある程度ダイナミックな関係を導くことにより，現代に示唆的な結論を得ることができた。他民族と比べた回族の特徴として理解したい。

[7) この傾向は民族間の通婚比率を調査した楊（2002）によっても支持される。なぜなら，都市地域では民族間の通婚率が高く，これは世代を追って生活態度が共通化することを意味するからである。この研究は年齢が下がるに従い，また学歴が上がるに従っても通婚率が上昇することも示しているから，下記の⑥をサポートし，逆に⑦と矛盾した結論ということになる。

第5章　企業家精神と企業規模・形態

第2節

五峰土家族自治県における民族企業と漢族企業

孫　俊芳

　前節では回族を扱い，比較的活発なその回族でも漢族に比べた企業家精神の度合における差があること，しかしその差の基本は地域間，学歴間，世代間，職業間のものであるため，長期には縮小する傾向にあることを抽出した。これらはこれから漢族に追いつくべき他の諸民族にとってあるべき方向性を示唆する極めて有益な結果であった。

　しかし，中国において比較されるべき民族は多く，本節では湖南省，湖北省，重慶市，貴州省の高原地帯に居住する土家族を扱う。土家族は800万人以上の人口を持つ中国では6番目に大きな民族グループとして重要であるばかりか，回族と同様言語上の同化が完了して企業形成上の言語的なハンデを解消しているという特徴を持つ。また，近隣の漢族との長年に渡る接触により，比較的早い時期から漢族文化を受け入れているという特徴も持つ。この点は宗教上の相違の大きい回族との違いである。ただし，彼らが回族と最も異なっているのは，主に田舎の山岳地域に住んでいるというところである。彼らは主に湖南省，湖北省，貴州省が共有する省境と重慶市にまたがる武陵山脈に居住し，この地域に二つの土家族自治州，四つの土家族苗族自治県，四つの土家族自治県，および50の分散した土家族村を形成している。どの地域も基本的に山岳部に位置している。

　したがって，本節が扱う土家族は以上のような特徴を持つが，もうひとつここで分析上工夫したいのは，「企業家」を扱うために実際に漢族企業と土家族企業のパフォーマンスを比較したいということである。本節筆者（孫俊芳）は土家族でかつその中で最も典型的な湖北省五峰土家族自治県（以下，五峰県）の出身であり，その地の利もあって，実際の現地企業の訪問によるデー

161

タの取得が可能であった。そのため，ここでは土家族全体の分析とはならずひとつの自治県の分析にとどまるが，その地における企業データを収集し，それを次に漢族企業と土家族企業に分類，そのうえで両者の比較をすることとする。具体的には，2010-11年現在当自治県に存在する民営企業110社の企業データを使って生産関数を推計し，民族間に生産効率上の差異があるかどうかを調べる。

I　分析対象県の基本的特徴

ただし，分析に入る前に，五峰県の基本的な特徴を簡単に紹介しておきたい。

五峰県は湖北省の西南に位置する宜昌市の管轄県であり，八つの町，97の村，11の地域団体を含む約21万人が住んでいる。このうち，漢族が15.12パーセント，土家族が84.77パーセントで，その他の少数民族が0.11パーセントとなっている。

五峰県の経済はこの地域ではほぼ中位に位置するものと考えられる。五峰県は省からの援助を受ける数少ない貧困自治体の一つであるが，2009年の1人当り域内総生産で見ると，全国平均の49.7パーセントに留まり湖北省の64の県級県・市・地区の中では第28位ということになる。ただし，1人当り可処分所得で測ると61位，1人当り純所得では54位となるから，やはり貧困県となる。実際に省指定の貧困4県のひとつと数えられている。また，産業は農業が中心で，第一次，第二次，第三次の人口比率は32.1パーセント，28.2パーセント，39.6パーセントとなっている[8]。

筆者の調査では2010年末における五峰県の民営企業数は267社で，投資家数は243人，資本金7億321万人民元であった。そのほとんどが有限会社で株式会社の形式を持つものは全くない。

五峰県の民営企業についていくつかの特徴が見られる。第一に，民営企業

---

8) 『湖北省統計年鑑』2010年版，中国統計出版社より。

第 5 章　企業家精神と企業規模・形態

第 5-2-1 表　標本企業の構成（企業数）

	第一次産業	第二次産業	建設産業	第三次産業	計	比率（％）
全標本	8	64	3	35	110	100%
大規模企業	0	0	0	0	0	0%
中規模企業	0	4	0	2	6	5.4%
小規模企業	3	26	2	10	41	37.3%
零細企業	5	34	1	23	63	57.3%

注）分類は「2011中小企業画型標準規定」による。

　の大部分が土家族によって所有されている。たとえば，本節でデータを得た110のサンプル企業のうち，漢族企業はわずか31パーセント＝34社に過ぎず，その他はすべて土家族企業家に所有されている。しかし，これは，県内の漢族の人口比にほぼ対応する。また，民営企業は一般的に小規模である。県内の民営企業全体のうち，「規模以下」[9]の中小企業は91パーセントを占め，我々の標本110社の中でも従業員数300名以上の中規模企業は6社しかなかった。第5-2-1表は調査した全110社の構成を示しているが，見られるように大規模企業は存在せず，中規模企業，小規模企業，零細企業の比率はそれぞれ5.4パーセント，37.3パーセント，57.3パーセントとなっているから零細企業が過半数ということになる。

　さらに，産業別には第二次産業に属するものが62パーセントを占めている。また，第二次産業に属する民営企業の半数以上は製茶加工や木材製造を中心とする製造業に従事している。製茶加工は15社，木材製造は8社で後者の中では宜昌山山有限公司が有名である。同社は主に人造板の加工を行い，1998年の創立以来，同社は累計で125万人民元を売上げ，最大1億2000万人民元の税金を納めている。

　五峰県では，第一次産業に属する民営企業は，野菜栽培と畜産業に従事していることが多い。第三次産業に属する民営企業のほとんどは卸売りと小売り（34％），そして運送業（22％）に投資している。その他の急成長セクターは観光業と不動産業の二つである。2006年度の五峰県の観光業による収益

---

9) 中国では大企業と中小企業を以下の基準で区分し，それ以下の企業を「規模以下」の企業と呼んでいる。具体的には，製造業では年500万元未満の，卸売業では2000万元未満の，小売業では500万元未満の，ホテル・仕出し業では200万元未満の売上げの企業を言う。

は，1999 年の 26 倍となっている。不動産業は，2000 年から急成長し始め，住宅の価格を例にとると，漁洋関鎮の住宅価格は 2007 年から 2010 年までで 1.5 倍に上昇している。不動産業に従事する民営企業 5 社は大成功を収めている。

II　変数とモデル

　このような特徴を持つ五峰県について，前述のように筆者は幸運ながら民営企業 110 社のデータを入手することができた。五峰県工商行政管理局が管理する民営企業は全部で 267 社あり，それがリストとなっているので，全企業に筆者が直接接触して回答を得たものである。このリストには登記資本金 (分析では K と表記)，所在地および電話番号の記録があった。

　しかし，登記資本金，所在地および電話番号のデータだけでは不十分であるので，110 社から接触して得た追加データは次のようなものであった。すなわち，

①　企業トップの民族 (分析では *Ethnicity* と表記)
②　企業トップの教育歴 (分析では *Eyears* と表記)
③　付加価値額 (分析では Y と表記)
④　従業員数 (分析では L と表記)
⑤　産業 (分析では 1, 2, 3 次産業に分類し，第二次産業を *Secondary* と第三次産業を *Tertiary* と表記)
⑥　企業の資金総額に占める銀行融資の割合 (分析では *Proportion* と表記)
⑦　銀行融資の有無 (分析では *Debt* と表記)

このうち①は本研究が民族企業家分析であるという意味で最重要な変数となり，ここでは土家族の場合に 1，漢族の場合に 0 とセットする。また，当該企業家の特性変数としては②の教育歴を調査し，小学校卒なら 6，中学校卒なら 12，高校卒なら 16 というようにそれらの教育歴を教育年数として変数化した。これは第 3 章 2 節と同じである。さらに，生産関数推計である

から，投入要素としての工商行政管理局データの資本金以外に被説明変数となるべき各企業の付加価値額（③）と従業員数（④）も調査し，かつ産業間の相違を反映すべく⑤も調べた。最後に，矢野・白石・李（2007），矢野・白石（2004），應（2004），林・李（2001）などで確認された銀行からの被融資企業の一般的なパフォーマンスの良さ，あるいは融資の有無に関する変数として⑥，⑦の2変数を追加した。⑦は具体的には企業融資を受けている場合に'1'と，そうでない場合に'0'としている。

したがって，これらの変数を使って計測する生産関数は以下の形式をとる。生産関数の形は最も一般的なコブ・ダグラス型を想定したので，左辺の付加価値額と右辺の従業員数および登記資本額は対数形とし，他は線形のままとした。具体的には，

$$lnY = \alpha_0 + (\alpha_1 + \alpha_2 Secondary + \alpha_3 Tertiary)*lnL + (\alpha_4 + \alpha_5 Secondary + \alpha_6 Tertiary)*lnK + \alpha_7 Secondary + \alpha_8 Tertiary + \alpha_9 Ethinicity + (\alpha_{10} + \alpha_{11} Ethinicity)*Debt + (\alpha_{12} + \alpha_{13} Ethinicity)*Eyears + \varepsilon \quad (1)$$

$$lnY = \alpha_0 + (\alpha_1 + \alpha_2 Secondary + \alpha_3 Tertiary)*lnL + (\alpha_4 + \alpha_5 Secondary + \alpha_6 Tertiary)*lnK + \alpha_7 Secondary + \alpha_8 Tertiary + \alpha_9 Ethinicity + (\alpha_{10} + \alpha_{11} Ethinicity)*Proportion + (\alpha_{12} + \alpha_{13} Ethinicity)*Eyears + \varepsilon \quad (2)$$

二つの式となっているのは銀行融資と関わって⑥の変数を使うか⑦の変数を使うかという選択があるからである。言うまでもなくα_0は定数項を，εは誤差項を表している。

なお，ここでの生産関数推計はクロス・セクションなので分散不均一の問題を処理する必要があり，よってここでは加重最少二乗法（WLS法）を用いる。さらに，推計に際しては上の（1）式や（2）式のさまざまな説明変数をひとつひとつ推計式に加える過程で「民族ダミー（*Ethnicity*）」の推計パラメーターがどう変化するかを見る。このことによって漢族企業と土家族企業の間の信頼できる効率性の相違を抽出する。

Ⅲ　データの記述統計的諸特徴

　ただし，生産関数推計に入る前に，こうして集めた諸変数の記述統計レベルの諸特徴を明らかとしておきたい。そのためにまず，全変数の平均，最大値，最小値，標準偏差を第 5-2-2 表で確認しておきたい。たとえば，このデータからサンプル企業の約 61 パーセントが第二次産業に従事していることがわかるが，これはこの自治県の民営企業の一般的傾向に一致している。さらにサンプルのうち調査年（2010-11 年）に銀行融資を受けた民営企業は約 4 割を占めたこと，土家族「所有」企業が約 7 割であることなども理解される。

　もうひとつ，これらの諸変数を回帰分析の説明変数として入れていくうえで，諸変数間の相関係数行列を計算した。その結果は第 5-2-3 表に示したが，ここでのポイントは lnY, lnL, lnK の間の相関係数を除けば，$Debt$ と $Proportion$ との間のみが強い相関を示していることがわかる。lnY, lnL, lnK の間の相関は当然のことであり，このことによって推計上，どれかの変数をはずすわけには行かないが，$Debt$ と $Proportion$ は内容的にも同じ事態を表現しているので，両変数を同時に説明変数として使用することは望ましくない。先に，推計にあたってどちらかのみを説明変数とするとしたのはこのためである。

　さらに，土家族企業と漢族企業の間の諸変数の相違をまとめて示した次の第 5-2-4（1）表および第 5-2-4（2）表も興味深い。まずは，生産額，従業員数，固定資産規模，資金総額に占める銀行融資の割合，企業トップの教育歴などすべてで土家族企業が漢族企業より小さいか劣っているように見られるが，これはもちろんしっかり統計的に検定されなければならない。そして，そのために第 5-2-4（1）表では t 検定（平均値の差の検定）を，第 5-2-4（2）表では z 検定（比率の検定）を行っている。一般的な変数の場合は t 検定が適切で，産業比率や銀行融資の有無といった比率の比較のためには z 検定が適切であるからである。そして，その結果，土家族企業家と漢族企業家の間での教育歴の 1 年の差だけが有意であることがわかった。これは，土家族企業家の平均教育年数が漢族系企業家よりも短いとした先行研究（許・李 2009）を裏付

第 5 章　企業家精神と企業規模・形態

第 5-2-2 表　データの基本情報

	平均値	最大値	最小値	標準偏差	観測値数
Y	2554455	50000000	100000	7323499	110
L	50.300	750	9	93.074	110
K	3899364	80000000	30000	11425575	110
Secondary	0.609	1	0	0.490	110
Tertiary	0.318	1	0	0.468	110
Ethnicity	0.691	1	0	0.464	110
Proportion	0.176	0.6	0	0.238	110
Debt	0.364	1	0	0.483	110
Eyears	12.591	16	6	2.011	110

第 5-2-3 表　変数のペアごとの相関係数行列

	$\ln Y$	$\ln L$	$\ln K$	Secondary	Tertiary	Ethnicity	Proportion	Debt	Eyears
$\ln Y$	1	0.880	0.928	0.271	−0.216	−0.302	0.640	0.651	0.395
$\ln L$	0.880	1	0.862	0.340	−0.261	−0.278	0.534	0.545	0.297
$\ln K$	0.928	0.862	1	0.396	−0.346	−0.315	0.590	0.601	0.364
Secondary	0.271	0.340	0.396	1	−0.853	−0.012	0.085	0.102	0.153
Tertiary	−0.216	−0.261	−0.346	−0.853	1	−0.050	−0.220	−0.232	−0.114
Ethnicity	−0.302	−0.278	−0.315	−0.012	−0.050	1	−0.050	−0.067	−0.245
Proportion	0.640	0.534	0.590	0.085	−0.220	−0.050	1	0.986	0.243
Debt	0.651	0.545	0.601	0.102	−0.232	−0.067	0.986	1	0.230
Eyears	0.395	0.297	0.364	0.153	−0.114	−0.245	0.243	0.230	1

第 5-2-4（1）表　土家族企業と漢族企業の違い

平均値	土家族	漢族	土家族 − 漢族 [a]	t statistic [b]
Y	1507763	4894118	−3386355	−1.655
L	44	64	−20	−1.178
K	2478684	7075000	−4596316	−1.480
Proportion	0.168	0.194	−0.026	−0.515
Eyears	12	13	−1	−2.755 ***

[a] 土家族と漢族の差が土家族企業と漢族企業の違いを示す。
[b] はじめに F 検定を行い，等分散と見なされた場合，次に等分散性二標本 t 検定を行う。そうでない場合，不等分散性二標本 t 検定を行う。
* は棄却域 10 パーセント水準で有意，** は棄却域 5 パーセント水準で有意，*** は棄却域 1 パーセント水準で有意であることを示す。

第 5-2-4 (2) 表　続き

割合	土家族	漢族	土家族-漢族 [a]	Z-statistic
Secondary	60.5%	61.8%	−1.3%	−0.129
Tertiary	30.3%	35.3%	−5%	−0.514
Debt	34.2%	41.2%	−7%	−0.698

[a] 土家族と漢族の差が土家族企業と漢族企業の違いを示す。
* は棄却域10パーセント水準で有意，** は棄却域5パーセント水準で有意，*** は棄却域1パーセント水準で有意であることを示す。

けるものである。

Ⅳ　民族間格差の有無とその構造について

　以上のような事前の検討を経て，実際に生産関数推計に進んだ結果が第 5-2-5 表と第 5-2-6 表である。第 5-2-5 表が (1) 式の推定結果を示し，第 5-2-6 表が (2) 式の推定結果を示している。

　そこで，この第 5-2-5 表と第 5-2-6 表を見ると，まずは両表ともで lnL と lnK の推計パラメータが合理的な範囲にある。第一次産業だけを見ると両表の 4，5，6 式のパラメータが十分有意でなく，つまり小さすぎるように見えるが，第二次産業や第三次産業はその値に「$Secondary * lnL$」や「$Tertiary * lnL$」の値を加えることなるので全産業的にはそう小さすぎるものではないからである。また，lnK の係数が lnL の係数より大きいことも興味深い。これは中国企業の他の計算結果と一致するからである。また，すべての推計結果において $Debt$ 変数の推計パラメータは 1 パーセント水準で有意となっている。この結果も民間企業を対象に研究された他の先行研究と一致した結論となっている。

　しかし，民族研究を行う本書にとって関心なのはもちろん「民族ダミー（*Ethnicity*）」との関係であって，これと $Debt$ ないし $Proportion$ との交差変数がすべて 1 パーセント有意であることが重要である。これは銀行融資の効果が漢族企業に比べて土家族企業において弱いことを意味しているが，言い換

第 5 章　企業家精神と企業規模・形態

土家族企業家の代表王俊氏。1964 年生まれの 40 代。五峰県の燃化局長，煙工場長，漁洋鎮長，煤炭工業総公司経理などを経て 1998 年に独立。その後，十数年の事業拡大で 12 の会社，1 億元以上の資本，1500 人以上の従業員を持つ「宜昌駿王集団」を育てた。土家族の英雄である。共産党員。

湖北省五峰自治県の漁洋関鎮の全景。宜昌駿王集団の王俊氏はかつてこの鎮長をしていた。海抜高度 1000 メートル前後に位置する高山県である。

えると土家族企業は同じ比率の銀行融資をうけていても漢族企業ほどの効果を生んでいないということになる。よく知られているように，中国政府は「民族貿易県」[10] の企業に対する優遇策を持ち，そこでは民族工芸品の生産・貿易企業への低利融資政策を持っているが，本節が対象とする五峰県もまたこの対象県となっている。

我々の標本でこうした銀行融資の比率を調べると，漢族企業によるこの優遇策の利用率は 35.7 パーセントに留まるものが，土家族企業による利用は 50 パーセントに上っている。これは，優遇策の利用が漢族企業に比較的少ないことを示唆している。そして，もしそうすると，土家族企業はこの優遇

---

10) 全国に 435 県存在する。

第 5-2-5 表　生産関数推計結果（1）

説明変数＼式番号	1	2	3	4	5	6
C	6.605***	6.565***	7.909***	7.192***	6.640***	6.797***
	(32.129)	(31.411)	(30.709)	(22.848)	(28.552)	(26.804)
lnL	0.117*	0.148**	0.357***	0.091	0.166*	0.162*
	(1.817)	(2.030)	(4.975)	(0.941)	(1.948)	(1.906)
Secondary * lnL	0.301***	0.245***	0.045	0.307***	0.234**	0.239**
	(4.393)	(2.986)	(0.596)	(2.939)	(2.568)	(2.592)
Tertiary * lnL	0.341***	0.309***	−0.143*	0.220**	0.144	0.167*
	(4.678)	(3.837)	(−1.758)	(2.067)	(1.500)	(1.763)
lnK	0.464***	0.459***	0.280***	0.392***	0.373***	0.373***
	(17.224)	(16.230)	(7.665)	(8.859)	(11.919)	(12.310)
Secondary * lnK	0.143***	0.168***	0.245***	0.136***	0.135***	0.135***
	(4.582)	(4.610)	(6.892)	(2.960)	(4.429)	(4.529)
Tertiary * lnK	0.163***	0.175***	0.371***	0.224***	0.241***	0.221***
	(4.274)	(4.357)	(9.061)	(4.611)	(7.333)	(6.800)
Secondary	−2.869***	−3.036***	−3.154***	−2.527***	−2.324***	−2.332***
	(−10.500)	(−10.164)	(−13.229)	(−7.928)	(−11.050)	(−10.854)
Tertiary	−2.903***	−2.941***	−3.866***	−3.037***	−3.010***	−2.823***
	(−7.714)	(−7.627)	(−12.419)	(−8.781)	(−13.323)	(−11.799)
Ethnicity		0.033	−0.025	0.069***	0.110***	−0.175
		(1.337)	(−1.434)	(3.544)	(5.310)	(−1.344)
Debt			0.520***	0.604***	0.617***	0.624***
			(13.219)	(15.808)	(10.821)	(12.779)
Ethnicity * Debt			−0.237***	−0.221***	−0.241***	
			(−5.847)	(−4.011)	(−4.988)	
Eyears					0.045***	0.034***
					(7.303)	(4.013)
Ethnicity * Eyears						0.022**
						(2.307)
Adj. R^2	0.895	0.894	0.906	0.906	0.908	0.907
F-statistic	7162.005	3920.026	53799	7599.053	4164.537	5498.257
データ数	110	110	110	110	110	110

回帰結果において（　）内は t 値である。
*は棄却域 10 パーセント水準で有意，**は棄却域 5 パーセント水準で有意，***は棄却域 1 パーセント水準で有意であることを示す。

策からより大きな利益を得ているにも関わらず（Gross 1977），この政策が期待した結果をもたらせていないことを示している。つまり，土家族は市場の現実において過剰に保護されている可能性があり，その結果として銀行融資もよい結果をもたらしていないものと思われる。しかし，この政策が民族間で異なる効果を持っているとしても，こうした銀行融資に効果があることは

第 5 章　企業家精神と企業規模・形態

第 5-2-6 表　生産関数推計結果 (2)

説明変数＼式番号	1	2	3	4	5	6
C	6.605 ***	6.565 ***	7.675 ***	7.052 ***	6.566 ***	6.782 ***
	(32.129)	(31.411)	(31.603)	(21.548)	(25.784)	(23.210)
lnL	0.117 *	0.148 **	0.321 ***	0.070	0.118	0.083
	(1.817)	(2.030)	(4.412)	(0.625)	(1.251)	(0.868)
Secondary * lnL	0.301 ***	0.245 ***	0.089	0.335 ***	0.282 ***	0.331 ***
	(4.393)	(2.986)	(1.150)	(2.810)	(2.778)	(3.197)
Tertiary * lnL	0.341 ***	0.309 ***	−0.095	0.259 **	0.184 *	0.238 **
	(4.678)	(3.837)	(−1.169)	(2.259)	(1.863)	(2.302)
lnK	0.464 ***	0.459 ***	0.308 ***	0.409 ***	0.394 ***	0.407 ***
	(17.224)	(16.230)	(8.654)	(8.730)	(11.110)	(12.005)
Secondary * lnK	0.143 ***	0.168 ***	0.219 ***	0.121 **	0.122 ***	0.105 ***
	(4.582)	(4.610)	(6.074)	(2.500)	(3.512)	(3.210)
Tertiary * lnK	0.163 ***	0.175 ***	0.340 ***	0.212 ***	0.228 ***	0.190 ***
	(4.274)	(4.357)	(8.508)	(3.991)	(6.607)	(5.616)
Secondary	−2.869 ***	−3.036 ***	−2.979 ***	−2.432 ***	−2.299 ***	−2.218 ***
	(−10.500)	(−10.164)	(−12.015)	(−7.287)	(−9.702)	(−9.299)
Tertiary	−2.903 ***	−2.941 ***	−3.643 ***	−3.010 ***	−2.960 ***	−2.654 ***
	(−7.714)	(−7.627)	(−12.006)	(−7.774)	(−12.814)	(−10.787)
Ethnicity		0.033	−0.016	0.075 ***	0.109 ***	−0.331 **
		(1.337)	(−0.789)	(3.934)	(5.028)	(−2.102)
Proportion			0.947 ***	1.143 ***	1.221 ***	1.259 ***
			(13.294)	(10.764)	(11.170)	(12.751)
Ethnicity * Proportion				−0.474 ***	−0.488 ***	−0.577 ***
				(−3.882)	(−4.479)	(−5.593)
Eyears					0.041 ***	0.020 *
					(5.981)	(1.658)
Ethnicity * Eyears						0.036 ***
						(2.973)
Adj. R^2	0.895	0.894	0.905	0.906	0.907	0.907
F-statistic	7162.005	3920.026	118290.500	5889.648	4632.808	5904.203
データ数	110	110	110	110	110	110

回帰結果において (　) 内は t 値である。
* は棄却域 10 パーセント水準で有意，** は棄却域 5 パーセント水準で有意，*** は棄却域 1 パーセント水準で有意であることを示す。

確かであり，この役割を否定することはできない。

　教育歴変数（「Eyears」）の推計パラメータもすべての式でプラスに有意であり，これは教育水準が企業の効率性アップに役立つことを示している。そして，この「Eyears」と民族変数との交差項の推計パラメータも両表の第 6 式でプラスに有意となっているから，これは教育歴が同じ場合，土家族企業は

漢族企業より効率的に経営できることとなる。また，さらに言えば，実際には土家族企業家の平均教育年数は12年で漢族企業家の13年より1年短いが，この差も総計としての教育歴効果を逆転させない。なぜなら，第5-2-5表の場合はそれぞれの「$Eyears$」のパラメーターと各民族の平均教育年数をかけた時，漢族企業では$0.034 \times 13 = 0.442$であるのに対して土家族企業では$0.056 \times 12 = 0.672$となり，第5-2-6表の場合は漢族企業では$0.020 \times 13 = 0.260$であるのに対して土家族企業では$0.056 \times 12 = 0.672$となるからである。これは学校教育に関する限り，土家族企業家に対するそれが漢族企業家に対するそれより総体として効果を発揮していることを示している。

とすると，土家族企業家への教育がどうしてこのように効果的なのかという疑問が発生するが，教育効果自体の逓減性に起因するということが考えられる。土家族の平均的に低い教育水準は追加的な教育の効果を高くしているという仮説である。この意味で，たとえば，ウイグル族，チワン族やトン族といった土家族より平均教育年数の少ない少数民族への政府の教育改善努力は支持される（許・李2009）。ただし，土家族企業家の平均教育年数はほぼ漢族のそれに迫っているから，彼らへの特別な教育上の優遇政策の効果は近く消え去ってしまう可能性もある。

実際，我々が現地で調べたところでは，土家族の企業家の教育水準は一般の土家族より高く，これは企業家になった者たちの家庭が知的経済的に恵まれているからである。つまり，より高い教育を受けた人物がちゃんと企業家になるという選択メカニズムが機能している。そして，経済的に恵まれなければ教育を十分受けられないという現状がある一方で，より高い教育を受けた企業家はその分より大きな報酬を得ている。このような状況の下では，貧しい土家族の子弟に教育補助をして彼らの企業家への成長をサポートすることが求められることになる。

ところで，ここで最も関心のある「民族ダミー（$Ethnicity$）」に注目し，そのパラメータが1式→6式へと説明変数を増やした際にどう変化するかを見てみよう。そうすると，第5-2-5表においても第5-2-6表においても第4，5式においては1パーセント水準でプラスに有意となっているが，それに「$Ethnicity * Eyears$変数」を加えると当該パラメータはマイナスに転じている。

第 5 章　企業家精神と企業規模・形態

第 5-2-7 表　3 種の *Ethnicity* 効果の総合計
（漢族企業をベースとした土家族企業の効率性偏差の推計）

	第 9-5 表のケース	第 9-6 表のケース
Ethnicity の効果	-0.175	-0.331
Ethnicity * *Debt* ないし	$-0.241 \times 0.342 = -0.082$	
Ethnicity * *Proportion* の効果		$-0.577 \times 0.168 = -0.097$
Ethnicity * *Eyears* の効果	$0.022 \times 12 = 0.264$	$0.036 \times 12 = 0.432$
合計	0.007	0.004

したがって，第 4，5 式において土家族企業が漢族企業より効率的となっているのは「特定化のミス」によるものとなる。この問題は土家族企業においては教育の効果が高く，その効果をコントロールできていないときに発生する「みせかけの相関」ということになるのである。

したがって，第 6 式に注目すると，第 5-2-5 表においても第 5-2-6 表においても「民族ダミー（*Ethnicity*）」のパラメータはマイナスとなっており，しかも第 5-2-6 表においては 5 パーセント水準で有意となっている。すなわち，銀行融資効果や教育効果の民族間格差をコントロールしたうえで残る「純」民族効果においては，土家族企業家の劣位が生じていることになる。ただし，最終的な評価の一つとして，この両表の第 6 式において使われている 3 か所の「民族ダミー（*Ethnicity*）」の効果をすべて考慮した民族格差を調べることも有用であり必要な作業であろう。具体的には，「*Ethnicity*」の効果，「*Ethnicity* * *Debt*」ないし「*Ethnicity* * *Proportion*」の効果および「*Ethnicity* * *Eyears*」の効果の合算である。一覧表の形でこれらを整理すると次の第 5-2-7 表のようになる。すなわち，

土家族企業家への教育は大変効果があり，そのために銀行融資利用の効果の少なさや漢族企業と比べた一般的な効率性格差の劣位をほぼ挽回しているという結果となっている。ただし，こうは言っても「教育の効果がある」のになぜ銀行融資が土家族において上手に利用できていないのか，あるいは教育や銀行融資などの諸変数をコントロールした後の「純」民族間格差（「*Ethnicity*」で抽出されたもの）がなぜ残っているのか（特に両表の第 6 式において）をここで統計的に析出することはできない。

ただし後者の「純」民族間格差発生の原因を状況証拠から推測することは

できる。筆者が調査の中で知ったのは，著者が調査した漢族企業家の多くはもともと五峰県の住民ではなく，県外から来ていることであって，たとえば宜昌市などに会社を持っている企業家が投資して作ったものであった。したがって，それらの県外企業と五峰県内の漢族企業とはそれぞれ同じ企業グループに属し，同じ経営資源を活用し，経営に関する多くの進んだ経験を積み，土家族企業よりひろいマーケットをカバーしている。これらが漢族企業の強さの原因である可能性もある。ただし，この問題は別に研究されなければならない。今後の研究課題である。

V 小括

　以上本節では，中国の民族企業の生産関数を推計するという方法で，土家族企業が漢族企業と異なるパフォーマンスを示すかどうかを検討した。そして，その結果得られた結果を本来の「民族研究」として重要なものに絞って繰り返すと以下のようになる。すなわち，

　第一に，銀行融資，教育レベル，産業などの諸要因をコントロールした後では土家族企業と漢族企業のパフォーマンスはほぼ同レベルである。

　しかし第二に，銀行融資も土家族企業において十分な成果を上げていない。

　ただし第三に，これらの効果を土家族への学校教育の効果が打ち消している。

　民族間の経済的アクティビティーの相違について本書では，チベット族，ウイグル族から回族までさまざまに分析しているが，漢族と比べて言語的なハンデがなく，かなり同化したと理解されている本地域の土家族には，いくつかの点でのハンデはあっても同時にそれをカバーする事情もあり，本調査の限りでは漢族と大差ないパフォーマンスを実現できていることになる。回族のパフォーマンスも比較的漢族に近いものがあったから，中国少数民族にはこの段階に達しているものがあるのだと総括しておきたい。

第6章
少数民族企業家の生成
聞き取り調査からの析出

扉写真

ウイグル族最大企業アルマン社本社でインタビュー中の筆者（大西：右）

ウイグル族企業として最大の企業はウルムチに本社を置くアルマンというスーパーマーケットである。ウイグル族などイスラム教徒の食習慣の違いを店舗の品ぞろえに反映し、かつ独自のプライベート・ブランド食品を開発して急成長した。2000人以上の従業員を雇い、その99パーセントはウイグル族である。写真は編者（大西）が2008年9月に訪問し、インタビューしている時のもの。

第1節

新疆自治区における少数民族企業家

吾買爾江・艾山,大西広

　第4章および5章ではデータの収集とその統計的解析に重点を置いてウイグル族,回族と土家族の民族企業家の生成状況を見てきたが,企業活動と企業家形成についてやはり統計的な解析をはなれて現実の具体的な姿を見ることも重要である。それにはやはり中国全体で焦点となっているウイグル族やチベット族の企業／企業家に興味がわく。それは,この両民族の研究が特にデータ入手上困難なばかりでなく,外国の研究機関が調査に入ることさえ厳しく制限されているからでもある。

　しかし,我々はウイグル族企業についてはかなり詳しくインタビューすることができ,またチベット族企業についてはチベット自治区と青海省への2度の訪問である程度の企業調査ができた。そこで,本章ではまずウイグル族企業についての報告（第1節）を行い,チベット族企業については続く第2節で報告する。ウイグル族については,最大の民族企業としてある「アルマン（阿爾曼）実業有限公司」というスーパーマーケット・チェーン企業と,新しく出現しつつある民族企業として典型的な貿易企業である。それぞれ,2008年9月と2009年12月にインタビューしたものである。

I　アルマン（阿爾曼）実業有限公司の成立と発展

アルマン社の概況について

　まず紹介する「アルマン（阿爾曼）実業有限公司」はプライベート・ブラ

ンド製品の製造にまで発展しているスーパーマーケット・チェーン企業である。現在，新疆ウイグル自治区で急成長中の少数民族企業は，①は食品生産・綿花加工・食品加工・伝統医薬品・化粧品製造企業，②衣料を設計製造し自治区内で販売する縫製企業ないし民族文化製品製造企業，③ロシアや中央アジアとの貿易に携わる企業の三つに大別されるが，このアルマン社は第一のタイプに属する。このタイプに属する企業としては，他にイヒラス（伊合拉斯）実業有限公司，新疆アメナ（阿米娜）特色農業高技術開発有限公司などがある。

　もう少し現在の概況を紹介すると次のようになる。すなわち，現在の労働者数は 2000 人であり，その 98 パーセントがウイグル族である。また，彼らのうちの多くは店舗従業員として働き，毎日 6 時間ずつ 2 交替で働き，よって朝 7 時から夜 9 時までの 14 時間営業となっている。

　この店舗は現在ウルムチ（烏魯木斉）市内に 27 か所で，全新疆では 1800 か所にまで拡がっている。また，甘粛省と河北省に代理店があり，さらに上海には一つの子会社を持っている。本社はウルムチの開発区で 74 畝の面積を持っていて，工場や二つの大きな倉庫も併設しているが，土地に余裕があるので，ここにさらにチョコレートと飴の工場を作る予定となっている。配送センターもこちらに持ってくる予定となっている。

　また，次に見るようにプライベート・ブランドで作った主に加工食品の輸出をも手掛けている。これは，豚を食べないというイスラム教の戒律を利用したもので，中央アジアとアラブのイスラム圏に対するものである。この食品製造のためにアルマン社は自治区内 5 か所の農場および牧場と契約関係を結んでおり，このことでグリーン食品の基準に達する品質保証ができるようになっている。現地の農産物をうまく利用した事業化として，このアルマン社は新疆自治区で唯一の国級の農業産業化龍頭企業（模範企業）と認定されるにいたっている。

起業から現在まで

　しかし，興味深いことは，アルマン社の起業者ラディル・アブラ氏は当初からこの業種で事業を始めていたわけではないことである。彼の事業活動の開始は 1995 年であるが，この時は日本製の家電製品の販売をした。彼は本

来は華東師範大学で食品工学を研究したのであるが，この時，家電販売をしたのは杭州の友人の勧めによるものであった。当時はその友人の支店のような形で開始している。現在のスーパーを始めたのは1997年以降であるが，それでもこの家電販売の経験は企業家としての成長にとって非常に重要なトレーニングの場となったものと思われる。

その後，97年にスーパーマーケットを始め，この時点で家電販売は中止している。そして，また，このスーパーでは2種類の穀物を粉にして販売した。ここで初めて食品工学の勉学の成果が発揮されるが，まだ極めて小規模であったことがわかる。

しかし，その2年後の1999年からは菓子の製造も開始し，その種類も2000年には8種類，2003年には100種類と拡大する。また，2000年からチョコレートなどの他の製品にも製造品目を拡大した。これらはすべて新疆の資源を使ったものとなっている。2005年にはその範囲は菓子，粉，チョコレート，飴，ジャム，粉ミルク，餃子など冷凍食品，野菜サラダ，インスタントラーメンに拡がり，全体で200種類の菓子とその他100種類となっている。店舗数も2005年段階でウルムチ市に17か所，全新疆で400弱となっている。

なお，こうして発展したアルマン社がある程度の先進的な販売技術も持っていることは重要である。現在，アルマン社は「アルマン」の下に三つの商標を持ち，それぞれがそれぞれの販売ターゲットを持っている。具体的には，①「カタルダン」というウイグル語の商標でこれは老人用，②「UZHENIM」という「美女」という意味の商標で女性用，③「DOCTOR」という商標で学生用の栄養食品である。ただし，アルマン社としては，まだまだ経営技術の改善余地があると認識しており，MBAコースで経営者に経営学を学ばせている。また，ほとんどがウイグル族の企業ではあっても，経営会議は漢語で行っており，配送システムの近代化やPOSシステムの採用も行っている。ただ店舗数や製造品目数だけではなく，経営技術の点でも発展してきていることがわかる。

企業家としての成長に重要であったこと

こうして企業成長の概略を振りかえると，大学で学んだ専門技術も重要で

ウルムチ（烏魯木斉）郊外にあるアルマン本社工場の全景

あるが，最初に漢族の友人に勧められて事業を行ったという経験も重要であるとやはり思われる。現在の経営上の問題点は何か，と聞いても，答えとして返ってくるのは「政府の援助」のようなものではなく，自分たちが経営上の改善をさらにすることだとの返答である。よく「資金不足」が原因で起業できないとする少数民族がいるが，この問題でも「資金問題は重要ではない」とはっきりと回答した。

　ただし，「政府に求めるものは何かないか」と強く聞くと，アラブ地域に食品を輸出する際の税関が厳しすぎるとの回答があった。天津・連雲港ルートで輸出するということであるが，「税関が厳しすぎる」という不満は「政府が支援してくれない」という不満ではない。「支援」ではなく「規制緩和」の方向で政府への要望を出しているというのが極めて興味深い。なお，国内販売には何も問題がないと回答した。

第 6 章　少数民族企業家の生成

ウルムチ（烏魯木斉）市内のスーパー・マーケット1号店　「成立13周年」の表示が掲げられている

アルマン一号店店内のラーメン置場

Ⅱ　対ロシア貿易から発展した企業

　もう一社，我々がインタビューしたのは先に3タイプあるとした少数民族企業の第三のタイプのものである。正確に言うと，当初は対ロシア・中央アジア貿易に携わる企業として始まり現在は従業員15名規模の貿易関連企業としているが，その過程で輸出品を自分で製造するための別の企業を浙江省に漢族の友人と立ちあげるところにまでいたっている。この会社はすでに従業員500名規模にまで成長しているので，十分「中堅企業」と言える企業である。この企業家A氏とのインタビューでは学生時代からの企業家としての成長過程全体を詳しく聞くことができたので，これを次に紹介したい。

企業家への前史

　ところで，この企業を始めたA氏は1992年に出身地であるチョチャク（塔

181

城) 市で少数民族学生の中でトップの成績をおさめ，自治区トップの新疆大学に入学している。現在35歳であるが，以下にあるようにその学生時代から氏は経験と資金の蓄積をしていることが注目される。その過程は次のようなものであった。

すなわち，まず大学在学中のことであるが，氏の退職した父親はカザフスタンから商品を輸入して自治区内で販売する事業を行っていた。そして，氏も大学が休みの時期に父親の手伝いをしたというのが「事業」に関心を持つ出発点となっている。

そして，当時大学生であったA氏は大学の放課後に大学横にある辺疆賓館国境貿易取引所（辺境民間貿易取引所）によく通い，ここ辺疆賓館の中央アジア人やロシア人の商人のもとで日雇い労働をした。これで最初の資金を蓄積している。この日雇い労働は中央アジア・ロシアに輸出する商品をトラックに載せる作業として非常な重労働であったが，賃金は米ドルで支払われ，また1日で何か月もの生活費，時には一般公務員の1か月の給料に当たるお金をもらうこともあったという。このような仕事は誰もが希望するが，ロシア語が大きな壁となっている。それで，当初ロシア語が全くわからなかったA氏は日雇いを始めた日からわずか数か月間で商人と交渉するためのロシア語を身に付けたという（1年間でロシア語の読み書き能力をも身に付けたという）。大学では生活費を切りつめるなど苦しい生活であったが，それでもA氏は数か月で貯めたお金でポケベルを購入し，さらに数か月後には携帯電話を購入している。彼が携帯電話を購入した1993年の時点では携帯電話はまだ十分普及しておらず，かなりの贅沢品であった。大学生がポケベルを持つのも珍しかったくらいである。

また，辺疆賓館での日雇い労働もかなり競争が厳しく毎日あるわけでもないため，彼は自分の安定的な客を持つことが重要であると次に認識する。そして，そのためにポケベルや携帯電話を購入して，自分の固定客を取ろうとし，実際に持てるようになる。また，この頃には氏の仕事も単純な日雇いからレベルアップし，「通訳」となっている。自分がしていた日雇いの仕事を友人たちに譲り，自分がリーダーになってグループを作り始めたのである。当時彼とクラスメートだったり後輩であったりしたクチャ（庫車）やハミ（哈

密）出身の男性も，現在は自分の企業を持ち，ウルムチ（烏魯木斉）で裕福に暮らしているという。

対口貿易と製造業企業の設立

　A氏はこの事業をしている1993年から2001年までの間に何人かのロシアやカザフスタンなどの商人と信頼関係を作り，彼らが現地にいても新疆自治区に必要な商品を注文し，A氏がその商品の購入・運送・現地配達の責任を持つというシステムを構築するようになっている。この過程で氏は自分の親族・友人，また漢族を含む多くの人々を雇い，氏が必要な時には動いてくれるグループを形成したのである。この間彼は，ロシアや中央アジア諸国を訪問し，視野を拡げ，また資金も蓄積して2002年の時点では彼の資金は180万元（2700万円）となっている。2000年からA氏は，単純な国境貿易において仲介で働くのは不安定であり，またリスクを伴うことを知り，自分の会社を持つことを目指していたのである。

　1997年に大学を卒業した氏は新疆X学院に教師として就職している。新疆X学院で教師をするのは簡単なことではないが，これは氏が学生時代，事業をやりながらも勉学でも非常な努力を行ったことからの再チャレンジであった。しかし，教師の仕事は日々自分の知識を増やし，更新しなくてはならず，8時間普通に働いて済む仕事ではない。したがって，すでに事業活動により深い関心を持っていた彼は教師の仕事を辞めることになった。

　その後，事業発展の次の契機は2002年に来る。それは，氏のロシア人の顧客からある商品の部品が必要だという依頼が来たことに始まる。A氏は早速市場を調べ，どこにその商品の工場があるか調べた。また，得た情報に基づき北京や浙江省に行ったが，その過程で氏はその商品のロシア・中央アジアにおける需要に気づき，その商品生産企業の設立を決心したのである。

　当初氏の目にとまったのは1996年に設立された浙江省N市のT公司であった。当時この企業は国内向け金属製品の部品，電気製品，温水器，扇風機，電器ストーブを生産していたが，国内電器企業間の競争が厳しく，成長は速いものではなかった。それで，氏は2002年に，この企業をベースに5人の投資によってC会社を設立した。株式保有率は元会社の社長のF氏が

25 パーセント，A 氏が 20 パーセント，会社の技術者であるロシア人が 20 パーセント，残り 2 人の漢族がそれぞれ 20 パーセントと 15 パーセントであった。この新しく設立された会社は元の会社の商品を生産し続けるとともに 3 種類の商品を新たに開発し，その部品をも生産した。新しく開発した商品は現在ロシア・中央アジア諸国・ウクライナ・ドイツ・イタリアなどの国に輸出されている。ロシア・中央アジアへは新疆自治区経由で鉄道を利用し，ウクライナ・ドイツ・イタリアへは海路によって運送されているという。先に述べたように本社従業員は 500 人である。会社設立時には，他の株主からウイグル族従業員を雇っては，との意見もあったが，A 氏はウイグル族の従業員を雇う場合，彼らの N 市での生活や言語などの困難を考慮し，漢族を雇うことにしたという。2008 年時点での会社の流動資金は 1 億元となり，現在ロシアでの工場建設や新製品開発などに力を入れているという。

　A 氏はこの会社の販売を担当している。2002 年にはウルムチ（烏魯木斉）市で X 有限公司を設立し，T 公司の代理として中央アジア・ロシアへの販売を担うとともに，以前から従事してきた仲介貿易を行っている。この会社の従業員は現在漢族 2 人を含めて 15 人となっている。現在敷地面積や従業員の拡大中である。自分が総経理となっているウルムチ（烏魯木斉）市での企業の流動資金は 1500 万元であり，2002～2005 年の間は利益があったり損失が出たりであったが，2006 年以降は順調に成長し続けているという。

企業立地選択と直面している問題

　ところで，本社をどこに設置するかという問題で，ウルムチ（烏魯木斉）市にする可能性もあったが，最終的には浙江省 N 市にしている。これは，もし新疆自治区に位置する場合，商品の運送のために鉄道を利用しなければならなくなるが，インタビュー時現在新疆自治区ではウルムチ（烏魯木斉）市からカザフスタンやロシア，ヨーロッパ諸国へ鉄道は 1 線しかなく，5 月から 10 月まではこの線が大変込み合って，運送には長い時間がかかり，また盗難のケースも多いからである。また，新疆自治区における中小企業に対する諸政策は浙江省に比べて遅れており，会社のさらなる発展を考えても，N 市の方が望ましいと考えた。インタビュー時現在，商品の対欧輸出は海

路を利用しており，特に問題がないという。商品の輸出先の諸国では代理店も設置しており，アフターサービスも充実している。輸出先諸国でもシェアを拡大しているという。

　A氏が言ったとおり，インタビュー時，新疆自治区と中央アジアをつなぐ鉄道は烏阿鉄道（ウルムチ（烏魯木斉）―阿拉山口鉄道）しかなかった。この鉄道は全長460キロメートルであり，東端は蘭新（蘭州―新疆）鉄道と連結しており，西端は新疆自治区の阿拉山口国境貿易取引所を経てカザフスタン鉄道に連結し，ヨーロッパとアジアを結ぶユーラシア・ランド・ブリッジにつながっている。中国と中央アジア諸国間の貿易は現在非常に盛んで，この鉄道を通じて輸出される貨物は年間500万トン以上に上り，阿拉山口国境貿易取引所は輸出量が中国最大の国境貿易取引所となっている。そのため，輸送時間が長いことや，盗難事件が頻繁に発生することなどの問題が存在している。これらの問題を解決するために，中国政府は新疆自治区と中央アジアの諸国を結ぶためにカザフスタン鉄道とつなぐ精（精河）伊（伊寧）霍（コルガス）鉄道と，中（中国）吉（キルキズスタン）烏（ウズベキスタン）鉄道を建設し後者は既に完成している。これらの完成で中国と中央アジア間の貿易で新たな進展が見られることが期待されている。

　なお，A氏に現在困っていることは何かと尋ねたところ，売掛金の回収問題と資金不足問題であるとの回答であった。輸出ではかなりの部分は代金後払いとなっており，約束通り払われないケースもよくあるという。A氏は資金不足の件では，事業が拡大すればするほど資金が必要になる。現在いくつかの事業拡大プランを考えているが，資金不足になるかもしれないと述べた。銀行融資が可能かどうか尋ねたところ，もちろん可能であるということであった。

Ⅲ　企業家精神形成の条件は何か

　こうしてふたつの事例を追うことによって，我々はどのような事柄をこの少数民族の企業家生成・発展の条件として抽出することができるのだろ

か。限られた事例でしかないが，調査が困難な状況の下で，この2例をもとにいくつか考えてみたい。そして，そのひとつの基準として採用したいのは，Diankov *et al.* (2006a) が独自の調査に基づいて抽出した中国企業の企業家の特徴である。もちろん今まで中国における企業家の特徴に関して中国国内外でたくさんの研究が行われている。代表的な研究を挙げると，企業家家庭の職業的な背景（家庭の中でビジネスを起こしたあるいは経営経験があった者がいるかどうかなど）が個人の企業を起こす意志に強く影響を与えていることを明らかにした Abhishek *et al.* (2006)；Linda (2007)；Diankov *et al.* (2006b) や社会的ネットワークが企業家形成に重要な意味を持つことを明らかにした Linda (2007)；Diankov *et al.* (2006b) がある。これらの研究も Diankov *et al.* (2006a) と重なる点が多いので，彼のこの研究を参考にしたい。これは実際上「漢族企業家」の特徴を意味するが，それを要約すると次のようになる。すなわち，

① 経験的知識および教育水準においては有意な差が見られない。
② 企業家は活動的で，相対的に裕福であり，危険中立的なギャンブルを受け入れる。
③ 企業家は努力家である。
④ 企業家は動機と貪欲さが強い。
⑤ 親の教育水準はさほど高くないが，親ないし親族，あるいは友人が企業家であるか企業家の経験を持つものが多い。
⑥ ビジネスを起こす制度的な環境を理解している。
⑦ 企業家の中には，意図して企業家になったものと職がないために仕方なく企業家になった者がいるが，後者は非企業家と前者の中間的な特徴を有している。

となる。これらの基準で考えると，我々の2例はどのように考えられるであろうか。

まず，①や⑤の点は漢族との相違を感じる。少数民族にとっては漢語を話すことさえ教育を必要とし，あるいは実際に新疆自治区における現在の少数民族私営企業家の過半数は大卒であると新疆自治区では言われている。ま

た，今回のインタビューにおいてもA氏の家庭環境について聞くと，両親兄妹ともに高学歴で（父親は会計士，母親は薬剤師），両親はA氏を含む子どもたち全員を大学に入れるような教育熱心さを持っていた。これは先のアルマン社創業者の場合も同じである。ただし，⑤の親の教育水準や職業についてはアルマン社について聞くことができなかったため判断できない。また，このA氏の親も「企業家」であったことは⑤に当てはまっているということも確認しておきたい。

また，②については今回の事例で判断できないが，③については同じ印象を持つことができる。先に見たようにA氏は学生時代から学業をやりつつ，同時にお金も稼ぐ努力家であった。先のアルマン社の創業者も同様のことが言える。新疆自治区で生活している少数民族のほとんどはイスラム系民族であり，8割以上が農業と遊牧生活を送っている。彼らは生きていくために「ナン（パン）」と水さえあれば，他は「アラー」がくれると考え，新しいことへの挑戦，生活の改善への努力が不足している。このA氏の場合も「自分が成功したのはアラーと政府のおかげ」と理解しているが，自身の努力が最も重要であったことは確かである。また，Diankov et al. (2006a) の⑥の意味でのビジネス環境に関する洞察力も認められる。「自分の成功は政府のおかげでもある」という発言の背後には鄧小平以降の改革開放政策や西部大開発政策が念頭におかれているからである。

しかし，アルマン社のところでも述べたように，経歴を聞いて最も印象に残るのは何と言っても漢族との接点である。アルマン社創業者に最初に家電製品の販売を誘ったのも漢族なら，このA氏に浙江省での工場設立を誘ったのも当地の元工場の関係者である漢族である。また，そもそも新疆大学横の国境貿易取引所でA氏に刺激を与えたのが中央アジア人やロシア人の商人であったということも重要である。そして，もっと強調すれば，彼らが「大学に行く」ということ自体が少数民族以外の友人を作ることであり，つまり民族間の交流をしているのだと理解したい。これはチベット族企業家について次節と大西（2008a，b，c，2009b）が主張していることでもあり，共通している。なお，氏の出身地のチョチャク（塔城）市は漢族，カザフ族，回族，ウイグル族を主体とする町で，幼い頃から氏は他民族と交流をして育ってい

る。こうした特徴は人口のほとんどが少数民族で占められる南新疆地区ではみられないことである。こうした「多民族性」を持つ北新疆の特徴としても理解しておきたい。

　また，最後に，これは Diankov et al. (2006) の分類に含まれないことながら，A氏が「経営者」としての才能を磨くうえで自分自身で重要だったと考えていることも興味深い。A氏は，小学3年生から大学までの11年間ずっとクラスの班長になったことが自分の経営者としての成長に役立ったと述べている。氏は，班長としていつもどうして皆をうまく動かし，また団結して同じ目的を達成できるかを考え続けるという経験をしている。前述のようにこの学校での交流はそれ自身他民族との交流であったが，その「交流」の中身を知り，なぜ交流が重要であるかを理解するうえで極めて興味深い内容である。

　以上，事例数は少ないものの，それなりに代表性のある2例のウイグル族企業を見，遅ればせながらも活力ある企業家が生成しつつあることがわかった。特に，A氏の場合もアルマン社の場合も商業から製造業に事業を拡張することによってさらに飛躍を勝ち取っているということもまた興味深い。少数民族企業に新たな方向性を指し示してくれている。

　また，新疆自治区に特殊的なことだが，中国と中央アジアやロシアとの辺境貿易の発展が新疆自治区を通過するため，その恩恵を受けているという事情も重要である。ロシア語はともかく，カザフスタンやウズベク，キルギスタンなどは広義のトルコ系民族としてウイグル族は言語的に逆に優位性を持っており，それを活かした貿易業者も数多い。これは競争の厳しい国内市場でなく，比較的競争しやすい外国市場を相手に事業をできるという意味でも有利な条件となっている。

　いずれにせよ，こうして遅ればせながらもウイグル族企業家の生成は加速しつつある。

第2節
チベット族地域における民族企業家

吾買爾江・艾山，大西広

　前節ではウイグル族企業家の生成と発展の事例を見たが，もうひとつの焦点であるチベット族地域（自治区以外を含む）における民族企業および民族企業家の生成と発展はどのようになっているだろうか。この調査を行うために，我々は2008年8月に青海省とチベット自治区を訪問し，また2010年には中国国際交流協会のサポートでチベット自治区企業への公式訪問を行った。本節は，それらの過程で公式，非公式に得られた情報を整理し，その中からいくつかの特徴を析出することを目的としている。

I　地域特性を活かした民族企業の生成と発展

チベット特色産業株式有限公司（西蔵特色産業股份有限公司）

　まず紹介したいのは，チベット族が私営企業家として成長させた「達氏集団」の「チベット特色産業株式有限公司（西蔵特色産業股份有限公司）」であった。これは，ダワチョンジュンというチベット族がもともとは教師で，その後1万元を借りて運輸業を開業し，さらに建築関係や貿易関係の仕事をした後，自治区人民政府，自治区糧食局，香港精裕投資公司らと共同出資して（総投資額が7500万元，現総資産は1.68億元）作った持ち株会社で，集団全体は彼の名前をとって「達氏集団」とも呼ばれている。ラサ市の東郊外に位置している。集団の下には，①「聖鹿緑色有機食品」とのブランドを持つグリーン食品工業企業，②林芝地区の道路建設を請け負う企業，③チョモランマ近くでミネラル水を取って販売する企業，④これらの製品を内地に販売す

る企業がある。②などを見ると国家の強力な後ろ盾を得ているものとも思われるが，それでも以下に見るように社名の如く地域の特色をうまく生かした立派な企業家で，政府の信頼もよく理解できる。自治区政治協商会議の代表にも抜擢されていると言う。

　もう少し事業の内容を紹介すると，2003年7月に登記し，2004年8月から生産を開始したこの持ち株会社は工員が101人で，その内の55パーセントを農牧民の貧困家庭から子女を雇っている。これは当然チベット族である。集団全体としては550人を雇用し，貧困家庭の子女は80パーセントに達するというので，社会貢献を明確に意識した企業経営となっている。もちろん，こうした貧困子女には教育水準の問題がつきものであるが，1〜2か月上海や浙江省などの内地に研修に出し，あるいは内地からトレーナーを招請して研修をしているので問題はなく，部門経理にまで昇進した者もいると言う。なお，現地ヒアリングでは内地での研修で漢族との民族摩擦はないかと尋ねたが，一切ないとの回答であった。また，10人の部門経理の内8人がチベット族となっている。ともかく，550人を雇っている企業集団はチベット族企業として最大であるから，これをもってチベット族企業の代表と理解することができる。本節でこれを最初に紹介するのはこのためである。

　この企業の製品は地域の特色をうまく利用したものとなっている。というのは，地元（特に加査，朗県，芒康，左貢，八宿，米林，林芝等の7県）でとれるクルミや菜種を使って高級食用油の生産をしているからで[1)]，クルミは保存が効くため農家が求めるだけの量を購入して倉庫に保存している。そして，そのクルミは一般市場よりも高い10元／500gで買い上げているというから，買い上げられている50万人の農民の所得向上にも貢献していることとなる。この供給地は毎年拡大している。そして，日本やアメリカ，欧州から有機食品としての認定を受け，たしかにその認定書も見せてもらった。

---

1)　製品を具体的に並べると，「チベット野生クルミ油」，「チベット無量健康食食用油（Tibetan Health & Healing Cooking Oil）」，「クルミ素油（Walnut Oil）」，「チベット油5号セイヨウアブラナ油（Tibetan No. 5 Canola Oil）」，「チベットニンニク油」，「チベットセイヨウアブラナ油（Tibetan Coleseed Oil）」などとなる。これらを合わせると年間2300トンのセイヨウアブラナ，6000トンのクルミを加工し，年間300トンのニンニク油，300トンのサンショウ油，300トンのトウガラシ油を生産していることとなる。

また，この企業の賃金水準も「地域貢献的」であった。初任給は800～1000元程度であるが，経験が重なるに伴って上がり，経歴の長い従業員の平均賃金は2000元程度。これ以外にも社会保険，医療保険等の保険料28パーセントのうちの20パーセントを企業が負担している。かなり高い賃金水準で，かつ労働組合事務所を内部に持つ「活動センター」も充実していて，労働者を大切にする姿勢を理解できた。特に，労働組合の主席は企業のナンバー3として，従業員の賃金の調整や福祉状況の改善で影響力を持っている。彼も我々とのヒアリングに参加し，企業側として企業の説明を自信に満ちてされていたのは印象的であった。

付言すると，この企業集団の③のミネラル・ウォーター企業は世界最高峰のチョモランマの水を使っているということでも「特色産業」である。チベットでは多くの企業がそれぞれ自分でミネラル・ウォーターを作っていたが，その中でも最も市場性のあるものがこの「チョモランマ・ウォーター」であったと思う。

したがって，ここでこの企業（集団）の特徴として押さえておかなければならないのは，「教師」という位置にあった者の突出した企業家精神がこの成功を導いているということと，民族の特色をよく生かしているということである。この後者は前節で見たアルマンとも共通する。漢族に比べて出遅れている少数民族が漢族にキャッチアップするためには，その土地や民族の特質を生かすのが最も近道であり，まさにその仕方でこの企業（集団）も成長しているのである。

多美蔵繡有限公司

　その意味では，「チベット族の特質」としての文化自体を企業活動に転化させることも重要で，そのひとつの成功例が「多美蔵繡有限公司」という青海省西寧市にある刺繡工芸の製造販売企業である。たとえば30cm四方程度の刺繡を小売価格480元くらいで作っている。これは，当初，青海省貴南県蔵繡研発センターという県設立のセンターで働いていたチベット族のタジ氏（総経理）が2005年にセンターから独立して企業として「産業化」したものである。センター＝刺繡協会の設立時には県および漢族の役割が大き

かったものの,これを「産業化」することで,事業は一気に拡大したという。ヒアリングをした2008年夏時点では社員は200人を抱え,その90パーセントはチベット族,そして,必要な時には職人を400〜500人まで確保できる体制にまで来ているという。また,年間売上高は200万元,純利益は40〜50万元程度にまでいたっている。

　こうした「産業化」は簡単に見えても,ひとつの大きな飛躍であると思う。というのは,同様の刺繍センターを持っていても産業化できていない地域も多く（純粋なチベット族地域がそうらしい。またほぼ同様の伝統文化を持つ土族も産業化できていない），また,独立のためにはほとんど2人で150万元を調達しなければならず,かつ独立に反対する漢族との闘いも必要であったからということである。商売はブランドを作るのが大事で,そのためにさまざまに手を打っているということも企業家マインドをちゃんと持っていることを示している。

　となると,どのような条件が彼をして立派な企業家に育てたのか,ということに興味が惹かれるが,タジ総経理自身の考えでは,以前彼自身が民間舞踊のチームとともに北京など多くの内地を回り,そこで内地の活発な経済に触れたことが重要という。彼自身は学校を出ていないが,今後チベット族が企業家として育っていくためには学校教育は非常に大事という。それがないと文化で企業活動をするという感覚が育たないとも述べられた。参考になる。

チベット・サパン商貿有限公司

　チベット族による民間的な企業形成として比較的典型的なものを2008年8月にラサでもう1社訪問している。それは,「チベット・サパン商貿有限公司」という貿易会社であるが,チベット語,英語,ネパール語,漢語の間の翻訳事業といった関連事業もしており,かつまたネパールへの輸出品の中にはタンカ（チベットの仏画の掛け軸）もあって,その意味でチベット族が独自に持つ「チベット文化（言語を含む）」をうまく活用しているという意味で前記の企業と共通している。

　この企業の董事長も総経理もチベット人で,2000年に起業。当初は何十万元〜百万元程度の資金で小さい商売から始めたというが,貿易相手国で

あるネパールとのコネを作ったのはラサにいるネパール人との接触からという。ネパールは低所得国なので安いものしか売れないが、それでも中国の内地で生産される洋服や電気製品はネパールでの競争力を持つから売れる。それを中国内地の企業から調達するうえでのハンデはないという。

しかし、企業家としての彼らは今後はネパールではなくチベット自身も見逃せないと述べていた。というのは、チベットはネパールより平均所得も高く、かつ特にこの間、中央政府が力を入れて第四次工作計画を実行中であるからという。インフラ整備によって牽引されている産業、農牧業支援の産業、寺院の修理やチベット語の振興などの文化産業が見逃せないと述べていた。企業家として企業家らしく状況を理解していると感じたが、こうした彼らが育った環境もまたネパール人（や漢族）との交流・接触であると思われる。彼ら自身、漢族との接点の多い青海省のチベット族の方が商売がうまく、チベット族は全体としてまだまだだと述べていた。この状況認識も参考になる。

II　チベット医学・薬学企業の成長

久美蔵薬薬業

しかし、もっと特殊に「チベット文化」を企業としているのはチベット医学（蔵医）の処方箋チベット薬（蔵薬）を直接に製造販売をするものだろう。刺繍や食用油は他文化にもあるが、（広義には漢方薬の一種とされることもあるが）チベット医学は独自の長い歴史を持ち、かなり特殊でもあるからである。我々も青海省とチベット自治区で「チベット族企業」の紹介を依頼するとやはりこの種の企業を訪問することとなった。具体的には青海省西寧市の2社とラサの1工場である。したがって、この2社1工場をここでも紹介したいが、その最初のものは最も「伝統的」な形で経営している西寧市ハイテク開発区の久美蔵薬薬業という薬の研究開発・製造企業である。

この久美蔵薬が最も伝統的なスタイルであると言えるのは、総経理が僧侶でもあり通常は僧服を着ているからである。本社外観こそ普通の建物であるが、本来は仏教寺院で伝えられてきたチベット医学の伝統に忠実にあろうと

していることも印象的であった。実際，漢族が製造するチベット薬のレベルが低く評判が落ちるのを見過ごせずに企業化したとか，「医学」ではなく「医徳」であるとか，この技術は学校では伝承できないので，そのための独自の施設として作ったとかの説明は，そうした強い「伝統」志向を表現している。したがって，「工場」もまたまったく伝統的な方法で薬を作っている。

　総経理によるとチベット医学の医者には理論と技術と薬の選択の知識および自分で薬を作れる技能が求められるが，5～6年ほどしか期間のない大学など教育機関ではせいぜいこの内の二つくらいしか学べないと述べられていた。たとえば，患者を見てどの薬が合うかを見定めるのには相当の訓練を要するとのことであった。こうして，氏の説明ではチベット医学はまだ現代科学では説明できていないが，やはり自然科学であり，きちんと本にもなっているものである。そのため，寺院にある本を持ってきてそのまま薬を作ればよいわけで，近代的な「科学」を加えると余計にうまく合わなくなるとも述べられていた。国家級の14種，国際基準の150種，チベット基準の160種の薬を製造し，そのための研究所に研究員を10名，工場に工員を80人擁していた。もちろん，この99パーセントはチベット族である。

　しかし，この製薬企業の特徴は，一般の市販はせず，したがって，そのための宣伝もせず，口コミによって評判を広めて，この薬を使う「チベット医院」をチェーン形式で全チベット族地域に広めていることである。ヒアリングをした2008年8月時点ですでに108の医院がチェーンに加盟し，北京にも計画中という。それらの医院では300人余りが働いているとのことである。ともかく，新たに自分で病院を作るのではなく，チェーン形式で供給先を広めるこの方法は他のチベット薬業企業と異なるので興味深い。総経理がこの方式を「マクドナルド式」と説明したという意味では「伝統」と「近代」が同居しているのも興味深いが，もちろんこの後者の「近代」が薬の製造法や使用法に悪影響を及ぼすものではないから，こうしたチェーン形式をとること自体に問題はない。というより，これは「伝統」を企業化するという際に重要となるポイントを示唆しているともいえる。総経理も，チベットでは学者などは十分だが，経済学や経営学が不足していると述べたが，ここで「学者は十分」とされた理由はチベット医学の知識は十分ということであろう。

第6章　少数民族企業家の生成

そして，この企業の成功もその「伝統」を企業的に生かす「マクドナルド式」のチェーン形式をとったところにあるように思われる。総経理は「資金の調達がネック」とも言われていたが，ともかくこの点も含めて「経営」の観点を持つ企業家が求められていることは確認できそうである。

アルラ

　実はこの久美蔵薬のすぐ横にはアルラという国有のチベット薬製造企業があり，同じ製薬企業とはいえ，極めて対照的な経営の方式をとっている。国有と私営との違いもあるが，それ以上に製造過程も含めて近代化する，との基本方針を採るアルラとそれを拒否する久美蔵薬という理解が正しいものと思われる。

　これには，先の久美蔵薬が寺院の僧侶が始めたという特徴を持つのに対し，「アルラ」は20人規模の小さな国立病院の院長がその医薬研究部門の拡大をして作り上げたという経過の違いが大きいかも知れない。外見も内部も極めて近代的な研究所・工場を持ち，その評判を基礎に病院や販売店，直販店への納入を増やしているということだから，「お店」での販売もあるという点で先の久美蔵薬とは異なる。いわば，通常の製薬企業である。

　したがって，販売網の拡大には熱心で，上海には300人の販売員がいるという。あまり広告をしすぎると逆効果ということで広告をしていないのは久美蔵薬と同じであるが，こうした拡販の努力は一生懸命である。売り上げに応じて彼ら販売員の賃金にも差をつけているという「経営」上の工夫もしている。総じて「経営」面での近代的努力が各方面でなされている。実はこれもある種の「宣伝」と思われるが，アルラは巨大な博物館も持っていて，それにはギネスブックに載るような世界最長の綺麗なタンカが掲げられている。この部門は切り離して株式化する可能性もあると言われたが，より効果的な方法で，つまり信頼を高めて名を売るという方法での「宣伝」には他社以上に力を入れているものと理解したい。

　なお，従業員の平均賃金は1600元で出来高払い。誕生日に休みをとらせたりして心をつかんでいるという。また，従業員のチベット族は51パーセントと半分を保っているが，この比率は産業化によって低下しているという。

「経営」に力点を置くと，それに長じた漢族が相対的に頭角を発揮する。チベット族企業家層の相対的な少なさがここにも反映している。工場長もチベット族ではあるとは言え，孫さんという漢族名を持つ（つまり父親が漢族の）チベット語の話せないチベット族であった。

しかし，このアルラは，まだまだ「経営」上の改革を繰り返しそうである。今売れ筋になっているのは子ども用の薬や神経痛・肩こり用の薬，それに万病用の「70丸××」というものなどと戦略的な作戦をとり，薬以外にもお香を作って，聞き取りの前年（07年）には200万元の売り上げを得た，ミネラルウォーターや保健食品も計画していると述べられた。チベット薬というきわめて伝統的な製品をつくりながらも，「経営」上の努力が企業の民族比率を変え，また逆にチベット族もそれに努力しつつある様子が窺える。

チベット自治区蔵薬工場（西蔵自治区蔵薬廠）

なお，我々は2010年8月のラサでの調査でラサにおける最大のチベット薬工場も調査することができたので，比較のために紹介したい。これは1969年に設立されたチベット自治区蔵薬工場である。ラサにある国立のチベット医学病院の一部局として存在するものであるために，従業員は公務員で工場長も自治区衛生局が任命する形となっている。このため，博物館風に製品やチベット医学書などが飾られた綺麗な部屋があっても，製品の80パーセントは設置者の病院に製品を提供しており，外部への販売はたまに来る観光客などに限られている。このようなことで，企業的な運営を強く感じることはなかった。逆に言うと，アルラのような「経営」重視の運営をもっと学ぶべきと感じた。

しかし，工場の規模は大きい。従業員総数は三百数十人で大部分がチベット族で，最低賃金は850元。福祉等を加えると毎月平均2000元程度でアルラと同程度であろうか。また，二十数名の部門経理のうちの99パーセントはチベット族ということであった。

製造しているチベット薬は350種類余りあるが，内12種類が「国家中薬保護品」と指定され，年間の総生産量は100トン，生産額は1.4億元ということであった。

Ⅲ　ホテル業界における民族企業と漢族企業

　こうして，チベット族企業はチベットの特色や文化を活用したものが基本となっている。しかし，チベットの最大産業が観光業であることは間違いない。この特徴は2006年夏の青蔵鉄道の開通によってより強まり，したがって，観光業関連の企業がどのように発展しているかが重要である。そして，そのために我々は漢族経営とチベット族経営の最大規模のホテルを調査した。その規模の違いが目立つが，両者がともに「チベット文化」を売り物にしていること，また漢族ホテルでも内部にチベット族幹部が育っていることを知れて興味深い。

ヤルツァンボ大酒店（雅魯蔵布大酒店）
　まずは漢族経営の方のヤルツァンボ大酒店（ブラマプトラグランドホテル）であり，これはチベットにある八つの四つ星ホテルの一つである。インターネット上ではこのホテルは五つ星，また四つ星ホテルがチベットに24もあると書かれているが，われわれが面会したホテル副総経理の候磊氏（父親が漢族で内地出身のチベット族）によると現在はまだ四つ星が八つ，五つ星ホテルがゼロで，ようやく来年に幾つかのホテルが五つ星に昇格するということである。しかし，いずれにせよこのヤルツァンボ大酒店は他のホテルに比べて別格で，現在のラサでは最高級ホテルであると明言することができる。というのは，漢族董事長の張暁宏氏のアイデアによりデザインされた世界初の博物館式のホテルだからである。つまり，ここでは「チベット文化」がアピールをされている。五つ星ホテルに常備のプールこそなかったものの，高山病対策のクリニックが24時間体制で稼働しており，旅行社が安心して観光客を宿泊させられる対策がなされていることが何よりも重要である。もちろん，室内のインターネット接続も可能であった。
　総経理の張氏は以前四川省を中心にスーパーマーケット業を営んでいたが，84年にチベットに進出（北京東路に面した大きなスーパーで08年の暴動時に集中的な焼き討ちに遭う）し，その後，青蔵鉄道開通による観光需要の急拡

大を予測してホテル業への進出を決意したという。当時は四つ星ホテルがチベットにはまだなかったので，初の四つ星ホテルを目指したという。そして，丁度その頃に北京市朝陽区がホテルの建物を作って経営者を探していたので，張氏はそれを買い取ってこのホテルを始めている。また，上述のように「博物館式ホテル」とするために氏はチベット各地の民間の民族工芸品を集め，それを2階の特別室や1階ロビー，それに廊下などに綺麗に並べて宿泊客に販売することから事業を始めている。何と開店した初年でさえ，この展示品販売で80万元の売り上げを実現し，我々の調査団もかなり高額な骨董品を2点購入した。空になったショーケースもいくつも見られ，販売が続いている様子も見受けられた。ともかく，これが本ホテルの特徴となっている。また，客室は185室もっている。

しかし，ラサでのこの最高級ホテルに対する我々の関心は従業員の労働条件である。というのは，このホテルは2008年にNHKスペシャルが報道した際には，チベット族演芸員の働きが悪いと減給・解雇が言い渡され，それが基で一種の労使紛争があったことになっているからである。このことはヒアリングの際に副総経理に確かめたが，「そんな報道もあったが，労使関係に問題はない」とのことであった。経営側の言うことなので，そのまま信じることはできないが，平均賃金は1500元，高い場合は1800～2000元で，ベッドメイカーでも1000元程度で毎年上っているというから一般的な労働条件は悪くない。また，その上に，宿舎と3食と休暇が保障されているというから，私の印象でも労使の対立は感じなかった。

なお，ホテルの従業員は148名で，うち漢族が30パーセントを，チベット族が70パーセントを占めており，10人いる部門経理のうちの2人はチベット族となっていた。私たちが関わったホテル芸術館の部門経理は2人ともチベット族であり，高額取引きの価格決定などかなりの決定権を持っていた。副総経理も漢語名を持っていたが，母親がチベット族で戸籍をチベット族としていたので，やはり漢族との交流のあるチベット族が主に企業家への上昇を担っているように思われる。また，ホテルで働いている漢族はほとんどが四川省からきたものでホテルの受付，接客，診断所，ホテルショップなどの部門で働き，チベット族はベッドメイクやレストランのウェイトレス等，微

妙に単純な労働を担っていたように思われる。

シャンバラホテル（香巴拉酒店）

　他方のチベット族経営のホテルは三つ星級のシャンバラホテルである。このホテルは立地条件がよく，大昭寺には 50 メートル，北京東路には 100 メートルの距離にあり，一部の客室の窓からはポタラ宮も見えるが，ホテルの設備は古く，ヤルツァンボとの差は歴然としている。というのは，まずは高山病対策がなされておらず，ヤルツァンボでは各部屋にあった酸素もおかれていない。室内でインターネットの接続ができない，一部の部屋ではトイレに虫がいる，ということがあった。ホテルに聞くと，夏でさえ酸素が平地の 65 パーセントしかないものが，冬には 45 パーセントまでさらに少なくなり，観光客はほぼいなくなる。そのためホテルの稼働率が悪く，修理コストが払えないということであった。

　しかし，それでもこのホテルはチベット族経営のホテルとしては最高級のホテルであり，企業家精神のたまものである。特に，このホテルはヤルツァンボホテルとともに「チベット文化」をテーマとしたホテルとして知られており，チベットの特質をうまくつかんだものとしてはたしかに評価できる。実は，このホテルは甘粛省甘南チベット族自治州合作市や蘭州市のホテルと合わせてひとつのグループを形成しており，それらすべてが「チベット文化主題ホテル」として売り出されている。意図的な戦略で「チベット文化」を前面に出していることは評価されなければならない。

　ただ，そうであるからこそ残念なのは，この総経理がチベット自治区ではなく甘粛省甘南自治州の出身であることであり，副総経理は漢族であった。したがって，ここでもチベット族の企業家は漢族など他民族との交流の中で生成しているものと理解することができよう。また，従業員は 60 人で，90 パーセントはチベット族，そしてその平均賃金は 1000 元前後ということであった。なお，ここではネパール人が当初から雇われているが，それは彼らの英語能力が買われているからである。漢語はできなくとも英語とチベット語ができればこのホテルで雇われるというのが，チベット族経営者がいる特徴といえよう。チベット族がそうありたいとも思うが，である。

ヤクの肉や乳で作ったお菓子などを内地からの観光客に売りまくるラサ郊外開発区の漢族商店「聖奇集団」。こうした目ざとい商売で漢族は大儲けをしている。

「チベット文化」でも儲ける漢族企業

　本項は漢族経営とチベット族経営のふたつのホテルを比較するためのものであるが，やや似た業種としてレストランや土産物屋もあり，そこでも似た特徴，つまり漢族経営がより優れていることをいくつか経験した。たとえば，ヤルツァンボホテルでも，そもそも漢族が「チベット文化」で優位に立つことの方がおかしい。漢族の「チベット料理屋」こそラサでは見なかったが，実は西寧市郊外のタール寺院前には，本当のチベット族の食堂は観光客の集まらないところにこっそりかつ大衆食堂風にあったが，一番目立つところにあった観光客用のレストランは漢族経営のものであった。

　また，ラサとギャンツェの中間時点で丁度観光客が昼食をとる村の食堂も，2008年から2010年の2度の通過の間に増えたのは漢族食堂であった。チベット族のものも村に分け入ればあるが，店のつくりも観光客向けではなく，儲

らないことを彼ら自身が「チベット料理は中華料理よりそもそも美味しくないから」と正当化してしまっていた。チベット料理が中華料理ほどに洗練されなかったことは事実と思うが，観光客はチベットを堪能しに来ている。そこを工夫しないでどうするのか，と正直思った。本当のところ，チベット料理もかなりのバラエティーがあり，特別なレストランでは相当美味しいものを作れているのをラサで知ったので，余計にそう思った次第である。

　そう考えると同時に紹介しておきたいのは，ラサ経済技術開発区にある漢族経営の「聖奇集団」というチベット特産食品企業である。ヤクの肉やその乳でつくった干し肉や美味しい菓子をここで作り，その工場横に観光バスがどんどん停って大勢の観光客が土産用に買って帰る。販売コストほぼゼロのこの商売に我々は驚いたが，その「売り物」もチベット文化に関わっている。チベット文化でも漢族の方が企業化で先を行っているのは残念な次第である。

IV　漢族企業内における民族企業家の生成

チベット・ラサビール有限責任公司（西蔵拉薩啤酒有限公司）

　こうしてチベット族経営企業とその比較対象企業を見てきたが，上記に見たようにチベット族企業家が漢族などとの接触の中で育っているとすれば，漢族企業や外資企業の中でチベット族がどのような地位を占めつつあるかを見ることも重要である。上記でも，ヤルツァンポホテルやチベット自治区蔵薬工場はその例であるが，さらにふたつのビール会社も紹介したい。それは，チベット・ラサビールとチベット・ハダカ麦ビールである。この後者は前者の設立した子会社であるが，ともにチベット族が経営幹部の半数弱を占めており，またその設立の経過も興味深いので紹介したい。

　それで，まずは「チベット・ラサビール（西蔵拉薩啤酒有限公司）」である。旧市街にあるこの工場は設備も古く衛生管理に不安を感じたが，後に見る「チベット・ハダカ麦ビール（西蔵青稞啤酒有限公司）」と統一管理，統一戦略，統一販売ルートを用いた企業である。「チベット・ハダカ麦ビール」はハダ

カ麦で作ったビールを，この「チベット・ラサビール」は普通のビールを作り，それぞれに供給している。

　この「チベット・ラサビール」は「チベット・ハダカ麦ビール」の設立者であるから当然より古い企業であるが，生産開始が2004年という意味ではまだまだ新しい企業である。チベット銀河科技発展株式有限公司が50パーセント，デンマークのカールスバーグ国際有限公司が33パーセント，またデンマーク発展途上国工業基金会が17パーセントを投資して設立された中外合資企業であるが，さらに遡れば，チベット銀河科技発展株式有限公司はもともと内地でビール製造と娯楽施設営業を行っていた銀河科技発展株式有限公司がこちらの国有企業とともに1988年に設立したもので，1989年に生産を開始した当初はチベット唯一のビール生産工場であった。それが，2003年（？）にデンマーク中国友好協会の視察を機会にカールスバーグ社との合弁の話が出て，2004年8月に「チベット・ラサビール」となったものである。カールスバーグ社の技術を使って年間生産能力は15万トンに達している。

　したがって，経営層の中にはカールスバーグ社からも2名が入っているが，「銀河」の側も入るので総経理は漢族であり，チベット族は高級幹部7人のうちの3人となっている。この比率はそれなりに高いと言えるのではないだろうか。また，チベット族は中級幹部20人の中の60パーセント，全従業員420人の中の80パーセントを占めているという。なお，当日渡された2005～6年頃発行の企業紹介リーフレットでは従業員が247人，そのうちの70パーセントがチベット族と書かれていたので，企業は急速に発展しており，その中でチベット族従業員の比率が上がっている可能性がある。青蔵鉄道開通後の観光客の急増とチベット経済の加速的な発展と軌を一にしているものと思われる。

チベットハダカ麦ビール有限公司（西蔵青稞啤酒有限公司）

　他方の「チベット・ハダカ麦ビール」は上述のようにハダカ麦を原材料としてビールを造るために新たに「チベット・ラサビール」が設立した会社である。ハダカ麦はチベットの農業地帯を代表する主要農産物として大量生産ができ，ミネラル・ウォーターの質も高いということで，こうした農業資源

と自然資源をうまく利用し，かつ現地の農業にも貢献することを目標として国の手厚いサポートも得ている。具体的には，チベット経済技術開発区に立地しているということと，農産物加工で地元農民に貢献していることで企業営業税，増値税，所得税を3年間免除されていて，その上，この企業の設立自体に30パーセントの資金提供（つまり30パーセントの国有企業）をしている。残りの70パーセントの資金は「チベット・ラサ・ビール」から提供されている。

製品の「ハダカ麦ビール」は一般の大麦ビールとは味が異なっているので，まだまだ市場は開拓中であるが，チベットに来た観光客などを相手にバーやレストランを相手に売込み中である。この意味では，この企業も観光客相手の新しいビジネス・チャンスを活用していることとなる。また，このビールはチベット自治区内だけではなく，成都，広州，上海等の内地の都市に生産量の20パーセントが出荷されていて，それには青蔵鉄道が使われているという。青蔵鉄道という新しい条件もが活用されていることにも注目しておきたい。

また，経営層については，総経理と董事長は漢族であるが，副総経理が6名おり，内3名はチベット族ということであった。我々とのヒアリングに当たった董事もまたチベット族であった。また，従業員は120人で，内80パーセント以上がチベット族であった。

漢族との協力の好例としてのチベット隆鑫科技開発有限公司

「非チベット族企業」におけるチベット族の活躍について最後に紹介するものは，もともとは「企業」ではなかったものである。ラサ市の西郊外にある「チベット自治区農牧科学院」の一部が2004年9月にチベット隆鑫科技開発有限公司として独立採算企業となったもので，その高い技術を用いて，主にスイカ，ナス，トマト，白菜，キュウリ，かぼちゃ，ミニトマト，瓜，セリ，大根，へちま，瓢箪，イチゴなどの野菜や果物，それに花や野生薬，高原動物等の新種開発，育成・栽培，生産などを行うようになっているものである。400ヘクタールの実験耕地面積を持ち，新種を栽培し，収穫は販売もしているが，より重要な活動は，現代的な施設の使用方法，新種の栽培方

法，ワクチンの繁殖方法，食用菌の生産方法無公害野菜の栽培方法をチベット農民たちに無料で技術指導することにある。

チベット農業はハダカ麦を主要作物とする長い歴史を有するが，そのため野菜や果物は長らく食べられなかった。しかし，食べ物の現代化は野菜や果物の栽培を必要とするようになり，それをチベットという高山地域で行うための新技術の開発や技術指導が必要となる。そして，それがまさに農民の収入アップの近道でもある。こうして収入アップした農家を「企業」と呼べるかどうかは別として，多数の農民の経営近代化に最も貢献している機関と言って間違いない。

毎年300万元の国家資金を使って行われている長・短期の研修では食費も宿舎代も交通費も政府持ちで，一部の農民はここで一年間働いている。また，こちらから現地に指導に回るという形の技術指導もされていて，それにはチベット語のできる6名の指導員（多分チベット族）に加えてチベット語のできない9名の漢族指導員もいるが，漢族指導員もまた可能な限りチベット語をできるように努力しているという。指導範囲はラサ堆龍徳慶県，達孜県，昌都地区など11県，山南地区加査県および阿里地区にまでいたっている。そして，この指導の効果は防虫など極めてはっきりと表れているという。長短期のここでの研修では毎年1500人を受け入れているが，それとともにすでに400人近い農民や村落幹部を育成しているという。

なお，こうした事業を担う科学技術人員の70パーセント，企業幹部の60パーセントがチベット族で，従業員全体としては95パーセントということであった。また，ここで我々を案内してくださったのは，ニマタシさんというチベット族の自治区農牧科学院副院長であった。「西蔵班」というチベット族優遇のシステムで内地の大学を卒業した非常に有名な学者で，ここでの研究をリードされているという。チベット族も指導的な役割を果たしながら，機関（企業）としては漢族との協力のなかで農業近代化を推進しているのだから，積極的な経験という以外にない。

＊　　　＊　　　＊

こうして全体を振返ってみると，漢族に遅れをとるチベット族も企業家と

して成長の過程にあることがわかる。以上で紹介したチベット族の最大企業集団の従業員総数が550人ということであるから，前節で見たウイグル族最大企業集団アルマン（2000人）の4分の1程度であり，これがウイグル族と比べたチベット族の企業家成長の現状と思われるが，それでも観光業を中心に新たに広がるビジネス・チャンスに遅ればせながらの対応を行っていると評価できる。

　また，彼らの特徴として重要なのは，自身が漢族との混血である場合も含め，漢族やネパール人その他の外国人との接触が彼らをして事業化を考えるきっかけとなっていることである。そして，その意味では，先に触れた「西蔵班」などの内地大学への派遣システムは大きな意味を持っている。本節中で紹介できなかったチベット族にも，成長途上の若い企業家や行政幹部に多く会ったが，彼らもまた同じ特徴を有していた。たとえば，

　　　ラサ開発区弁公室副主任　　旺林氏
　　　　　父親が漢族，北京大学西蔵班，卒業後東大研究生
　　　ヤルツァンボ大酒店通訳　　トウジェ氏
　　　　　チベット大学卒業後，ネパールで日本語を独学
　　　自治区外事処　　タンツェ氏
　　　　　上海，天津，南京の大学を経て自治区外事処勤務に

である。したがって，前節で見たウイグル族企業家の成長の特徴と同じものがチベット族でも確認されたとまとめておきたい。

第7章

少数民族の政治的地位と教育言語問題

扉写真

観光客に売るタンカを描くチベット絵師

チベット・ラサ大招寺前広場横のタンカ（仏画）店で絵描きをしているチベット男性。チベット男性は商売はしないが，こういう仕事はする。観光客にはよく売れる。

第2部では，これまで，中国各地における少数民族企業家の実情について考察してきたが，企業家形成と同時に問題となるのは，行政幹部や学校教師を含む全体としての指導的人材の形成である。そのため，本章ではまず甘粛省甘南チベット族自治州夏河県における指導層の民族分布を調べる。他地区より詳しい分析を可能とする資料が複数入手できたからである。ここでは，民族幹部配置のありうる政治的要因についても言及する。
　また，この企業家形成は教育の普及の問題と深く関わっているので，本章では特に新疆ウイグル自治区における民族間の教育格差についても分析する。ただし，ここでの「格差」はどのような言語で教育を行うかという問題と不可分であり，それがひとつの「民族問題」を構成しているので，そうした問題を特に集中して扱う。ここでの事例は高等教育機関，特に新疆自治区トップの新疆大学とする。

第1節

甘南チベット族自治州夏河県指導層の民族バランス

大西　広

　甘粛省南部の「甘南チベット族自治州」には「小チベット」と言われる夏河県があり，この地は「世界最大のチベット仏教寺院」と言われるラブラン寺を有している。「寺院」といっても正確には僧侶たちの修行・学習の場として「僧院」と呼ぶべきこの「寺院」には今もなお数百人が属し，2008年4月には僧侶たちによる反政府的な抗議デモが発生している。そして，このため，少なくとも2009年夏季には公共交通機関による外国人の入境と宿泊は禁止されており，筆者は2009年8月に単身隣接する臨夏回族自治州からタクシーを使って入境した。2008年のラサ暴動を見るとチベット自治区で

の緊張が最もはげしいと誤解されがちであるが，漢族の進出，経済の自由化といった摩擦・紛争要因は実はチベット自治区よりここ甘粛省や四川省のチベット族地区の方が揃っている。そして，それがたとえば，2011年から2012年にかけて多くの僧侶の焼身自殺となっているのである。

　しかし，ここで紹介したいのは，当地の政治・行政・科学技術人員の中に占める民族比率である。当地で入手できた資料である『夏河県志』（1999年，甘粛文化出版社）で1990年に至るそうした人員中の民族比率が割り出せ，そこからいくつか重要な示唆が読み取れるからである。少し古い資料であるが，上記のような状況の地のレポートとしてお読みいただきたい。

県正副書記・県長および「県級幹部」の構成について

　それでまず「県級幹部」と称せられる各種指導層の民族比率を第7-1-1表で見てみたい。これはすべての年度をカバーしているわけではないが，全体状況を把握するのに適している。その結果，次のことがわかる。すなわち，

① 他の民族自治地区と同様，「少数民族が主体」との実態が実現できておらず，漢族幹部の数が上回っていること。

② しかし，1978年以降はその比率が改善されている（少数民族の比率が増えている）こと。また，特に1980年代後半以降は政府規模の縮小という流れの中で漢族幹部が減少するという形で民族比率が改善されていること。

③ 1978年以前にも，大きく言って幹部総数の増大期には少数民族比率が減少し，その減少期には比率が改善していること。特に文革初期に少数民族幹部数がこの形で漢族幹部数に近づいていることが興味深い。この意味で当初の文革の目標は「小さな政府」にあったとも言える。また，その後1970年代に入って少数民族比率は再び悪化するが，これは当初の文革の目標追求が弱められたためとも言える。王柯著『東トルキスタン共和国研究』（東大出版会，1995年）によると，毛沢東は1956年に「関於蔵区工作与中央負責同志的談話」において民族自治地域の共産党書記

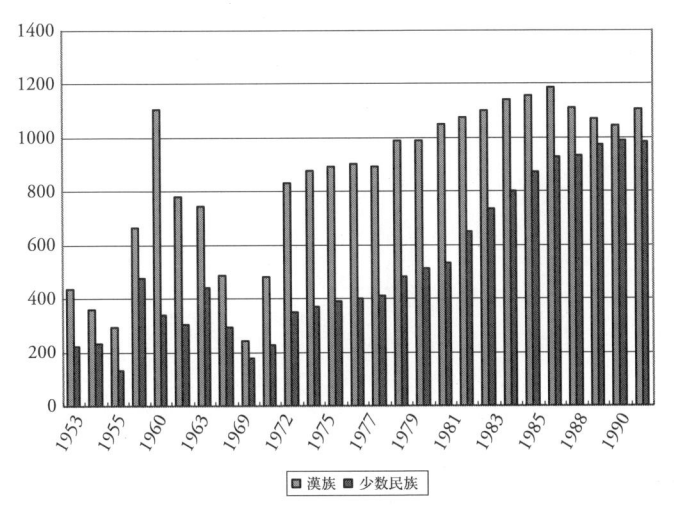

第7章　少数民族の政治的地位と教育言語問題

第7-1-1表　夏河県行政幹部民族比率の推移（単位人）
データ出所）『夏河県志』（1999年，甘粛文化出版社）

は少数民族によって担われなければならないと述べている。このように「大漢族主義」を抑えようとした毛沢東の考え方を示唆した結果かも知れない。

ただし，こうした「幹部」にも色々な階層があり，やはり最も重要なのは県の正副書記および正副県長である。そのため，1990年に到る歴任の県の正副書記および正副県長の在任期間から各年1月における民族比率を整理したものが第7-1-2表である。ただし，『夏河県志』の歴任データは就任，離任の時期が月単位でしか記されておらず，「1月」と記されているものはすべてここでは「1月1日」からのものと仮定して計算しているので，一部に重複の可能性がある（たとえば1月14日に前任者が離任し，翌15日に新任が就任した場合，2名ともが「1月在任」として計算されている）。その点，注意されたい。

そのうえで第7-1-2表を見ると，ここでも

① 最も実権を持つとされる書記がほぼ漢族に占められているだけではなく，書記・県長ともに漢族の時期も相当長くあったこと

第 7-1-2 表 夏河県正副書記・県長の民族分布の推移

データ出所)『夏河県志』(1999 年,甘粛文化出版社)

凡例　漢族　チベット族　回族

② しかし，そのうえで，民族比率の変動傾向は第7-1-1表とやはりよく似ている。書記・県長がともに漢族となった1959年以降は文革での「政府規模縮小」に到る過程で特に少数民族比率が悪化しているが，1968年には3人のチベット族副書記・副県長が何らかの理由で解任されたのか，副県長のいない書記・県長・副書記の計3人がともに漢族となっている。その後は1975年頃から（回族を含めて）少数民族比率の改善が始まっていること

が確認できる。

ただし，『夏河県志』に掲載されている「県出身行政幹部」の表（pp. 1068-71）によると，そこに掲載された計86名中80名までがチベット族に占められており，人口比で6割にすぎないチベット族は「幹部」に抜擢されやすい状況にあることがわかる。また，その内，45名は甘南自治州の幹部として，2名は青海省の自治州の幹部として，4名は省レベルの幹部として抜擢され，中にはラサ市科学委員会書記を務める者もいる。なお，この80名中75名までが中国共産党員，2名が「活仏」となっている。

なお，これら「行政幹部」とは独立に，1980年以来直接選挙となっている人民代表大会代表の民族比率も「政治」分野の民族比率として重要であるが，それは次の第7-1-3表のようになっている。見られるように，この代表比率はほぼ人口比に見合っている。党独裁かどうかは別にすると，この点に関する限りは「民族差別」となってはいない[1), 2)]。

1) ちなみに，参考までにラサ市の1992年，1997年および2002年の政治協商会議常務委員会の民族比率は，以下の通りである。1994年，1997年，2002年におけるチベット族の民族比率は，それぞれ87パーセント，90パーセントおよび89パーセントであるから，ここでもそう民族比率と異なっているわけではない。格・朱・雷（2008）188および339ページより。

年	チベット族	漢族
1992年	29	6
1997年	36	9
2002年	39	6

2) さらにもうひとつ，隣接の青海省瑪沁県の人民代表大会代表の民族比率の推移も，基本的には改善の方向にある。郝・任（2006）42-45ページより。ちなみに，2003年における少数民族の人口比は同37ページでは85.6パーセントとなっている。なお，ここでの少数民族の98パーセン

第 7-1-3 表　夏河県人民代表大会の民族比率（単位パーセント）

	チベット族	漢族	回族他
9 次人代（1980 年）	61	28	11
10 次人代（1983 年）	66	26	8
11 次人代（1986 年）	61	31	8
12 次人代（1989 年）	60	29	11
1990 年人口比率	62	27	11

データ出所）『夏河県志』（1999 年，甘粛文化出版社）

科学技術人員（中級職）と学校教員の構成について

　しかし，他方で科学技術分野，教育分野でのチベット族の進出は圧倒的に遅れている。まず，この『夏河県志』（pp. 1071-80）に掲載されている人物リストから，この地で活動する「科学技術人員（中級職）」の民族比率を整理すると第 7-1-4 表のようになる。民族歌舞団の団員やチベット医学関係者がチベット族で占められるのは当然であるが，畜牧師や獣医師でも少数派となっているのは情けない。こうした状況を知ると政治・行政分野が特別に差別されているのではなく，全般的な知識人不足・幹部不足がチベット族にあると言わざるを得ない。筆者がタクシーをとった隣接する臨夏回族自治州は漢族地域にまったくひけをとらない発展をしている。回族とチベット族の違いがここにある。

　なお，この「科学技術人員（中級職）」の中で小中学校教師の数が多く，比較的均質な対象と考えられるため，その学歴を民族別に分類したのが次の第 7-1-5，6 表である。全般に学歴の低さが気になるが，民族間で特に有意な学歴差はないように思われる。もちろん，このことは同時に外地から入って

ト以上はチベット族である。

選出年	少数民族	漢族
1960 年	38	47
1977 年	89	17
1984 年	55	14
1985 年	61	15
1990 年	60	15
1993 年	68	8
2003 年	85	12

第 7 章　少数民族の政治的地位と教育言語問題

第 7-1-4 表　夏河県で活動する科学技術人員（中級職）の民族分布（単位人）

	漢族	チベット族	他
県弁公室	1	1	0
県ラブラン民族歌舞団（演員・演奏員）	0	3	0
県畜牧獣医工作所（畜牧師）	6	4	0
県畜牧獣医工作所（獣医師）	6	4	0
県生物製剤廠	4	0	0
県政府（畜牧師）	1	0	0
県政府（獣医師）	1	0	0
県畜牧局（獣医師）	1	0	0
県草原工作所（獣医師，畜牧師）	4	2	0
県機械化飼料所（農機師）	1	0	0
県人民医院（医師・薬剤師）	5	4	0
県チベット医院	0	4	0
県防疫所（含む 301 所）	5	1	1
県保健所	3	1	0
衛生院	4	1	0
小学校（含，県体育委，県文教局）	70	8	3
中学校（含，県文教局）	36	6	8
幼稚園	2	0	0

データ出所）『夏河県志』(1999 年，甘粛文化出版社)

第 7-1-5 表　夏河県小学校教師の民族別学歴別分布（単位人）

	漢族	チベット族	回族
高級小学校	0	1	0
中学校	7	1	0
中専・高等学校（初師）	46	4	2
大専（中師）	16	2	1
大学	0	1	0

データ出所）『夏河県志』(1999 年，甘粛文化出版社)

第 7-1-6 表　夏河県中学校教師の民族別学歴別分布（単位人）

	漢族	チベット族	その他
中学校	2	0	0
中専・高等学校（初師）	10	3	2
大専（中師）	18	2	4
大学	6	2	4

データ出所）『夏河県志』(1999 年，甘粛文化出版社)

新疆ウイグル自治区では2009年の暴動以降少数民族の政治的地位改善のために党書記に少数民族がつくケースが増えている。写真左側は2011年3月に新疆財経大学を訪問した際に我々を迎えていただいた党書記などウイグル族の学校幹部たち。立派な党書記だった。

くる漢族教員の質がチベット族に比して高くはないことを示しており，問題であるとも言えるが，チベット族で教師になれる人材が絶対的に不足している状況の反映でもあり，その意味ではやはりチベット族自身の人材開発が何より重要であることを述べておきたい。

　さらにもうひとつ，『夏河県志』とともに現地で入手した資料に合作民族師範高等専科学校科学研究処（2007）というものがあり，これは甘南チベット族自治州の州都合作市の最高学府の論文集である。さまざまな国内雑誌に掲載されたこの学校所属教員による59の論文が掲載されている。分野は数学，哲学から経済学にいたるまで拡がっているが，問題はこの著者名からチ

第7-1-7表 甘粛省チベット族地域の民族別人口と党員数

	党員（人）			全住民（人）			人口データ出所	
	計	少数民族	漢族	計	少数民族	漢族	年	資料
甘粛チベット族地域全体	30863	11380	19483	640106	372846	267260		中国少数民族年鑑
夏河	2505	1573	932	78500	67300	11200	2004	甘粛年鑑
碌曲	1470	871	599	30300	27300	3000	2003	甘粛年鑑
瑪曲	1598	1261	337	31745	28438	3307	1995	甘南州年鑑
卓尼	3830	1248	2582	146400	38100	108300	2002	甘粛年鑑
臨潭	5441	1124	4317	127087	38126	88961	2000	甘粛年鑑
迭部	2026	535	1491	56000		20000	2005	雪域后蔵網
舟曲	5276	1677	3599	127889	42075	85813.5	2000	甘南州年鑑と2000年人口センサスから推計
合作	1584	925	659	80471	54865	25606	2001	www.esstj.org.cn/index.asp
天祝	7133	2166	4967	30200	85500	144700	2004	甘粛省発展与改革委員会webサイト

ベット族がほぼ識別できる[3]ことである。その結果，59の論文を書いた73名のうちの何と3名しか「チベット族」がいなかったことがわかった。先に小中学校におけるチベット族教員の圧倒的な少なさを見たが，それ以上の格差がこの最高学府において存在することとなる。教育機関教員における民族比率のひとつとして記録しておきたい。

甘粛省チベット族地域の民族別党員比率について

　最後に，この最後の資料＝合作民族師範高等専科学校科学研究処（2007）を使って，もうひとつ興味ある分析を行っておきたい。それは，この論文集中の王・劉・趙（2007）が夏河県を含む甘南チベット族自治州8県と武威市天祝県（これら全体が甘粛省のチベット族地域を構成している）の民族別党員比率を記載しているからである。第7-1-7表の左側がそれをまとめたものであり，党員の絶対数では多くの県で少数民族が上回っていることがわかる。

---

3)「ほぼ識別できる」という意味は，時に漢族の父親を持って漢族的な名前のチベット族がいるからである。これらは名前からは識別できないので，ここでの分析はチベット族教員の人数を多少過小評価していることに注意されたい。ただし，それは「漢族名を持つチベット族」の場合のみである。つまり，同化の進んだチベット族を除外しているという意味であり，ここでの「チベット族」は同化していない「純粋の」チベット族のみを指しているということができる。

第7-1-8表　甘粛省チベット族地域の民族別党員比率

	計	少数民族	漢族
全地区	4.8%	3.1%	7.3%
夏河	3.2%	2.3%	8.3%
碌曲	4.9%	3.2%	20.0%
瑪曲	5.0%	4.4%	10.2%
卓尼	2.6%	3.3%	2.4%
臨潭	4.3%	2.9%	4.9%
選部	3.6%		7.5%
舟曲	4.1%	4.0%	4.2%
合作	2.0%	1.7%	2.6%
天祝	3.1%	2.5%	3.4%

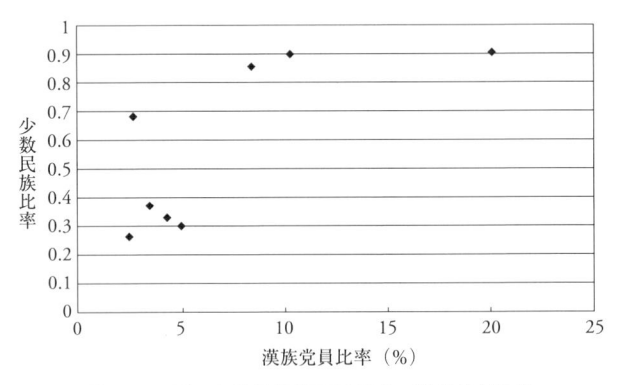

第7-1-1図　少数民族地区ほど高い漢族党員比率

しかし，重要なのは各県の民族比率との比較であり，これを見るために，さまざまな年鑑類から可能な限り民族別の人口をチェックし，第7-1-7表の右側に示した。一部に不明な県が残っているが，わかる範囲で見ると，夏河や碌曲，瑪曲，選部などは少数民族人口が漢族を圧倒的に上回っており，それだけ絶対数で少数民族党員の多いことはいわば当然であることがわかる。そして，そのために，民族別の党員比率をこの表から計算してみたものが，次の第7-1-8表である。

これらをまとめた第7-1-1図で見られるとおり，夏河，碌曲，瑪曲，選部といった少数民族集住地区では漢族の党員比率が高く，そうでない地区で

は概して逆になっている。これはやはり少数民族集住地区に住む（送り込まれた）漢族が政治的色彩を強く持っていることを示している。特に碌曲県の20パーセントというのは，「漢族人口」に子どもなど政治行政幹部の家族が含まれていることを考えると異常な高さと言える。そして，逆に言うと，漢族人口の多い県とはこれら政治行政幹部が足りた後に商業など別目的の漢族が入っているため党員比率が低下しているものと思われる。なお，ここでの「少数民族」には，回族がある程度含まれていることにも気をつけておきたい[4]。

　以上，夏河県ないし甘南チベット族自治州という限られた対象の，そのまた主に1990年までの状況紹介にすぎないが，政治行政分野でのチベット族の進出が改善の途にありつつも，社会問題としての民族問題が噴出していることに注目したい。問題の本質が「政治」という上部構造によりも「経済」という現場＝土台にあることを示唆しているからである。そして，その意味でも「科学技術人員」の圧倒的な遅れの方が問題であるというべきであろう。たとえば，この夏河県で最も大きな企業は「夏河安多投資有限責任公司」というセメント製造を主とするもので，ここでは現在980人の労働者が働いているが，そのほとんどは漢族と回族で，独立心の強いチベット族は働きたがらないと現地の回族から説明を受けた。街並みを見ても若いチベット族男性たちのぶらぶらしている姿が目に付く。政治レベルの差別撤廃とともに，企業＝経済活動を中心に彼ら自身の努力を強く期待するものである。

---

4) ちなみに，参考までにラサ市の民族別人口と党員数および党員比率を再び格・朱・雷（2008）188ページおよび314ページのデータから整理すると次のようになる。ここでも少数民族集住地区に住む漢族の政治的色彩の強さが確認できる。ちなみに，このデータをχ^2検定すると検定統計量は861となってp値＝0.1^{-187}で有意となった。

	計	チベット族	その他の少数民族	漢族	データの年
人口	409455	364479	1677	42704	2002年
党員数	18603	15392	170	3041	2004年
党員比率	4.6%	4.2%	10.1%	7.1%	

第2節

新疆自治区における「民考漢」と教育言語問題
—— 新疆大学の事例を中心に ——

祖力亜提・司馬義, 吾買爾江・艾山

　本節で扱う問題は狭い意味では「民族企業家の形成」に関わる問題ではないが, その問題が教育の普及と深く関わっていることに異論はない。本書第5章2節の分析もそのことを強く示唆していた。そのため, ここでは「民族企業家の形成」の重大な前提であるところの少数民族子弟の教育の普及, なかんずく高等教育の普及の問題について, 新疆ウイグル自治区の最高学府, 新疆大学を事例に分析を行う。ただし, 独自言語を持つ少数民族であるウイグル族など少数民族の高等教育には, 民族言語と漢語の教育をどうバランスさせるか, どう両立させるかといった問題が深刻で, その問題抜きに少数民族の進学率や学力アップを議論することはできない。

　また, その問題の中で, 新疆ウイグル自治区では小学校段階などから漢語学校に通う少数民族子弟が出てきているのをどう考えるかといった問題が生じている。こうした学生は「民考漢」と呼ばれるが, これは政府が政策的に進めているだけでなく, 一部の少数民族父兄が自主的に選択した結果でもあるから問題は簡単ではない。しかし, それによって育った子弟が「漢族」と「少数民族」の中間の「新しい民族」と揶揄されるような状況があったり, 必ずしも学力アップに結び付かず, 時に学力低下を帰結するということも問題である。以下ではそれらの問題を詳しく扱う。

第7章　少数民族の政治的地位と教育言語問題

I 「14番目の民族」としての「民考漢」

「民考漢」のはじまり

1950年11月24日，第60回中央政務会議は≪少数民族行政幹部を育成する試行案≫を決定した。ここでは「国家建設，民族地域の自治と共同綱領民族政策実現のために，中央から関連の省，県まで，新民主主義の教育方針によって，大量の少数民族行政幹部を育成しなければならない。現在，すでに政治学校や政治養成訓練クラスが設立され，普通の政治行政幹部の育成を主としているが，切実に求められている専門技術の行政幹部の育成を補う必要がある」とされている（金・王2002）。主流文化の影響を受け，各少数民族の行政幹部，管理層と知識人は一定の漢語をマスターすることが求められている。こうして建国初期に育成された一群の少数民族政治行政幹部は最初の「民考漢」学生となった。

その後，1950年代の半ば以降，北新疆と東新疆の大中都市においては子弟を漢語学校（漢語を用いて教えられる学校）に行かせることが増えている。これは当初は行政幹部，知識人家庭の出身者や新興国営企業における少数民族職員の子弟が主だったが，1978年の大学入試復活後は政府が少数民族学生が漢語で大学入試に参加する枠を設けたり，彼らへの優遇政策を始めるなどしている。こうした状況で漢語学校で学ぶようになった子弟がいわゆる「民考漢」であるが，今ではその定義が拡張され，すべての漢語学校に通う少数民族学生がそう呼ばれるにいたっている。なお，それに対して民族学校に通う少数民族は「民考民」と呼ばれている（奥邁爾・地木拉提2001）。

「民考漢」学生は一部は幼稚園時代から，一般的には7歳から漢語学校で教育を受ける。ほとんどの「民考漢」学生は家族や友人とは母語で交流するが，本来学校で習うはずだった民族言語教育は完全に中断されてしまう。新疆自治区では，クラスに少数民族学生がいても漢語学校は民族言語科目を設けないからである。そして，そのため，以下のような2種の民考漢学生が現れる。

一つは，自身の民族言語能力が比較的低い「民考漢」学生である。このタ

イプの学生は自分の民族社会において基本的に受け入れられない。時にはそれは一種の恥辱であるとみられ，また，異民族と見られる場合もある。特に1980年代半ば以降には，「民考漢」を，13の民族によって成り立つ新疆自治区の新種の民族という意味で「14番目の民族」と揶揄するような状況も生じている。

　もうひとつは，自分の民族言語も上手な「民考漢」である。このタイプの学生は自分の民族社会の中では非常に歓迎されていて，威信が非常に高い。自分の民族中では，このような人は本当に役に立つ人材だと思われている。実際，これらの「民考漢」学生は自分の民族言語と漢族の言語および文化を身につけ，両民族の社会から受け入れられ承認されている。いずれの文化にも偏りなく，漢族文化と自分民族文化の間にいて，文化の懸け橋としての役割を果たしている。

　ただし，残念ながら，後者のような「民考漢」は多くない。一般的に，正規に学んだ漢語レベルは自分の民族言語レベルより高く，自分の民族言語能力は口頭表現の水準で停まっている。ほとんどの「民考漢」学生は自分の民族言語で読み書きはできない。このような情況において，自分の民族言語は学んだ言語（通常は漢語）に取って代わる。現在の「民考漢」大学生の中では民族言語レベルが口頭表現水準に限られている者が多く，彼らは民族文字を読み書きすることができない。ただし，漢語能力は同級生の漢族学生と同じとなる。

　「民考漢」学生は通常漢族学生との接触が比較的多い。自民族との交流も家族を除くと自分と同じ「民考漢」学生との交流がほとんどとなっている。また，通常の交流では漢語を使い，たまには漢語と民族言語を混ぜて使うといった状況になっている。

　こうした状況のため，「民考漢」学生の教育水準が高くても，彼らは自民族の中で歓迎されないグループとなっている。「民考漢」学生のほとんどは母語に対して"文盲（ママ）"で，両言語を完璧にマスターした者はわずかしかいない。

「民考漢」の学業成績について

　少数民族はもちろん自らの意志で学習言語を選ぶ権利を与えられている。そして，その際，父兄が時に漢語学校に子弟をやろうと考えるのは，それが彼らの子弟にとって出世に役立つと考えるからである。漢語学校での漢語のマスターは子弟たちを党や行政機関や企業で出世するうえで重要だと考えている。

　政府はこうした「民考漢」に優遇政策を施し，たとえば，大学入試の際には全員を受け入れたり，優先的に受け入れたりまたは合格点を下げたりしている。民族言語学校で学ぶ少数民族学生＝「民考民」にしてみると，この政策は「民考漢」寄りである。1978年の大学入試再開の際，「民考漢」学生は全員が受け入れられたにもかかわらず，「民考民」学生は合格点などの優遇しか与えられず，全員が受け入れられたわけではなかったからである。

　このように，「民考漢」は新疆少数民族のひとつの特殊なグループとなっており，学前教育段階では，基本的に母語と伝統的な文化を教わる。完全に漢語と漢語文化の環境の中に置かれるのは入学後である。そのため，少数民族学生が母語と異なる言語で教育を受けた時にどうなるかは極めて重要である。

　第7-2-1および第7-2-2表からわかるように，新疆の普通高等学校などを受験する学生は3種類に分類され，それぞれに適応した採用標準を用いている。「漢語」とあるのは中高段階において漢語で教育を受け，漢語の全国統一入試に参加する漢族学生を指し，「民考民」は中高段階において民族言語で教育を受け，民族語の全国統一入試に参加する少数民族学生を指し，「民考漢」は中学校，高校段階において漢語で教育を受け，漢語系の全国統一入試に参加する民族学生を指す。2002年と2006年両年の入試合格ラインから明確にわかるように「民考民」の合格ラインは最も低く，「民考漢」の合格ラインは「民考民」と漢族学生の間にあり，漢族受験生の合格ラインが最も高い。三つの合格ライン間でも大きな格差が存在している。

　「民考漢」は漢族受験生と全く同じ学習環境で教育を受けたにも関わらず，なぜ成績がよくないのだろうか？　まずは，筆者らがインタビューした学生の声を聞こう。

第7-2-1表　2002年における新疆ウイグル自治区の入試合格ライン

	文科			理科		
	重点本科	一般本科	高職（専科）	重点本科	一般本科	高職（専科）
漢語	490	436	340	499	420	330
民考民	330	296	255	315	265	220
民考漢	456	255	240	400	400	200

第7-2-2表　2006年における新疆ウイグル自治区の入試合格ライン

	文科			理科		
	重点本科	一般本科	高職（専科）	重点本科	一般本科	高職（専科）
漢語	517	452	295	520	448	275
民考民	398	371	290	357	328	270
民考漢	440	382	制限なし	390	370	制限なし

資料源：表7-2-1と表7-2-2のデータは《新疆日報》

　　　私は小さい時から成績は良くなく，漢語学校は嫌いです。入学したばかりの時，私は全く漢語がわからなかったので，同級生も私と遊ぶのを嫌がり，先生も私をあまり好いていなかったようだった。私の成績はクラスで最も悪く，先生はいつも私に怒っていた。漢語学校をやめたいと数度も両親に言ったが，全く役に立たなかった。後になって，漢語は上達したが，成績は良くならずいつも卑屈になっていた。もし，ウイグル語の学校に通っていたら，こうならなかったと思う。

少数民族「民考漢」学生

　　　私はウイグル語の小学校を卒業後，中学校から漢語学校に入った。しかし，そこでのプレッシャーは大きく，最初は授業の聞き取りができないため試験の成績も悪かった。ウイグル語の中学校では成績は非常によかったが，高校では勉強意欲も下がった。漢語学校ではみんなも一所懸命に勉強しているので，私はいつも，もし小学校から漢語学校に通っていたら良かったと思う。しかし，そうなっていたらウイグル語は系統的に勉強できなかったと思う時もあり，矛盾するところも多い。

少数民族「民考漢」学生

　多くの「民考漢」は学齢に達する前，あるいは民族言語学校から漢語学校

第7章　少数民族の政治的地位と教育言語問題

に移る前は（一部の学生は中学校段階で漢語学校に移転する）全く漢語を知らない。このため，入学後，少数民族の子どもたちは漢族の子どもたちと完全なコミュニケーションをすることができず，漢族の子どもたちから孤立するなど心理的プレッシャーを受ける。

　欧米学者は西側国家の少数民族学生の学業成績が低い問題に対して文化的な原因があると解釈している。しかし，そればかりではない。たとえば，次のようなインタビューがある。

> 　私は小さい時から漢語教育を受けてきた。高校時代では，成績は良かったが，以前のように勉強では頑張らなかった。それはクラスの他の同級生と同じような成績でなくても大学に合格できることを知っていたからだ。
> 　他の漢族の同級生の頑張っている姿も私たちに影響するが，毎回決められる大学入試の合格ラインは漢族学生と異なる。つまり，彼らは競争相手とならない。そのため漢族学生と同じように頑張る気にならない。自然に成績も彼らに及ばない。

少数民族「民考漢」学生

　1985年以来，自治区は漢語統一入試に参加した少数民族学生に対して，また漢語あるいは民考漢学生募集計画に登録した学生に対して"加点政策"を実施してきた。加点の幅は1987年に100点に達したが，2005年と2006年は50点に縮減した。加点幅が大きかったため，1987年から1993年までは「民考漢」学生に合格ラインを定めていなかった（第7-2-2表参照）が，加点のうえで合格ラインを漢族学生と同じくした。1994年から漢族学生より低い合格ラインを定めた。つまり，この時，「民考漢」受験生は"加点"政策と合格ラインを下げるという二重の優遇を享受していた（李2007）。明らかに，民族言語の受験生に比べ，政府は「民考漢」受験生に対してより優遇的となっている。

　しかし，こうした二重の優遇政策にもかかわらず「民考漢」の学生は不足していて，受験生全体に占める比率も当初は非常に低いものであった。1990年の総入学者数は1万2965人であったが，民考漢（回族を含む）はわずか54人しかなかった。その後は第7-2-2表にあるように増えているが（李2007），

これらのことより，教育部門がなぜ民考漢に対して二重の優遇政策を取っているかを理解できる。
　就職においても「民考漢」の卒業生は民考民に比べて優遇されていた（李 2007）。それでも，なぜ大部分の少数民族父兄は子弟を漢語学校に行かせたくないと思っていたのかは研究すべき問題である。
　「民考漢」学生は大学入学が比較的たやすいため，多くの「民考漢」受験生はあまり学習努力をしない。さらに「民考漢」への優遇政策は他にも否定的な影響を与えている。「民考漢」受験生は政策的優遇に頼ろうとする傾向が現れているのである。
　実のところ，「民考漢」学生が漢語に精通し，かつ自民族の言語にも熟達すること，また，漢語学校の学習過程において漢族の同級生と同レベルの学業成績を得ることはそんなに簡単ではない。彼らも民考民学生や漢族学生以上に努力できれば，彼らを乗り越え少数民族のエリートとして社会の中で大きな役割を果たすことができる。しかし，これには本人の意志だけではなく，適切な民族教育制度が求められているのである。筆者はその点で徐々にその優遇策を取り除いて，公平な競争を重視するようにし，それによって「民考漢」学生の努力を促すことが重要であると考えている。

II　双語教育モデルの転換

　2002年以来，新疆大学は教育改革を行い，過渡的な双語教育モデルから本格的な双語教育モデルに転換した。新疆大学ではこれを「単語教育（シングル言語教育）」と呼んでいるが，これは少数民族クラスであっても民族語科目と文化類科目を除いては漢語のみを授業で用いるというものである。その目的は明確で，理想的な双語人材を育成すると同時に，漢語で授業することで少数民族学生の教育レベルを上げようとするものであった。
　しかし，この単語教育によって本当に新疆大学の少数民族学生の教育水準はよくなったのだろうか。単語教育は双語教育によって生じた問題を解決できたのだろうか。

教育モデル転換の目的：理想な「双語人」の育成

　伝統的な双語教育の目的は，少数民族の"双語人"を育成することであった。「双語人」については何 (1998) が「自分の第一言語以外のもう一つの言語でも同等の熟練レベルに達成し，どこでも両言語を上手に使える学生」との定義を与えているが，実際上このようなレベルに達成することは少ない。そのため，現実には以下のようないくつかのタイプの「双語人」がいるということになる。すなわち，

①　漢語で簡単な言語活動ができるが，漢語で思考できない者である。これでは漢語を日常的に使うことはむずかしい。
②　既に大量の常用語彙，基本的な文法規則およびフレーズ形式をマスターしていて，漢語を自由に使いこなせる者。
③　いかなる状況でも，いかなるテーマについても同等のレベルで両方の言語で話せる者。

　当初，双語教育が目指したものは③であったが，実際にはこのような優れた人材はごく少数しか生み出せていない。そして，そのために新疆大学は 2002 年から単語教育を実施することになったのである。少数民族が大学に入学し専門科目の勉強を始める前の 1 年間は予備教育を受ける。新疆自治区では，小中学校における民族教育は依然として双語教育なので，漢語で授業を受けられるようになるため大学入学後に漢語教育のための予備教育を 1 年受け，漢語検定試験に参加・合格後に学部に上るというものである。この試験に合格できない場合は，もう 1 年予備教育を受けるか専科に転入するが，この予備学習を経て，大部分の学生が漢語検定試験に合格している。つまり，学校の標準から見ると，彼らは一定の漢語言語能力を身につけていて，漢語で授業を受けられる。

　しかし，1 年間の予備学習を経て，少数民族学生は本当に漢語で授業を受けられているのだろうか？　以下の 2 表はコンピューター科学とソフトウェア，数学，生物化学，社会科学・社会学学科の少数民族学生に対して行った調査の結果である。

　この表からわかるように，半数近い学生は「半分」ないしそれ以下の授業

第7-2-3表　漢語で授業した専門科目の聞き取り状況

	完全に理解できない	50％以下	半分	70％	90％以上	合計
人数	1	14	14	29	11	69
比率（％）	1	20	20	43	16	100

第7-2-4表　「日常生活でいつも漢語を使うか」との問いへの回答分布

	ほとんど使わない	比較的少ない	母語と同じ	比較的多い	合計
人数	17	29	3	20	69
比率（％）	25	42	4	29	100

内容しか理解できていない。つまり，言語上障害が比較的に大きい民族学生は，言語学習だけに大量の時間と精力を尽くし，授業中の聞き取りにも問題があるため，専門教育でも支障が生じているのである。

双語教育にせよ単語教育にせよ，その目的はどこでも，どんな状況でも2種の言語を等しく使えるようにすることである。しかし，現実の日常生活では彼らはそれほど漢語を使っているわけではない（第7-2-4表参照）。

「母語」は双語概念体系において非常に重要な概念である。新疆大学の少数民族学生にとって，母語は何の意味を持つことになるのだろうか。

> 私は小中学校ではカザフ語で教育を受けた。高校入学後は実験クラスに入り，民族文学を除くとすべての科目は漢語で行われた。大学入学後のすべての授業は漢語で行われている。しかし，私は母語も完全にマスターし，読み，書き，会話に全く問題がない。
>
> コンピューター学科実験クラス2000年入学のカザフ族学生

「母語（民族語）と民族アイデンティティーは民族の二つの重要な識別標識であり，母語は民族の特徴として，民族の最も主要な標識と確定性として，民族の存在そして維持の要素として理解されている」（何1998）。確立した民族語を持つ少数民族にとって，言語には全民族の歴史と文化が詰め込まれ，民族文化を伝承している。このような民族にとって，民族言語の生存と発展は全民族の意識構造の変化に関わり，もしその伝承・維持ができなくなると

民族アイデンティティーの危機をもたらす。

　少数民族学生および知識人は漢語が現代社会において強大・重要となっていることをはっきりと理解している。しかし，彼らは母語に対する努力を捨てたくない。母語を維持させるだけではなく，もっと発展させたい。社会発展の速度に追いつき，少数民族コミュニティにおいて大きな役割を果たさせたい。このような心理的な矛盾は少数民族学生が漢語を学習する過程において不利な要素となっている。

　新疆では小学校から中学校までの双語教育は，少数民族にとってある種の安心感をもたらした。少数民族教室や日常生活において100パーセントの使用を実現し，特に毛沢東時代は中央の各種の政策の下で，民族言語は学校でも事業単位でも日常生活でも非常に重要な存在だった。特に少数民族比率が高い地区では，共通語は民族言語となっている。他民族の者もここでは民族言語を完全にマスターできなければ住むことができない。逆に言うと，こうした地区出身の少数民族学生は大学入学前まではこうした言語環境で暮らしているのである。

> 多くの少数民族父母と少数民族学生はまだあいまいな認識を克服できていない。国家の関連の法律では少数民族言語も漢語も法律上平等であるから，これらの言語が平等であるが，その機能は異なっている。90年代初期，新疆大学は漢語で授業する教育方式を採用することを考えていたが，それを検討することさえ反対する人も多かった。
>
> 新疆大学副校長

　少数民族学生は1年間の予備教育を受けた後，漢語検定試験に合格しても，日常生活で漢語を使っているわけではない。新疆大学では少数民族学生が漢語を聞くのは教室内だけで授業でわからなかった部分があれば民族言語で教師に聞いている。また，生活上の相談も同じ民族の教員を探して助けを求めている。キャンパスでは，自分の民族コミュニティの中で社会ネットワークを作るため，ほとんど漢語を使わない。

　単語教育は少数民族学生に言語の障害を克服する学習環境を提供し，言語圧力をかけた。双語教育時期に比べて，少数民族学生は漢語を頑張って学習

し，言語上の障害を克服している。しかし，言語障害を乗り越え，理想的な"双語人"になるには，少数民族学生の努力がもっと必要となる。以上の議論からわかるように，新疆大学が実施した単語教育は本当の意味で少数民族学生に漢語の社会生活において果たしている重要な役割，自身の発展においての重要性を意識させ，漢語を積極的に学んで，言語上の障害を乗り越え，理想的な「双語人」になるべきであることを認識させることができていない。逆に，漢語能力上のハンデが成績のうえでの遅れを生み出してしまっているのである。

転換中の少数民族学生

　中国国内の大部分の少数民族教育に関する研究は，言語上の障害が少数民族学生らの学業成績を低めているものとするが，それでは，言語障害を克服できれば，少数民族学生の学業成績は漢族並みに改善するのだろうか？　筆者は新疆大学コンピューター科学・ソフト学科で少数民族学生と漢族学生を対象に各種の調査を行った。

　コンピューター科学・ソフト学科は科目設置において他の高等教育機関とあまり変わらない。他と異なるのは，普通クラス，漢族クラスと実験クラスという三つのクラスに分けられていることである。この三つのクラスのカリキュラムは基本的に同じであるが，要卒履修単位数は異なっていて漢族クラスと実験クラスは 165 単位，ウイグル語教育クラスは 153.5 となっている。

　実験クラスは新疆大学が 1998 年から開始した新しい試みである。実験クラスの新入生は中学校の実験クラスから上がってくる少数民族学生である。1990 年代初めから，新疆自治区の教育庁は各地区の中学校で実験クラス（双語実験班）を始めたが，その目的は中国内地の普通高校に進学する少数民族学生を育成することだった。新疆大学はコンピューター学科でまずこれらの学生を受け入れたが，こうした実験クラスの民族学生は民族教育政策の下で生まれたもう一つの特殊なグループである。彼らは中学校まで民族言語で教育を受けた後，高校では数，理，化科目を漢語で教えられ，他の科目はウイグル語で教えられる。そのため，大学入学前は，彼らの漢語能力や数理科科目は民族言語で教えられた民族学生より優れたものになり，この点は入試成

第7-2-5表　2001年入学の新疆大学コンピューター科学および技術学科普通クラス，実験クラスおよび漢族クラス学生入試成績表

クラス	数学	物理	化学	総点数
普通クラス				
平均値	39.73	24.42	48.18	306.39
最小値	15	6	29	265
最高値	70	54	73	374
実験クラス				
平均値	46.39	29.33	56.91	343.39
最小値	25	15	25	278
最高値	64	52	89	412
漢語クラス				
平均値	92.52	88.73	113.64	494.97
最小値	63	51	79	476
最高値	120	106	137	556

績にも現れている。新疆大学は当初，これらの学生の漢族クラスや民族クラスの学生と違いに注目して，これが新たな方向性となるものと考えた。

　新疆大学は単語教育を全面的に実施したため，信息工程学院でも教学過程において，普通クラス，漢族クラスおよび実験クラスのすべてで漢語で授業をし，教育評価も統一して行うこととなった。全クラスで同じ期末試験を行い，すべて漢語で回答させるという制度である。しかし，こうして決められたにも関わらず，実際はそのとおりになっていない。そのことは，次のような試験の成績分布によってわかる。

　上の第7-2-5表に見るように漢語クラスより実験クラス，さらには入学前まで民族語で学んできた「普通クラス」の間には大きな成績上のギャップが存在するが，それが第7-2-6，7表では消えている。あるいは逆に一部文系科目では「普通クラス」の成績が実験クラスのそれよりよくなっているが，これは少数民族学生の成績が実際には非常に甘く採点されているからであることがわかっているからである。このことは副院長へのインタビューでもわかった。

　普通クラスなどの少数民族学生は言葉のうえでのハンデがあって，単語教育制度の下ではやはり学習に支障がでている。しかし，それがそのままはっきりして，卒業後に就職などで不利とならないようにするために教師たちは

第7-2-6表　2001年コンピューター科学および技術学科在学成績対照表

クラス	毛沢東理論概念	民族理論	法律基礎
普通クラス			
平均値	64.15	68.85	69.64
人数	33	33	33
実験クラス			
平均値	62.97	66.21	59.21
人数	33	33	33
漢族クラス			
平均値	66.61	68.39	71.39
人数	33	33	33

第7-2-7表　2001年コンピューター科学およびソフトウェア学科在学成績対照表

クラス	コンピューター基礎	C言語	高等数学	普通物理	線形代数
普通クラス					
平均値	67.15	66.15	65.09	65.82	68.97
人数	33	33	33	33	33
実験クラス					
平均値	65.42	61.82	65.45	69.85	69.97
人数	33	33	33	33	33
漢族クラス					
平均値	72.58	68.70	67.94	67.91	74.67
人数	33	33	33	33	33

特別に甘く採点しているということである。単語教育の問題はこのような形でも表れているということになる。

　こうした恣意的な採点の問題も重要であるが，今，実験クラスと普通クラスの成績に注目した場合，科目によっては普通クラスの方が良いということも重要である。この原因は，実験クラスの学生の入学後の努力不足にもある。あるいは逆に，実験クラスの優勢が普通クラスの学生を努力させる動機を形成して，普通クラスの成績を上げるという効果もでている。これが，実験クラスと単語教育の現実である。

転換中の少数民族教員

　2002年から新疆大学は少数民族教師にも漢語を使って教育するように教

第7-2-8表 「専門科目担任の民族教員の漢語能力についてどう思うか」との問いへの回答分布

	非常に低い	低い	普通	良い	非常に良い	合計
人数	4	24	27	10	4	69
比率（%）	6	35	39	14	6	100

第7-2-9表 「どの民族の教員に授業してほしいか」との問いへの回答分布

	少数民族	漢族	どの民族でも大丈夫	合計
人数	33	6	30	69
比率（%）	48	9	43	100

育制度を転換したが，これは彼らに大きな負担となっている。特に45歳以下の民族教員は授業を続けるために漢語検定試験（HSK）で8級に合格することを求められるようになっている。そして，その結果，長年の教授経験を持っていても，漢語能力の欠ける教師はその後，授業をできなくなっている。また，漢語検定試験に合格した少数民族教員も，漢語で授業を行う際に多くの困難に直面している。実際上，次の第7-2-8表にあるように民族教師の漢語能力は高くないのである。

ただし，他方で重要なのは，それでも少数民族学生は少数民族の教師を望んでいるということである。このことは，第7-2-9表から見てとれる。

圧倒的部分の少数民族学生は小さい時から高校まですべて少数民族の教員に教えられてきたので，少数民族の教員に対して自然と親近感があるが，彼らが少数民族の教員を望むのには少数民族の教師が民族言語で時によりわかりやすく教えてくれるからである。その様子は以下のインタビュー結果からも窺える。

> 私自身が以前授業の準備をするとき2時間だけで十分だったが，現在少なくとも5〜6時間を必要としている。本当を言うと，私はもしウイグル語で講義するならば間違いなく現在のように苦労しない。その上漢語を使うのに比べてうまく講義できるし，学生達も従業内容をもっとよくマスターできると思う。
>
> 生命科学学院のウイグル族教員

したがって，少数民族教員は完全に漢語を用いて授業しているのではなく，"混合式言語"で授業をしている。そして，この方法が大部分の少数民族の学生にとってはよりわかりやすい，つまり学習上効果のある方法となっているのである。

教育モデル転換のキャンパス文化に与える影響
　大学のキャンパス文化は一種のサブカルチャーであり，学校教育および学生の"社会化"過程で軽視できない効果を発揮している。人々の慣れた行為はその文化的背景の影響を受ける。教育と文化の関係は複雑であり，教育も文化の影響と制約を受ける。キャンパス文化は一つの特殊な文化の現象であり，通常，キャンパス文化は学校内部の特有な人間関係，行動方式，行動規範，価値観体系，文化施設などを指す。
　少数民族学生は大学に入る前に，すでに自身の家庭および自身の民族社会の道徳観，価値観，行為と生活様式の影響を受け，一応自分のアイデンティティーを形成している。しかし，大学に入ってから，集団生活を始め，他の文化に接すると時には不快感を感じ，茫然とし，どうしたらよいかわからなくなる。Waller (1932) は以下のように指摘している。すなわち，「民族学校での異なる民族間の文化的な相違は……文化的な衝突を招く原因の一つとなっている。それは，通常，教員を代表とする大社会文化とその影響を受ける学生の地方社会文化間の衝突，そして，教員を代表とする大人文化と学生同世代の文化間の衝突として現れる。……ただし，多民族学校のキャンパス文化の交流，融合は……少数民族教育に積極的な影響と効果をもたらすこともある。」
　この状況を調べるために，筆者は信息科学工程学院，生命科学学院，人文学院の100名の民族，漢族学生を対象に調査を行い，96の回答を得た。以下はその調査結果である。
　そこでまず，第7-2-10表で調べたのは，各民族学生が相手民族の言語をどれくらいマスターしているかどうかに関するもので，表にあるように，その結果は漢族がほとんど少数民族語を学ぼうとしていないというものであった。31人の漢族の中で「普通」にウイグル語を話せる者はたったの2人し

第7-2-10表　諸民族学生の自身の漢語／ウイグル語能力への自己評価

民族	言語レベル					合計
	とても低い	低い	普通	良い	非常に良い	
漢族	28	1	2	0	0	31
ウイグル族	1	9	31	11	2	54
カザフ族	1	0	4	2	2	9
ウズベク族	0	1	1	0	0	2
合計	30	11	38	13	4	96

かおらず，少数民族と漢族の相手言語に対する姿勢の非対称性が如実である。

　この問題を異文化理解という側面から論じるとこうなる。すなわち，この調査を見る限り，少数民族学生はほぼ全員が漢語を「普通」以上に話せるようになっているから，彼らはすでに漢族学生の基本的な文化を理解できている。また，ウイグル族以外の少数民族も，ウイグル語さえ話せれば新疆自治区各地の少数民族と交流することができ，少数民族の文化，習俗の理解を深めることができる。しかし，問題は3人を除く漢族学生は異なる民族文化の理解を深めることができていないことである。こうした民族文化交流の一方通行的な学習状況が存在し，それが民族間の文化交流と融合の障害となっているのである。

　したがって，私達の調査では，少数民族文化への理解を深めるべく「漢族学生も少数民族も基本的な習俗文化教育を受けるべきかどうか」との質問を行った。その結果が次の第7-2-11表である。ここでは，ほとんどの少数民族学生が漢族学生も少数民族文化を学ぶべきであると答えている。それで初めて民族間の互いの理解を深めることができると考えるからである。他方の漢族学生もまた少数民族学生の言語や文化に興味は持っているが，より基本的な民族文化や習俗を理解できさえすれば，少数民族学生と同じキャンパスで仲よく暮らせると考えている。

　そこで実際の交流状況であるが，第7-2-12表に見られるように，漢族学生の中にはほとんど少数民族学生と交流していない者もいる。また，この調査から新疆大学では民族間で大規模で頻繁な交流がないこともわかる。少数民族と漢族の学生たちは同じキャンパスで暮らしていても，自分たちの民族

第7-2-11表 「漢族学生も少数民族も基本的な習俗文化教育を受けるべきかどうか」との問いへの回答分布

民族	選択項		合計
	はい	いいえ	
漢族	18	13	31
ウイグル族	44	7	51
カザフ族	7	2	9
ウズベク族	1	1	2
合計	70	23	93

第7-2-12表 漢族/少数民族学生との間の交流状況

民族	民漢学生間の交流						合計
	0	ない	少ない	普通	比較的多い	多い	
漢族	1	6	7	15	0	2	31
ウイグル族	0	2	15	25	5	2	49
カザフ族	0	2	1	4	2	0	9
ウズベク族	0	0	0	2	0	0	2
合計	1	10	23	46	7	4	91

の友達グループに閉じ込もり，互いに交流していない。あるウイグル族学生の言葉を借りると「私達と彼らは同じキャンパスにいても，二つの世界で生活しているようだ」となる。ここで使われた言葉が「あなた」と「私」でなく，「私達」と「彼ら」であることが深刻である。

しかし，少なくとも少数民族学生の多くは民族間の交流が学業の前進にとって役立つと考えている。このことは次の第7-2-13表に表わされている。たとえば，少数民族学生は漢語を自由に使いこなせるようになるためにも，教室でただ受動的に漢語を聞くのでなく，漢語を日常生活で頻繁に使うことが望ましいことを知っている。また，多くの少数民族学生は，漢族学生との交流がより多くの情報を獲得するうえでも有益であると考えている。

中国では，少数民族文化は主流文化ではなく，教育文化水準も「立ち遅れている」と考えられているため，この調査でも，大部分の漢族学生は少数民族学生との交流が自分の学業に役立たないと答えている。このような心理は民族間の交流に影響している。しかし，少数民族学生との交流は，本当は異

第7章　少数民族の政治的地位と教育言語問題

第7-2-13表　「漢族／少数民族との交流が自身の学業に役に立つと思うか」との問いへの回答分布

民族	選択項				合計
	0	はい	いいえ	知らない	
漢族	1	9	14	6	30
ウイグル族	0	41	4	5	50
カザフ族	0	6	1	2	9
ウズベク族	0	1	0	1	2
合計	1	57	19	14	91

なる言語文化を理解するうえでも，個人の文化交流上の理解力を育成するうえでも，そして，個人の多元文化社会での生存と発展能力を高めるうえでも役に立つものである。

　新疆大学においては双語教育の時代，民族間の，時には教師の間でのそれを含む互いの意志疎通と交流が不足していた。また，互いに競争して学ぶことも不足していた。このため，単語教育制度に移行したのではあるが，実際には依然として実質的な「双語教育体系」が続いていて，キャンパスでの多文化交流は制約を帯びているのである。

　この「異文化理解」のために新疆大学は民族の歴史や民族理論の授業を始めたが，実はこれもまだ十分ではない。たとえば，私たちは以下のような声を聞いた。すなわち，

　　《民族地方史》，《民族理論と民族政策》といった授業があるが，これらの科目の政策性は非常に強く，とても味気ない。文化や習俗に関する内容は非常に少なく，授業から学ぶものは少ない。漢族学生は決して私達の文化を理解しないし，私達を理解しないと思う。彼らは私達の文化習俗をもっと理解すべきであり，双方は共に努力し合って，お互いに理解すれば，もっと発展することができる。ただし，私たちの言語・文化にたいへん興味を持っている漢族学生もいる。

　　　　　　　　　　　コンピューター専門2000年入学の少数民族学生

　学校の目的とは重要な文化的価値と社会規範を普及し，さらには社会目標

実現に寄与することにあると主張している。その意味からこの現状は改善されなければならない。

少数民族学生の就職問題

　卒業後の就業管理システムは従来の伝統的な"政府主導による統一分配"方式から市場メカニズムによる"就業先と卒業生が互いに選ぶ双方向選択"方式に転換したが，これは少数民族学生がこれまで享受していた優遇措置の廃止を意味する。新疆大学の双語教育／単語教育への改革もこの社会的変化に対応するものである。

　単語教育の直接的な目的は少数民族学生の漢語の読み書き能力と口頭表現レベルを高めることである。単語教育が実施されてから，少数民族学生の漢語レベルはたしかに高められた，しかしその程度は限られている。先に述べたように，現行の"双語教育体系"おける審査制度では，民族学生が依然として最大の努力を払って漢語を学んでマスターする必要はなかった。しかし漢語は結局中国の唯一の民族間に通用する共通語であるから，実際の漢語レベルからみると，少数民族卒業生は就職市場において漢族学生に比べて依然として劣勢にある。

　少数民族学生の職業選択は彼らの就業希望を反映している。これは将来卒業後の彼らの就職に影響する決定要因である。以下はいくつかの学科の計71名の学生に対する職業選択についての調査である。

　まず，表7-2-14から少数民族学生の職業選択状況を見ることができる。卒業後政府機関で公務員職を望む学生は52パーセントを，学校で教員になりたい学生は29.7パーセントを，企業，会社の社員になりたい学生は9.9パーセントを占めている。このような就業希望は決して中国の産業調整と知識集約型産業と情報，サービス産業への発展趨勢に合わない。その上，国家の政府機関の簡素化と削減に伴い，公務員が少数民族の卒業生を持続的に吸収することはあり得ない。

　筆者の初歩的理解では，新疆大学の学部と専門の配置は中国他地域の一般の大学とほぼ同じである。2000年に，新疆大学と新疆工学院は合併し，理工科を重点的に発展させ，地区経済，文化発展に必要な専門技術を持った人

第7-2-14表　卒業後の希望就職先の分布

	国家機関	企業，公司	学校	どこでも良い	合計
人数	36	7	21	5	69
比率（％）	52	10	30	7	100

材育成を大学の長期的な目標にした。しかし，少数民族学生の就業観念はまだまだ遅れている。

　卒業後，私は恐らく政府機関に行くかもしれない。とは言えどこで働いてもよい。卒業の時，家族は私に仕事を見つけてくれると思う。みんなこのように仕事を探している。卒業前に，人脈を探したり，人に頼んだりして，仕事を見つけている。

　私は就職相談会で仕事を探そうと考えたことがない。行っても役に立たず，落ち込むしかないからだ。多くの場合，第一の招聘条件は英語検定試験4級に合格することだが，私達は英語を学んだことがなく，きわめて少数の少数民族学生しか英語検定4級試験に合格できない。あるところは募集の時，少数民族の卒業生は要らないと明確に言った。大学に募集に来ている部門も，漢族の学生を望んでいる。

　漢族の学生は簡単に仕事を探せる。彼らはさまざまな証明書を持っているし，新疆区内だけではなく内地でも仕事を探せる。私達の場合新疆区内で仕事が見つからない時，内地ではもっと難しくなる。

　少数民族の卒業生の就職の困難には漢語水準の低さと専門知識の不足が原因している。しかし，私は募集先の少数民族に対する偏見もあると思うし，政府は少数民族学生の就職のサポートをしなければならない。

　　　　　　　　　　　ソフトウェア・科学学科2000年入学のウイグル族学生

多くの単語教育を受ける少数民族学生は依然として自分の自由な職業選択に自信がない。学校では統一した単語教育を受けても，少数民族学生は心の中で，将来就職競争に入った時，言語レベルでも，専門素質のうえでも漢族

学生と同様な競争力を備えてないことをよく知っている。彼らは政府機関や学校での仕事は政策的保護によってあまり大きな競争上のプレッシャーに直面しないと考えている。

　ウイグル族の6歳以上の人口のうち大学生の割合は2000年に2.7パーセントであり，漢族のその割合の3.8パーセントより低い。しかし，カザフ族は4.1パーセントであり，漢族より高い。2000年にはウイグル族労動力1万人のうち技術者が5.3パーセントを占め，漢族の5.8パーセントより低い。しかし，カザフ族は9.7パーセントで，漢族より高い。総じて言えば，新疆自治区では大学生の割合は，全国の各省・区のその割合に比べて高い方であるが，非農業生産額の地区総生産総額に占める割合は，中部各省より低い。このため，一般に非農業の職業を求める大学生は就職に苦労することとなるのである。

　とりわけ，この困難は少数民族学生において厳しくなる。なぜなら，彼らは学校では漢語をマスターしないし，漢族学生と同じプラットフォームに立って交流し，公平に競争した経験もない。新疆少数民族特有の文化習俗，生活習慣は少数民族卒業生に新疆区内を唯一の職業環境とさせる。きわめて少数の卒業生が新疆以外の地区に進出している以外は，大部分の少数民族学生は新疆以外のところに行って就職しようとしない。就職難という問題に直面する時，政府の政策的保護や優待を期待することとなっているのである。

　少数民族大学生の卒業後の就業問題は，政府と教育部門が最も頭を痛めている問題である。新疆大学は2002年から単語教育を実施し，大学教育から手を入れて，少数民族学生の漢語レベルと専門的素質を高めるよう努力し，それによって彼らの就職市場における競争力を高めようと試みた。しかし，ここでの調査結果から見て，単語教育がたしかに何らかの改善をもたらしたとしても，少数民族卒業生の伝統的な就業観念を変えていかないと少数民族学生の就業における劣勢を挽回するには不十分である。こうして，民族教育政策にも依然として大きな課題が残されているのである。

第7-2-15表　新疆大学2010年入学学生の学科分布状況

	学科名	漢語クラス	民考漢	実験クラス	民考民	合計
1	政治	101	19	0	30	150
2	経済	214	10	10	108	342
3	法学	100	6	0	64	170
4	文学	250	8	0	108	366
5	マスコミ	50	3	7	30	90
6	外国語	144	70	0	0	214
7	旅行業	62	10	14	0	86
8	商業漢語	40	0	0	0	40
9	数学	126	2	6	80	214
10	物理学	86	4	6	54	150
11	化学	216	0	24	150	390
12	生物	136	10	8	78	232
13	地理学	94	26	0	30	150
14	電子通信	168	0	20	160	348
15	建築	290	60	0	62	412
16	機械学	226	0	30	90	346
17	電子工程	176	24	0	96	296
18	資源採掘	144	0	36	54	234
19	繊維工芸	112	8	0	0	120
20	ソフトウェア工程	125	25	0	0	150
21	エネルギー	60	0	0	0	60
	合計	2920	285	161	1194	4560

データ出所：新疆大学ホームページ（http://gkcx.eol.cn/schoolhtm/74/SchoolPlan/SchoolPlan74.htm）

Ⅲ　学生の学科分布に見る民族特性

　ところで，本節で見たように少数民族学生は「民考漢」という新たなグループが生じているだけではなく，「実験クラス」出身者も出てきて複線化している。特に「民考漢」は新たな「民族」とまで揶揄されることもあるなど，ともかくその特質・特性が異なってきている。そのため，これらの各種の特性分析を何らかの形で行いたいと考え，ここでは学科分属の状況を比較することとした。新疆自治区の各大学は毎年，学生募集のために「漢語クラス」，「民考漢」，「実験クラス」，「民考民」ごとに募集枠を発表し，それはホームページにもアップされる。そして，その「募集」が入学希望にほぼ対応し

第 7-2-16 表　新疆大学 2010 年入学学生学科集中度

	学科名	漢語クラス	民考漢	実験クラス	民考民	全グループ
1	政治	1.05	2.03	0.00	0.76	1
2	経済	0.98	0.47	0.83	1.21	1
3	法学	0.92	0.57	0.00	1.44	1
4	文学	1.07	0.35	0.00	1.13	1
5	マスコミ	0.87	0.53	2.20	1.27	1
6	外国語	1.05	5.23	0.00	0.00	1
7	旅行業	1.13	1.86	4.61	0.00	1
8	商業漢語	1.56	0.00	0.00	0.00	1
9	数学	0.92	0.15	0.79	1.43	1
10	物理学	0.90	0.43	1.13	1.38	1
11	化学	0.87	0.00	1.74	1.47	1
12	生物	0.92	0.69	0.98	1.28	1
13	地理学	0.98	2.77	0.00	0.76	1
14	電子通信	0.75	0.43	1.63	1.76	1
15	建築学	1.10	2.33	0.00	0.58	1
16	機械学	1.02	0.00	2.46	0.99	1
17	電子工程	0.93	1.30	0.00	1.24	1
18	資源採掘	0.96	0.00	4.36	0.88	1
19	繊維工芸	1.46	1.07	0.00	0.00	1
20	ソフトウェア工程	1.30	2.67	0.00	0.00	1
21	エネルギー	1.56	0.00	0.00	0.00	1
	全学科	1	1	1	1	1

注）第 7-2-15 表をもとに計算。

ているとの仮定の下でその分布の相違を検討することとした。そのための出発点となる表がまず次の第 7-2-15 表である。

　この表が示していることは，漢語学生にはすべての学科が開かれているが，他の学生が入学できる分野はばらつきがあることである。そのため，この 4 種類の学生ごとに学科ごとの集中度を測る特化係数を計算して詳しく調べることにした。その結果が，次の第 7-2-16 表である。この特化係数の計算は以下のとおりである。

　　特化係数 =（特定学科に入学した各グループ学生数の特定学科総学生数に
　　　　　　　占める割合）÷（各グループから特定学科に入学した学生数の
　　　　　　　各グループ学生数の総学生数に占める割合）

第7章　少数民族の政治的地位と教育言語問題

第7-2-17表　諸グループ間の相関係数

	漢語クラス	民考漢	実験クラス	民考民
漢語クラス	1.000	0.514	−0.201	−0.899
民考漢		1.000	−0.314	−0.692
実験クラス学生			1.000	−0.082
民考民				1.000

注）第7-2-15表から計算。

　この指数はあるグループの特定学科における集中度を示している。もし特化係数が1以上であればこのグループはその特定学科により集中していることを示すことになる。そのことに気をつけて本表を分析すると以下のようなことがわかる（見やすくするために2を超える数字は斜体で太字にしてある）。

　この表からわかることは，特に「民考漢」，「実験クラス」，「民考民」といった少数民族クラスについて外国語学科や商業漢語学科に必然的な特徴があることがひとつと，政治学科やエネルギー学科に政策意図が現れている可能性である。

　したがって，この4学科を除いた残り17学科について数字の並びの特徴を相互の相関係数から調べたところ，次の第7-2-17表のようになった。ここでわかることは，この4種のグループ間では「漢語クラス」つまり漢語を話す漢族を中心とする民族グループと「民考民」との距離が最も遠いこと，「民考漢」は民族語を話すグループより漢族の学科分属にずっと近い構造をしめしていることである。この意味では「民考漢」が時に「14番目の民族」と表現されることは理解できる。

　しかし，この現象も好意的に受け取れば，双語教育や単語教育のおかげで少数民族も漢族と同じような志向性と能力を持つようになる過程が進行している，ということになる。本節で見たように双語教育や単語教育の現実には多くの問題が含まれるが，少数民族の企業家形成上のひとつの試行錯誤と理解したい。

補　論
チベット問題への試行的アプローチ

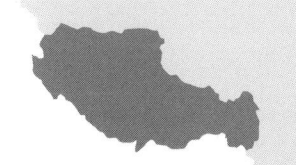

扉写真

インド南部バイラクッペのチベット族入植地の寺院でくつろぐチベット僧

インドにはチベット「難民」が入植する地が何か所かあるが，その最大の地区南部バイラクッペの黄金寺院境内でくつろぐチベット僧。世界各国からの支援金を得て約2万人が不自由ない生活を楽しんでいる。

はじめに

　以上，本書では中国の少数民族問題を主に経済学の視点から様々に分析して来たが，最終の補論では主にチベット問題に特殊ないくつかの論点補強を行う。具体的にはまず補論1で「中国境外」でありながらチベットと同質の民族摩擦を有しているラオス北部を扱う。ここは「外国」なので本来中国人（漢族）のプレゼンスが極めて限られていた地域であるが，昨今の中国人企業家と労働者の進出は激しく，それが現地人との摩擦を引き起こしている。これは矛盾の本質が漢族権力の有無という政治レベルにあるのではなく，「現場」の経済関係にあることを示している。

　また補論2ではこれも中国境外ではあるが，チベット族が亡命によって大量「移民」したインドやネパールの地で，彼らが逆に現地人との間で摩擦を引き起こしている問題を扱う。ここではこの摩擦が比較的少ないインド南部地域との比較も行うが，より重要なことは摩擦の本質が経済的なアクティビティーの有無にあり，特殊チベット族的な固有の事情ではないことである。世間ではチベット族への同情からインドやネパールにおける現地人の反チベット感情の問題が無視されているが，問題が経済レベルにあるとの本質理解にとっても重要と考え，ここに掲載することとした。

　最後に補論3は一転して1959年のチベット農奴解放の是非を科学的に論じるための枠組みを提示する。これは現在の「チベット問題」のこじれの原因としてのダライラマの亡命に直接関わる問題であるだけに，どう客観的に学者が議論できるかが問われていると考えられるからである。ここでは「農奴制」という制度を純粋に経済史学の対象として議論する。

補論 1

国境の外の少数民族問題：
ラオス北部における中国人の経済進出と摩擦

大西　広

　筆者はラオスに何度かの調査に入っているが，そのうちの2度はラオス北部における中国人の経済進出に関するものであった。具体的には，2009-2010年の年末年始におけるボーテン・フェイサイ間の「南北回廊」地区の視察，そして2010年5月のムアンサイ，ボーテン，ルアンナムタ，ムアンシン地区の調査である。この調査は当初，単純な中国・ラオス関係に関する調査として考えられていたものであるが，調査の進行とともにこれは一種の「少数民族問題」であることに気付くこととなった。というのは，これが中国国境の外で起きていることながら，経済活動において強力な中国人（漢族）と弱小なラオス人との間の経済格差が原因でさまざまな矛盾がこの地で発生し，それが中国少数民族地域で生じている問題と本質的に同じであることに気付いたからである。ちなみに，この地域では，中国元が堂々と通用している。

　しかし，このような視角を明確にしなくとも，ここで問題とする地域を中国資本との関係に注目しながら研究した書物や報告書も多い。日本語文献では横山・落合編（2008）の第10章，英語文献では Khontaphane, Insisiangmay and Nolintha（2006）や Antonella（2006），Fujita（2010）などである。したがって，ここでは，それらの検討のうえに主に2010年5月の調査を基礎に，上記「民族問題」の状況報告とその解釈を示したい。

I 「投資者」としての中国人との矛盾

　ここでまず目につくのは、この地区の道路工事のために大量の中国人労働者が入境していることである。これは、後でまとめて述べる中国人の流入自体の問題でもあるが、この道路工事が中国の援助によるものであること、そのために雇用主が中国の建設工事業者となっていることを考えれば、「投資者」としての中国人との関係に関わる問題ということができる。

　実際、調査時点において道路改修の真っ最中であったラオス北部のウドムサイでインタビューを行った三つの中国道路改修企業のうち、2社は「雇用しているのはすべて中国人」と答え、1社のみしかラオス人を雇っておらず、その最後の企業もまた極く少数のラオス人しか雇っていなかった。彼らに言わせると、ラオス人は暑いとすぐ休憩するから仕事の能率が悪いという。そして、こうした中国人のみの雇用が許されるのかとウドムサイ県の計画投資委員会の責任者に聞いても、「中国の援助による中国企業の雇用なら問題がない」との回答であった。筆者は同様に中国の援助による道路改修工事をパキスタン領内の「カラコルム・ハイウェー」で見ているが、そこで働く労働者の3分の2は現地のパキスタン人であった。基準が違っている。

　しかし、こうして外国援助による事業の雇用に制約がないことの背景には、ラオスの主要な道路がすべて他国に頼って作られているということ[1]があるかも知れない。ラオス境内にはインドシナ半島を縦横に走る「南北回廊」と「東西回廊」が整備されているが、そのうち、前者のボーテン・フェイサイ間は中国とADB（日本）とタイが3分の1ずつを分担し、ここで述べているボーテン・ビエンチャン間はすべて中国が改修。また、後者は日本が整備をしている。ついでに言うと、ベトナムとラオスを結ぶ道路はベトナムが改修し、何とビエンチャン市内の多くの道路もASEANその他の諸国によって改修されたものである。このような依存をする限り、現地からの雇用を援助の条件とするようなことはできない。パキスタンとは異なる被援助国としての

---

1) 実は道路だけではなく、多くの学校、病院なども他国によって建設されている。

事情が窺える。

　また第二に，やや似た問題をウドムサイ県ムアンナモ地区で建設中の福建資本（金象有限公司）によるセメント工場でも聞いた。そこでは工場の完成時に500人を雇う予定であるが，投資法で定められている90パーセント以上をラオス人から雇うという規制は，「もし労働者を探せなかった場合」という条件下で緩められる。現在，ラオス政府の労働社会福祉庁が労働者を探しているが，どうなるかわからない，というのが現地ラオス人たちの予想であった。

　なお，この工場では用地買収でも住民側との意見対立があった。住民側に言わせると土地買収で1ヘクタール当たり100キープを払うと言ったのに，現実には灌漑地では70キープ/ha，非灌漑地では60キープ/ha，森林では50キープ/haしか払わなかったという。これはこの会社が政府などと行った交渉の結果であるが，住民は不満を持っているという。こうした矛盾も「投資者」と住民との間のものとして分類することができる。

　さらに第三に，もう少し典型的な労使の利害対立は，中国との国境の町ボーテンのカジノにおいて見ることができた。それは，ここで唯一のカジノのガードマンがラオス人となっていたが，①彼の超勤には追加の賃金支給がない，②一日休むと2日分の賃金を罰金で取られる，との不満が聞かれたからである。中国においては常識となっている労働慣行でも，今までそれを経験したことのないラオス人労働者にとっては，不満の対象となる。そして，このように雇い主は中国人，働いている者はラオス人との関係となっている場合はその矛盾が民族矛盾として発現する可能性がある。

　しかし，それでも，第四に，こうした労使の対立は外部の者が「期待」するほど一般的なものではない。考えてみれば当然のことであるが，途上国が外資を誘致しようとするのは普通のことであり，現地が嫌がっているところに外資が入っているわけでは基本的にはない。また，そこで雇用されている現地の労働者はその雇用により収入が高くなっているからである。ウドムサイにあった中国人経営の電池工場とバイクのアセンブリー工場を調査したところ，前者ではラオス人33人と中国人7人が働き，後者ではラオス人約60人と中国人12人が働いていたが，前者でラオス人が受け取っている賃金は

補論　チベット問題への試行的アプローチ

ラオス北部の中華料理屋で働くラオス人ウエイトレス。もちろんオーナーは中国人だから，中国人に雇われているということになる。

31万5000〜50万キープ＝300〜450元，後者でラオス人が受け取っている賃金は80万キープ＝700元であった。これらは現地の平均収入を上回っており，両者ともに労使関係に特に問題はなかった。ただし，こうした「工場」以上に，中国人経営者の下で働くラオス人労働者の総数は，ラオス北部全域に拡がる中国人経営のホテルやレストラン，小商店におけるものの方が多いのではないかと思われる。実際，レストランでそのような女性従業員を多数見たが，そこで働く従業員は1人や2人といったものであるから，そこで「労使紛争」が集団的に発現することはない。

II　商人としての中国人との矛盾

次に見るのは，「商人」としてこの地に入って来ている中国人と現地商人との矛盾であり，それはどの程度に中国商人が進出しているかによって大まかに理解することができる。国境の町ボーテンではレストラン3店，小商店

2店を除いてすべての商店・ホテル・レストランが中国人経営のものであったが，付近のムアンシンでは，見かけでは，ホテル・ゲストハウスの3分の2が中国人経営，一般商店も半分は中国人経営，レストランは3分の1ほどといったところであった。ルアンナムタでは，見かけでは，観光客に人気の「表通り」と古い市場の商店・ホテル・レストランはラオス人のものだが，「裏通り」のそれらはほとんどが中国人のもので，最大規模のホテルも中国人経営のものであった。また，ウドムサイではレストランの半分，ホテルの3分の2，一般商店の4割が中国からのものとなっていた（ただし，一部はマレーシア国籍の中国資本）。もちろん，ここからさらに南下すると，小さな町の中国人商店やレストランは減るが，それでも多く，ルアンプラバンやビエンチャンのような大都市では再びその比率が増える。ちなみに，ルアンプラバンの昆明行きバスターミナル近くの中国人ホテルは雲南省と湖南省からの従業員が働き，筆者を除くすべての宿泊客が中国人で，そのほとんどが商人であった。これらは，それぞれの町で中国人商人やホテル，レストランがラオス人のそれらと競合していることを示している。

　たとえば，ウドムサイの県都ムアンサイの「ダボネ農業開発輸出入」との名を持つ企業にインタビューすると，税金などを払わない無許可の中国人商人（店を持たずゲストハウスに泊まって商売をしている）がいて競争上不利となっていると苦情を述べ，実際に筆者もそのような「中国人商人」をゲストハウスで見かけた。また，中国への農産物輸出契約をしている農家から中国商人が農産物の買い付けを行い，買い付け先を盗られたことがあったとのことであった。このため，この企業は契約農産物の供給先を中国からベトナムに変更したという。これらはラオス商人と中国商人が商人同士で競合関係にあることを示しているが，中国商人は中国にコネクションがあり，この点では中国商人にアドバンテージがあること，逆に言うと，対ベトナム輸出には中国商人にアドバンテージがないために事業を継続できていることがわかる。この企業はタイからの農機具，肥料，電気製品の輸入販売もしているが，これができるのは中国製品の輸入販売ではないからである。中国製品を取り扱うには，中国とのコネクションの強い中国商人が圧倒的に強く，競争上勝てる見込みがない。ただ，今後タイ製品より中国製品への志向性が高まると，

タイ製品を扱うこの企業は，再びその意味での競争力を失うことになる。これは中国商人のここへの進出が購買者としての中国の台頭，工業製品提供者としての中国の台頭に後押しされていることを示していて極めて興味深い。

このような状況の中で，ウドムサイ県の投資計画庁のソーファンソン・ソミエ主任が恐れているのは，現在県都に建設中の綺麗なショッピング・モールのレンタル料金が高いため，中国人しかレンタルできず，結果，入居者は中国商人のみとなってしまうことである。筆者は後に旧都ルアンプラバンを通過した際，観光客の集まる旧市街地の新しい複合ショッピング・センターの入居商人のほとんどが湖南省などからの中国商人[2]であることを知った。つまり，ソミエ主任が心配しているような状況はすでに各地で生じているのである。

なお，こうした進出中国人商人と現地商人との競合関係は，タクシー業でも発生していた。ボーテンに来る客の多くはカジノで遊ぶが，以前はホテルからカジノまでを現地のタクシーが送迎していたものを，今は中国人ホテルが自前で送迎サービスをするようになり，現地のタクシーは客が減ったと嘆いていた。

III 商品作物の委託生産に関わる矛盾

ところで，この「中国人商人と現地人商人との間の矛盾」というものには，前述のように現地で生産された農産物を他に輸出する中国人商人との間の矛盾が含まれていた。こうした農産物を扱う中国人商人とラオス人商人との間の競合関係である。しかし，これは同時に，そうした農産物を生産する現地農民とそれを集めて中国に輸出する中国人商人の間の矛盾でもある。

たとえば，訪問したウドムサイ県ムアンナモ地区ナム・ベウム村では，タ

---

[2] ラオス境内でこうした商業・貿易に携わる中国人の出身地別統計はないが，ミャンマー境内の特区で従事する中国人の出身地別統計は魯（2006）に示されている。それによると，四川・重慶が1778人，湖南が1463人，広西が252人，貴州が187人，雲南が167人，浙江が124人，福建が122人，その他が227人の計4320人であった。この地域分布はラオスでの実感にも合致している。

バコを供給する現地農民から中国人の買い付け商人に対する不満が述べられた。彼らが言うには，中国商人がタバコを買い付けに来た際，当初に約束した価格より安い価格でしか買い取りをしてくれなかった。中国商人はタバコの質をA，B，Cの3ランクに分け，昨年は作ったものの70パーセントをようやくランクCとして買い上げたものの，それ以外を規格外として購入さえしなかったという。このため，農民たちは「規格外」の産物を仕方なく非常に安い価格で国内販売している。また，それ以外にも，買い上げによるお金の支払いを買い上げ時にするはずだったのが，実際には中国商人が顧客に販売した後の2，3か月後になったというような不利益，あるいは化学肥料や技術指導料の支払いを中国商人に求められたというような問題も述べられていた。

　こうした問題は一般的なものである。ムアンシン地区の計画投資庁出先のチーフからも，当地区のバック・ハー村の農民からも，またバン・モン村の村長からも聞いた。バック・ハー村の場合はゴム樹脂を以前は11元/kgで買うといっていたのが，「質が低い」と実際には8-9元/kgでしか購入してくれなかったという。また，バン・モン村の場合は，国境での取り引き手数料分を買い取り価格から差し引かれていることへの不満も聞いた。

　ただし，こうした取引条件が不当に低いものであるかは疑問である。リスクテイクの経験を持たない農民たちにとっては，企業家利潤はいつも不当に大きく見えるが，必ずしもそうとは限らないからである。実際，バック・フー村に中国から来る商人の何割かは村民の親戚や友人であるが，彼らの方が純粋に「余所者」の中国人より買い上げ条件が良いとは限らないからである[3]。

　なお，こうした農民と商人との間の矛盾には，契約という概念に慣れず，よって口約束などの曖昧な「契約」を農民たちがしてしまうことによる問題も含まれている。たとえば，ムアンシン地区の計画投資庁出先チーフは，前

---

3) このように中国人の立場からこの地での経済活動を見ることも重要である。ラオス北部での対中商品作物生産にはスイカの栽培というものもあるが，この地の土地を借りて農民として生産活動をしている中国人の多くは，気候の変動に合わせてラオス人と同じように時に大きな損失を被っている。この点はFujita (2010) に詳しい。

述のような買い取り価格低下の際には農家の支払う投資補償金も低くなると農民たちは思っていたと述べていたが，現実にはそうならなかった。農民たちはこれに不満を持ったが，これには「契約」の重要性を十分理解できていない農民たちの問題も含まれている。

しかし，こうしたラオスの対中農産物供給で今最も重要なのはタバコではない。中国に供給される農産物には，他にもスイカやトウガラシ，ピーマン，カボチャ，トウモロコシなどがあるが，それらよりも圧倒的に重要なのはゴムである。中国のゴム需要は自動車生産の急増に伴うタイヤの需要増に対応したもので，これには人工ゴムが間に合わないため，まずは中国雲南省境内でのゴムの植林が1990年代以降に進んだ。本来は，熱帯地域でしか育たないゴムの樹を霧で覆われる雲南の独特な気候下で栽培可能としたのは中国の優れた農学者であったが[4]，雲南省南部のほとんどの適地がゴムの樹で覆われるにいたり[5]，今世紀に入ってラオス人によるその導入と中国人商人によるその委託生産が急速に拡がっている。正確に述べると，一部は中国領内に新たな植林地をなくした中国人企業家がラオスの農民たちに技術指導・苗木提供を含む生産委託を行い，一部はそれを見たラオス人が自発的にゴムの植林を始めたものである。それによって成功した農家（林業家）が続出し，またこれによってケシ栽培を止められること，数年で耕作放棄をしなければならない焼畑農法を止めて森林の形で山を残せることなどで中国政府やラオス政府も関与した推進体制が組まれてきた。たとえば，前述のルアンナムタ県計画投資庁主任の話では，県政府は15万9000人＝2万8900家族の総人口に対し，2万8000の家計がゴムの樹栽培に関わっており，これに3万ヘクタールの山林が提供されている。

ただし，それでも，このゴムの最終供給先が中国であることにより，バイヤーとしての中国人商人の力は強く，よって先に見た他の農産物と同様，委託者／商人としての中国人とゴム樹液生産者としてのラオス人との間での矛盾は発生している。それに加えて問題となっているのは，ラオスの山林人口

---

[4] この事情は，吉野（1993）に詳しい。
[5] 雲南省最南端景洪地域が2004年段階でゴムの樹で覆われていたことは松本（2006）でも知られる。

では賄えないほどのゴム樹液採取労働者が将来必要になり，その結果として中国人移民が急増することになるのではないかという不安である。樹液採取の仕事は早朝2時から3時にしなければならないなど辛く，ラオス人はしたがらないということもある。ウドムサイ県の投資計画庁のソーファンソン・ソミエ主任は明示的にこの恐れを主張され，また実際，調査でインタビューをしたムアンシンのある自営タクシー業者は9ヘクタールのゴム園を持ち，もうすぐ樹液採取が可能となるが，その面積を家族で採取することはできず，儲かりだしたタクシー業を辞めるわけにもいかないから，きっと樹液採取は労働者を雇って行うことになろうと言っていた。つまり，こうして将来に大量発生する労働力需要にラオス人が対応できず，よって中国人労働者の大量移民の可能性が拡がっているのである[6]。

もちろん，このことはラオス政府も知っているから，人口に見合わないゴム園の拡大を抑制しようとしている。具体的には，ウドムサイ県ではすでに1万7000ヘクタールまでに拡がっているゴム園を3万ヘクタールまで拡大したいと希望する中国側の要請を断っている。ラオスでは，農地・山林の土地区画（「土地森林分配事業」）が主に1995年から2003年までの間に行われ，それで利用制限できるようになっているからである[7]。

また，農民と委託者／商人との間の利益分配において農民に不利とならない基準を設けるというようなタイプのコントロールも政府は行っている。ウドムサイ県の計画投資庁主任の話では，委託者が化学肥料，苗木，技術指導に加えて賃金コストも払った場合には彼らは全収量の60パーセントを取得，賃金コストを支払わなかった場合には全収量の30パーセントを取得，というように決めてその基準を守らせている，ということであった。

---

[6] 厳密に言うと，ラオス内の少数民族であるアカ族が雇われる可能性も大きい。Fujita (2010) によると，アカ族は自身で事業を起こすのに慣れず，ラオスの多数派民族や中国人が経営するスイカ農園で農繁期に雇われているようである。これはこの民族が新しく形成される階級関係の中で「労働者」となりつつあることを意味している。

[7] この土地森林分配事業については，横山・落合編（2008）第6章参照。

Ⅳ　中国資本に対抗できるラオス企業家の成長

　しかし，以上のような各種の矛盾が発生しているとしても，今のところその矛盾はチベットやウイグル地区におけるように厳しくはなっていない。これは労使関係に関しても述べたことである。そして，その原因を考えると，たとえばムアンシン地区におけるゴム植林「投資」の4分の1はラオス人自身によって行われている（ムアンシン地区投資計画庁出先のチーフ）など，意外と経済的地位をラオス人が確保していることがあるように思われる。Antonella（2006）がレポートするように，「問題のあるゴム園」と「問題のないゴム園」の違いは，この投資のあり方の差にあり，地域住民を無視した中国からの大規模投資が前者の極にあったとしても，契約条件を明示し，かつゴム園農家の主体性を維持できるスタイルの経営はむしろ推奨されるとされている。そして，この「農家の主体性」は彼らが本来「地主」であるということによって少なくともある程度は確保されていると言うことができる。本書はチベットやウイグル地区の現地少数民族のかかえる矛盾は，少数民族が漢族企業家に雇われる労働者の位置に甘んじていることから生じていると考えている。しかし，このラオスの場合は，たとえばゴム園では「投資者」としての中国商人が「資本家」として振舞ったとしても，現地農民たちはその下で働く「労働者」であるだけではなく「土地所有者」でもある[8]。この違いは大きい。

　さらに，こうした状況下で企業家として成長するラオス人もいる。たとえば，ウドムサイ県ムアンナモ地区ナム・ヴェウム村では，村に通じる道を作ったということで，村の共有地を与えられ，大規模にゴム園を経営している企業家があった。ムアンサイに住む小企業家で，ゴムの樹液採取は現地村民によることなく，家族・親戚でやっている。

　また，ムアンシンの農家には自動車を持ったり，家を新築している者が多

[8) もちろん，「社会主義」のラオスにおいて土地が私有財産として存在するわけではないが，政府には「土地区画」権限が（一応）ある一方で，強力に残る村落共同体が実質的に各村の土地を管理している。ここではこの意味で農民たちが「土地所有者」であると述べた。

い。ゴム園での成功のおかげと思われる。前節で言及したタクシー業者は，10年前まではハイスクールの教師だったが，タクシー業に転進し，かつ前述のように9ヘクタールのゴム園経営者になろうとしている。彼の祖父は中国人ということで，そうした人間関係が企業家精神を育成している可能性がある。

　さらに，ムアンシンから国境方面に進んだところにあるバック・ハー村やバン・モン村でも成長中の企業家を見た。どちらも自家用車を持ち，後者は木材の中国への運送で儲けている。これらも中国との接触の中で企業家が成長している例である。バック・ハー村は最も国境に近い奥地の寒村であるが，それだけ中国側に親戚や友人が多く，ゴム園への「投資」はほとんど自力でしている。この場合，中国人は「投資者」としてではなく，「商人」としてのみ関わっている。

V　国境の街ボーテンの問題

　ただし，本論のテーマからすれば，あまりに多くの中国人が進出し，一種の「租界地」化した国境の街ボーテンの問題自体も論じないわけにはいかない。ここは，ラオス政府が設定した「特区」として，中国側が「租借」しており，その契約は30年契約で3回更新可能ということだから，今後90年も中国側の土地となる。また前述のように，ここではほとんどの看板は漢語で書かれ，ラオス人を見つけることは難しい。ようやく，3店のレストラン，2店の小商店をラオス人が経営し，他に国境管理員と警官，中国人経営のホテルやカジノの従業員として働く少数のラオス人がいるが，人口の99パーセントは中国人である。今後も学校や病院や銀行ど11ないし13の建設計画があるという。筆者は2度この街を見たが，その2度の間に大型のビルの建設が進み，綺麗なアパートにはすでにラオス語の話せない，ないし話す気もなければ必要もない中国人入居者で満ちていた。特に不遜と思ったのは，彼らは腕時計を中国時間に合わし，中国時間で暮らしていたことである。たしかに見ている衛星テレビは中国時間で放映されているからその方が

補論　チベット問題への試行的アプローチ

ボーテンの「娯楽城」。ほとんどの看板はラオス語でなく中国語で書かれている。客は100％中国人だから当然である。現代の租界地である。

便利なのは理解できるのではあるが……。

　また，ここでの大きな問題は，来ている中国人の主要な目的が，カジノと売春となっていることである。もちろん，これら以外にもネットバーなどの健全なものもあるが，カジノも売春も合法化されていて，その結果，売春婦が路上で売春宿の電話番号と自分の番号を書いたカードを配り，男性と腕を組んで歩いている姿があちこちで見られた。ただし，「合法」なので，彼女らは税金も支払っているとのことである。

　それで考えてしまうのは，このような中国人の「遊び」のための特区の建設を許可したラオス政府の事情である。税収が増えるのは間違いないが，さして雇用にもよい影響はない。このような形の中国人の進出を許しているラオス政府をどう評価すればよいのだろうか。

Ⅵ　まとめに代えて

　このボーテンでは両「民族」の「交錯」がないので，カジノのガードマン，あるいはタクシー運転手から若干の不満が聞かれた程度であったが，事実上の「租界」なので我々外部者から見れば問題は大きい。ここでの現実を両「民族」の良好な交流と理解することはできない。

　その点では，国外に出る中国人は進出先の人たちを尊重・尊敬して接することが必要であり，そのために必要なことのひとつはラオス語の学習を必須にすることではないだろうか。ルアンナムタやウドムサイでは中国人はほぼラオス語を話せたが，ほぼ全員が中国人のボーテンでは中国人がラオス語を学ぼうとするはずはない。

　中国人移民を制御できるかどうかは難しい。ルアンナムタ県の主任は，不法移民をいくら警察が追い返しても翌日にはまた帰ってくると言っていた。これは基本的に中国に余剰人口があり，ラオスに仕事がある限り（さらにラオスの人口が限られている限り）進行する。ゴム植林の問題は，本来的にゴム植林の余地が圧倒的に残っていることにある。ラオス側がいかに「農民の数からしてもうゴム農園はいらない」と言っても，それは山を無益に放置しているだけの帰結となる。そのうちに，中国の自動車需要はさらに何倍にも成長し，よってゴム価格はまだまだ上昇する。その時に山林を現状のままに放置することは難しい。

　したがって，唯一の望ましい道は，ラオス人が本来土地持ちであることを有利に活かすこと（これは第Ⅳ節で述べた「土地所有者」としての有利さである）によって，地主や資本家の立場から中国人を働かせるくらいのパワーを持つことである。困難ではあるが，ラオス内でもやり手の企業家が生じつつあることもその意味で大事である。

　これは，商人として中国資本と対等にやっていけるようになるためにも，生産者でありつつ商人でもある存在になるためにも，また労働者でありつつ資本家でもある存在になるためにも必要である。

　なお，本論は集中的に調査を行ったラオス北部，特に中国国境近くの地区

での問題を取り上げたが，ラオス中部の首都ビエンチャンでは，中国商人の進出がさらに大規模で,現地日本人やラオス人知識人から危惧の声を聞いた。一部には，「東南アジア・オリンピックのスタジアムを中国が建てたので，代償として中国人6万家族＝30万人のマーケット建設に政府が合意した」という噂話も広まっている。これは根拠のないものであるが，根拠のない噂話が広まるような嫌中の空気が一部に流れるほど，すでに大量の中国人がここに定着し市場に大きく入り込んでいることを示している。筆者は近年開店した近代的な中国家具センターと日用品のショッピング・センターも見学した。ここに働く多くの従業員はラオス人であり，その一部は中国語を話せる従業員であった。

このように見た時，基本的には中国チベット族地域や新疆ウイグル自治区ほどの緊張がないということ，つまり全般的には摩擦のレベルが低いものの，やはり矛盾の存在を否定できないことも知らなければならない。しかし，これらを詳細に見ると，やはり中国の進出で「利益」を得る人々と「不利益」を被る人々との間での受け取り方の相違も興味深い。前者には，契約で利益を受けた農家，雇われた労働者，現地政府関係者がおり，後者には，中国人と競合する商人（中国以外の外国商人を含む），良い作物を供給できず買い叩かれたと考える農家，特に利益を得られない知識人が含まれる。

こうして他国への「従属」を「従属」と捉えるかどうかの相違が，その「従属」による利益の有無と関わっているというのは一般的である。考えてみれば，日本における「対米従属」をそう捉えるかどうかも，そのような特徴を持っている。沖縄の人々はより強く「不利益」を被っているのである。

したがって，ラオスの中国人に対する入国管理の緩さは一種の政治的従属の結果であると主張することもできる。観光ビザで入国し違法にビジネスを行った中国人のパスポート番号をチェックして再入国できないようにしさえすれば十分対処可能との意見からである。ここまでくれば，警察や入国管理に関わる部署の姿勢の問題も関わってくることとなる。

補論2

「チベット難民」と現地の相克：
ネパール・インドからの報告

大西　広

　本書は少数民族問題が先鋭化している本当の理由を「経済問題」として主張するものであり，したがってチベットの場合ならチベット自治区をはじめとするチベット族居住地区の現場の実態を詳しく調査することが何よりの出発点となる。しかし，他方で，特にチベット問題については，インド，ネパールにおける「難民」という問題もあり，インドについては2010-11年の年末年始に，ネパールについては2008-9年の年末年始に調査を行った。そこで得た情報は，ここでも先住住民であるインド人やネパール人と外来者であるチベット人との間での矛盾があること，しかし，その矛盾も入植地の状況に応じて異なっているということであった。

　そこで，本補論では訪問順にネパール，ダラムサラ，バイラクッペの「チベット難民」の状況を報告する。ダラムサラは言うまでもなくチベット亡命政府のあるインド北部の都市であり，後者のバイラクッペはあまり知られていないが，約2万人のチベット「難民」が住むインド南部の「入植地」である。後で述べるようにこの両者における「難民」の在り方は決定的に違っており，それが現地住民との摩擦の有り無しを決めている。その意味で重要な発見であったと筆者は考えている。

I　ネパールにおけるチベット難民

　まずはネパールにおける「チベット難民」であるが，彼らはこの地で非常に活発に経済活動をしていた。チベット自治区では漢族の進出が激しく経済

補論　チベット問題への試行的アプローチ

ネパールの避暑地ポカラのチベット・レストラン。この地のチベット人は商売が上手でネパール人に嫌われている。これには外国人がこの地でもネパールの工芸品や食事よりチベットの工芸品や食事を好んでいることも影響している。

的に押され気味の彼らもこの地では逆転して現地ネパール人を押しのけて土産物屋やレストランを数多く出し，チベット仏教寺院周辺や「難民キャンプ」周辺，さらには観光客の集まるその他の観光地でも相当目立っていた。中国国内のチベット族地区では彼らの企業家への転身がうまく進んでいないが，これを見るとチベット族も企業家に十分なれるという感想を持つ。ただし，第6章2節で見たように中国でのチベット族企業家の生成は主に他民族と接触するその周辺地区から始まっている。そして，その意味ではこの「ネパール」という地も周辺地区に違いないから，この議論はここでも当てはまっていることになる。民族の交流の重要性を改めて感じる。

　しかし，それでも，そうして諸民族が互いに刺激し合うということは，紛争の原因にもなる。2008年のラサ暴動の直後，それに呼応した「チベット難民」のデモがカトマンズ市内で発生し，それが現地警察によって弾圧されている様子が全世界に流されたが，この背景にはネパール人に彼らが嫌われているという事情がある。現地のネパール人は異口同音に「チベット難民」のことを悪く言い，「あんなものは難民でも何でもない」という。たとえば，ネパール人の作った絨毯の3倍の値段でチベット族は絨毯を売る，という。そして，実際，カトマンズの南に隣接するパタンという町の「難民キャンプ」の大きな建物は実際には絨毯工場となっていて，欧米人が買いに集まっていた。チベット自治区ではチベット族が漢族にその経済的利益を奪われていると感じているが，ここネパールではネパール人がチベット族にその経済的利益を奪われていると感じている。皮肉なものである。

　もうひとつ，この関連でバクタプルというカトマンズ近郊の古都での興味ある調査体験も紹介しておきたい。それは，この旧王宮周辺でアルバイトのガイドを雇ったところ「チベット難民」にタンカと呼ばれる仏教画の店に連

れていかれ，そこで「この絵の図案はダライラマが作ったものである。そのため売上げの 15 パーセントはダラムサラのチベット亡命政府に支払われる」という説明を受けたことである。同行者の判断はそれは嘘だろうというものであったが，嘘か本当かは別として，こう言うと外国人がよく買うということであろう。ネパール人が「ネパール人の作った絨毯の 3 倍の値段でチベット族は絨毯を売る」と言うこともこれでよく理解できる。「ダライラマ」への言及が彼らの付加価値となっており，かつまたそうしてネパール人のマーケットが浸食されている。この地におけるチベット族の商魂は相当逞ましい。

　しかし，ここまで商魂逞しくなると，この原因は「他民族との接触によってそうなった」とは言えないかも知れない。ここでの「他民族」はネパール人であり，彼らとの接触が彼らをそうしたという方式では彼らを追い越すまでに商魂逞しくなることが説明しにくいからである。もしそうだとすると，ここでありうる「追加的説明」とは，そもそも企業家精神に逞しいチベット族がここに「難民」としてやって来ている，というものであろう。彼らは当初 1959 年のダライラマの亡命時に連れ添った者たちであるから，当然農奴主や貴族が多かろう。無知な農奴たちではなく，そうした「文明化」された社会階層がこの地に移動しているとなると当然企業家としての成長はありうる。これがひとつの推測である。

　しかし，まったく別の視点から，彼らのこの地における生活基盤の無さがそうしたのだとの説明もありうる。私が見た「難民キャンプ」は上記のパタンのものだけではなく，カトマンズから西へ 200 km 行ったポカラという農村部のものもあるが，その地区に住居が集中している理由は土地を持たないからであるとも思われた。農村であるから大部分のネパール人は農民ではあるが，この地のチベット族は農業以外で生計を営まねばならない。その場合，観光客相手の土産物屋やレストラン，あるいは先のようなタンカ（仏教画）描きとなる。つまり，やむなく「企業家」にさせられたという仮説である。

　マルサスは，『人口論』の中で，「貧しさこそが人間を発達させる」というような「反動的」なことも言っている。これは当時の進歩的な人々から当然に反発を得たものであるが，わからないわけではない。資本主義に適合した人格の形成がどのような条件によって行われるか，を考える時，これは実際

的に意味ある意見でもある。逆に言うと，チベット自治区におけるチベット族たちが「補助金漬け」にされても良いのかどうかという問題とも関わっている。

II　ダラムサラにおける現地人と外来難民との矛盾

現地インド人の激しい反発

　続いて報告するのはインドのダラムサラにおけるチベット「難民」と現地住民との間の状況である。ダラムサラと聞くと，どうしても「亡命政府の本拠地」との印象が先立つが，ここは本来，チベット難民が来る以前からの避暑地で，現在も1万8000人のインド人が暮らす町である（これに対し現在のチベット人の人口は約7000である）。したがって，そこに以前から暮らすインド人にとってみれば，1959年を境に「難民」が押し寄せるようになり，その後「共存」を余儀なくされるようになった地ということになる。

　そこでまず，ダラムサラの概況を説明すると，ここは大きく三つの地区によってなりたっていて，①山裾にある本来のダラムサラ，②山の上にチベット族が集住するマクロードガンジ地区，③その中間地帯となっており，①はノルブリンカと呼ばれるチベット人の寺院・ショップ・ホテル複合施設を除けば基本的にインド人が住み，②はダライラマも住む両民族の混合地区，③はチベット亡命政府がある混合地区となっている。そして，問題は②③のような混合地区で起きている。筆者がドライバーとして雇った現地のインド人およびその通訳は口を揃えてチベット族への反発を次のように露わにした。すなわち，

1) 治安が悪くなり，チベット族がインド人を殺害するような事件も生じた。さらに，チベット族はその犯人をかばって逃走させ，その犯人は今も捕まっていない。このようにチベット族は自分たちに犯罪者が出てもかばう。
2) 知っている現地のチベット族僧侶をデリーでたまたま見かけたが，そこで彼はジーパン姿であった。僧侶は本来それを着られない。そのため，その僧侶は見つけた現地インド人を部屋に入れて酒を薦め，秘密にして

欲しいと懇願してきた。また，インド人が「なぜダラムサラでは僧侶の恰好をしているのか」と聞いたところ「僧侶はビジネス，お金のため」と答えられたという。本来彼らは結婚もできないが，隠れて家族を持っている者もいるという。
3) インド政府がゴミ収集車を購入するお金をそれぞれのコミュニティーに出したが，チベット族コミュニティーは予定された車両を買わず，別目的に使った。それを指摘されると慌ててゴミ収集車を買った。
4) 現地人が崇めるヒンズー教寺院先の綺麗な滝でチベット族は洗濯をして水を汚している。
5) チベット族に寄付した人がここに来た場合，醜聞を知られるのが怖いので地元インド人との接触を極力避けようとしている。

となる。これらは現地インド人が直接筆者に語ったことであるから本当のことであろう。そして，実際，このような摩擦のあることは，現地チベット政府高官も認めている。たとえば，藤倉善郎という記者が「オーマイニュース」というネット・ニュースに書いている「チベット流民主主義の一端を見た／全財産はたいてチベット亡命政府に行ってみた（最終回）」とのレポート（2008年8月28日）では，元政治囚組織「グジュスム」のンガワン・ウォバル代表が「インド人の間では，チベット人に対してよくない感情を抱いている人もいる」と話している。筆者はダラムサラ訪問前にこのレポートを読んだ際，これを一般のインド人の感情かと勘違いをしていたが，実はこの意味はダラムサラに元から住んでいる現地インド人との間の「現場」的な矛盾であることがわかった。

反発の背景にある経済格差
　しかし，こうした一種の「チベット族の犯罪」が現地インド人の心の中に深く刻みこまれるのには，やはり経済上の格差が背景にあるものと思われる。ここは避暑地といってもインドの片田舎だから現地インド人は当然貧しい。たとえば現地のローカルバスに乗っているのはすべてインド人で，チベット族はバイクや車で移動している。上記の藤倉善郎氏のレポートでも，「ダラ

ムサラには多くの物乞いがいるが、すべてインド人だ」とのンガワン・ウォバル氏の言葉が紹介されている。そうしたインド人から見た時、チベット難民の暮らしの良さは妬みの対象となっており、それは彼らの「経済活力」だけによるものではない。筆者も現地亡命政府のメンバーから資金援助の依頼を受けたが、世界では「チベット難民を救おう」ということになっているから、1人の子どもに4人の後見人がつくこともあるなどと聞いた。道の片方は貧しいインド人の家、他方は豊かで綺麗なチベット族のアパートとなっているところも複数か所、見たが、特に僧侶は優遇されているように見うけられる。チェチョリン寺という僧院では、西洋人が寄付したバルコニー付きの綺麗なアパート（次頁写真）があった。

　もちろん、ネパール難民と同じく、チベット族自身の正当な努力による豊かさもある。筆者の泊まったホテル周辺にあった2か所のネットカフェはどちらもチベット族経営によるもので、かつ非常に洒落た外国人好みのものになっていた。そして、そのどちらでも労働者としてインド人が雇われているのが気になった。もう一度先の藤森氏のレポートを引用すれば「チベット族は、汚い仕事をしたがらない。ダラムサラでも、飲食店の皿洗いなどはインド人にやらせている」となる。現地インド人からすれば、本来自分たちだけで静かに平和に暮らしていた町に急に彼らがやってきて、自分たちを見下す存在となっている。それが「難民」というステイタスで、かつまた外国からの大量の援助で暮らしている、となる。もちろん、土産物屋やレストランやホテルも競合し、彼らに顧客を奪われている。こうなると、ここでの摩擦は単に中国国内で生じているチベット族と漢族の間の摩擦である以上に、「外国からの援助」の絡んだ、さらに複雑な問題となっていることがわかる。

しかし、反発の度合いはそれぞれ

　しかし、それでも、現地のインド人はすべてのチベット族を一様に嫌っているわけでもなく、また、すべての現地インド人がチベット族を嫌っているわけでもない。激しい反発の感情を示した我々のドライバーも、古くからここにいてインド人に雇用をもたらしてくれている者はいてもよい、と言っていた。上述のようなチベット族企業以外でも、お寺や亡命政府庁舎などで掃

ダラムサラ・チェチョリン寺に西洋人が寄贈した綺麗なバルコニー付きアパート。

除などの仕事をする現地インド人がいた。彼ら／彼女らは「僕」の地位に押し下げられているが、それでも雇用を与えてくれるものは良い、ということとなる。町中でインタビューしたインド人タクシー・ドライバーも彼らが仕事をくれるのでOKと言っていた。ただし、このインタビューで通訳が「彼らがいなくともインド人だけで観光客は十分」「彼らがどんどん増えてインド人が少数派になってもいいのか」と聞くと、「それもそうだ……」となったのも事実である。インドも中国と同じく急成長の過程にあり、夏も冬もこの避暑地に来るインド人観光客は急増している。現在も彼らが8割方占めているが、今後はもっとそうなるであろう。ともかく、こうした経済的事情で現地インド人のチベット族への感情が左右されているということが重要である。

なお、この地のチベット族の半分はニューカマーだという。実際、チベット寺院経営のホテルの従業員やインド人地区でレストランを経営するニューカマーに会った。また、調査の際には亡命政府の元高官にも会ったが、その秘書も1997年に来たニューカマーであった。そして問題は、現地インド人に言わせる限り、ニューカマーの方が問題が多いということである。たとえば、ニューカマーの多くは現地語に疎く、インド人に仕事をくれるわけでもない。また、行儀も悪いと現地人は言う。私の理解では、異文化に接する機会が少なかったため、そうした理解が浅い、あるいは逆にそうしたチベット族がチベットを脱出してここに来ている可能性が高い。少なくとも、異民族と接する機会の多寡が偏見の有無を決めるということは中国国内でも見られることである。新疆自治区でもチベットでも、新しく入ってくる漢族の方により問題が多いこと、「漢族の街」に化したウルムチに入ってくるウイグル

族には民族交流の少ない南新疆人の方がより問題の多いことが知られている。このことと同じ現象といえよう。

国際社会との関係

しかし，この問題がチベット難民にとって大きいのは，このニューカマーの多寡が中国国内と難民キャンプとの生活水準の高低と関わっており，その競争を中国政府と「国際社会」がしている格好となっているからである。余り知られていないことであるが，多くの難民は中国大使館でビザを取得して中国との出入国を繰り返しており，中国に帰国後定住している者もいる。また逆に，中国に定住しつつダラムサラを訪問するチベット族も多い。筆者もダラムサラを少し出た観光地でそうした数名の僧侶に会った。つまり，こうした人々はどちらを定住地とするか比較秤量をしているのである。そして，もしそうだとすると，それぞれの地での生活の良さが比較されるから，中国政府はチベットの生活水準の引き上げにやっきとなる。チベット自治区領内の地区総生産を超えるほどの額の中央政府からの財政補助（2010年のデータでは地区総生産507億元に対して中央政府財政補助が531億元！）は異常なものであり，その他，各生産単位での賃金水準も異常に高い。これは，客観的には世界各国の亡命政府支持勢力の支援金で得られているチベット難民の高い生活水準と競争していることとなる。

ついでに言うと，亡命政府から見た時，この生活水準を維持・向上させる最良の道は，事実か事実でないかに関わらず，チベット族がいかに可哀想かを国際社会に強調することにある。先に引用した藤森氏のレポートでも，亡命政府のンガワン・ウォバル代表自身が「チベット族の言うことを鵜呑みにしなくてもよい。中国側の言い分もしっかり聞いて，自分で判断して欲しい。」と述べているが，こうして亡命政府側自身が自分たちの宣伝にバイアスがかかっていることを認めている。なお，亡命政府が認めさえすれば，どんな人間も「難民」と認定され，ビザが不要となるので，チベット族の入国は非常に簡単であると現地インド人は言っていた。こうした事情も重要である。

ともかく，このように考えると，インド現地での摩擦はただインド国内の事情が影響しているのではなく，国際政治の動向に大きな影響を受けている

ことがわかる。つまり，世界の亡命政府支持勢力も，そして中国政府もが気がつかないうちにインド国内の摩擦の大小に関わっていることになる。こうした事情を知っておくことは，「外国」のひとつである日本の国民にとっても重要なことと思われる。

Ⅲ　「定着」の進むインド第2のチベット族入植地

バイラクッペの二つの入植地

　今回調査をしたもうひとつのチベット族居留地はバイラクッペであり，ダラムサラの3倍の約2万人のチベット「難民」が住んでいる。インド南部カルナタカ州マイソールの西方87 kmに位置する町で，より正確に言うと，この周辺にあるルグスンサムドゥプルン，ディッキーラルソー，フンスーン，モノゴール，コレガルという五つの「入植地（settlement）」のうちの最初の二つがこの町の一部に設置されている。ダラムサラとは違って「入植地」という形で1960年代に設置されたという経過があり，ダラムサラとの違いが目に付いた調査であった。

　と言っても，もちろん，ダラムサラとの共通点も多く，実はマイソールからここに筆者を運んだタクシー運転手はダラムサラの運転手同様，チベット族を非常に嫌っていた。彼が言うには，彼らは外国からお金をもらってただ寝て暮らしているだけだ，不潔で臭いもするし，HIVが流行し，ドラッグに耽っている。ダラムサラから連想するにこれらは本当かも知れない。ただ，現地の人々に聞く限り，それほど反発の声は聞かれず，これがこの地の「入植」の特徴と深く関わっているのではないかと私は考えるにいたった。しかし，その説明の前に，この入植地の概観を述べておきたい。

　バイラクッペ入植地の歴史は1960年に始まる。ダライラマは1959年にダラムサラに入ったが，そこだけではすべての難民を受け容れられないと見た当時のインド政府がインド南部のここに農業を主とした入植地という形で設置したものである。この最初の入植地はルグスンサムドゥプルン地区に作られたが，1969年に隣接するディッキーラルソー地区にも設置されたので，

補論2-1表　ディッキーラルソー地区の人口の変化

	「キャンプ」数	人口総数	家族数
1969年		2401	
1999年	15	3257	528
2005年	16	4469	
2008年	16	4570	594

それと区別するために当地では「オールド・キャンプ」と言われている。

それでまず，ルグスンサムドゥプルン地区の歴史を現地で入手した資料で解説すると，当初カルナタカ州からリースされた3000エーカー（後に210エーカー追加）の土地は森林であったため，その開墾をスイスの支援組織の協力で行う。また，その後は1964年にチベット族有限協同組合という一種の農協を設立して，農作物の取引き，トラクターや石油の供給，カーペットやお香やハンディクラフトの製造販売，粉引き施設の設置などを行うようになっている。作られている農作物としては70パーセントがトウモロコシ，20パーセントが粟・黍，10パーセントがその他米などとなっている。入植地ならたしかにどこでもこのような経過を踏むだろうと想像される。中国の例では，皮肉にも本書第2章1節で説明した新疆自治区の生産建設兵団に酷似している。この結果，現在，それぞれ約100余りの家族で構成されている「キャンプ」が六つ作られ，総人口は1万4000人となっている。

他方のディッキーラルソー地区（現地では「ニュー・キャンプ」と呼ばれている）も大筋は似ているが，この管理事務所とインド国内の農業支援団体（AFPRO）から入手した資料から補論2-1表のような人口の変遷を知ることができる。

これで見る限り，1999年から2005年の間に若干の流入があったと思われるが，それ以外は自然増加程度である。また，州から借りている土地は2000エーカーで，その内1800エーカーが実際に農地となっているということである。したがって，面積／人口比率は先のルグスンサムドゥプルン地区とそう変わらない。

入植地の実際

しかし，この入植地の実際を「農業を主とした」ものと理解することはで

きない。そのことは，入植地代表事務所の資料が示す人口中の僧侶の多さからも言える。ディッキーラルソー地区の僧侶の数は約300となっていてそう多くはないが，ルグスンサムドゥプルン地区では総人口1万4000人のうちの55-60パーセントが僧侶となっており，具体的には，ナムドロリン寺に2500人以上，セラ寺に5000人以上，セラ・ラチ寺に500-600人，サキヤ派僧院に100人となっているからである。これ以外にも有名な黄金寺（パドマサムヴァ寺）とカギュ派僧院があるので，実は実際人口の3分の2を越えるものと思われる。タクシー・ドライバーが言っていた「彼らはただ寝て暮らしているだけだ」といった悪口はこうした事情を反映しているのであろう。「農業を主とした入植地」との本来の趣旨は実現されていない。

　もちろん，宗教行為は難民であろうがなかろうが自由な活動であり，それにインド政府ももの申すことはできない。しかし，実際はこの広大な土地を巨大な僧院コンプレックスの場所として亡命政府は使っているのであり，それは実際狭いダラムサラではできないことである。この意味で，バイラクッペのこの僧院コンプレックスは本来のバイラクッペ住民によって満たされているのではなく，各地から集まった僧侶によって形成されているものと見るべきである。

　このことは，別の面からも言える。というのは，農業を主な生業としている，といいつつも，実際に入植地で農作業をしているのは現地のインド人であるからである。カルナタカ州は隣のケララ州と違って貧農に冷たい州で土地を持たない貧農が多いので，彼らを雇って農作業をさせるのは簡単である。逆に言うと，地元のチベット入植者は宗教関連を除いても，農業とは異なるセクターで主に働いているものと思われる。1999年の資料では，総人口3257人のうちの181人が入植地を離れ，さらにその内の67.73パーセントが州の外に，17.27パーセントがインドの外に働きに出ているとなっているが，彼らの半数以上（56パーセント）はビジネスに従事しているという（従軍も15パーセントある）。農業従事では収まりきらない労働力に育っているということもできる。なお，僧院所有のショッピング・センター（こんなものがあるのも驚くが……）でもかなりのインド人が雇用されて働いていた。

　これらの結果，この地のチベット「難民」はダラムサラにおけるチベ ット

補論　チベット問題への試行的アプローチ

威容を誇るセラ寺院の前でゴミあさりをするインドの原住民。チベット族の豊かな暮らしとの格差がはなはだしい。

「難民」より豊かに見える。筆者は「第14キャンプ」をくまなく歩いたが，そこでのチベット入植者は誰もが庭付きで門を構えた家に静かに暮らしていた。しかし，他方のインド人家屋ではこのようなものは探せないばかりか，金ぴかのセラ寺院前でゴミ拾いをしているインド人を見た。もちろん，外国からのお金が直接入る僧院のアパートも美しく豪華なものであった。農業などこの地の職業に収まりきらず，外での職探しに苦労している入植者もいないではないが，基本は問題なく暮らせていると言うべきであろう。

しかし，摩擦は少ない

　しかし，繰り返すが，民族間の摩擦は少ない。そして，その最大の理由は，チベット入植者が現地インド人の仕事を奪っていないということにあると思われる。ダラムサラは避暑に来た観光客の取り合いがあったが，ここにはそのような状況はなく，逆に外からここにお金を持ってきてくれる存在となっている。寺院の集中はそれ自体が外国援助の集中を意味し，地域コミュニティーのサポーターは，イタリアであったり，スイスであったり，ドイツやフランス，EU，それにインド自身（その典型がインドの農業支援団体AFPROである）であったりする。そして，「建設業」をチベット居留民が生業としていない以上，それらの巨大な建設需要は地元インド人に回る。つまり，一種の公共事業のような効果があるのである。もちろん，この「公共事業」で建設される「公共物」がそれ自体として地元インド人に役立つものではないが。

　それからもうひとつ，ダラムサラのように両民族が道の両側に家を構えるような混住状況のないことも大きいと思われる。上記のように，3000エーカーや2000エーカーの土地が森林のままで貸与されることとなった，というのが本入植地の始まりであり，両民族は完全に別々に住み分けられている。

273

チベット入植者が近くのインド人地区の食堂やネットカフェに来ることはあっても，それは顧客として来るのであって，それに地元インド人が反発する必要はない。これも繰り返しであるが，皮肉なことに中国新疆自治区における生産建設兵団に酷似している。

またさらに，この地に余り政治の臭いのしないことも重要に思われる。多くの外国人に知られている訳ではないから，チベット支援者が政治的目的でここに外国から来るわけでもなく，中国国境も遠いから中国の衛星テレビも入らない。実はダラムサラでは多くのチベット族は中国の衛星放送を楽しんでいて，それはチベット自治区の放送がチベット語でなされているからである。四川省など他の省からの中国語放送も最近来た難民には楽しむことができ，ヒンズー語や英語の現地放送より趣味に合う。これらは特殊政治的目的の放送ではないが，Voice of America のテレビ，ダライラマの講話を一日中流している亡命政府のテレビと中国からのラジオ放送も入った。ダラムサラはこうした電波の飛び交う場所となっているが，それがここ南インドにはない。つまり，こうした事情と離れてバイラクッペのチベット入植者は暮らしているのである。過度な「民族主義」を避ける意味でも重要であろう。

したがって，総じてここバイラクッペのチベット入植者は（外からやってくる僧侶を除いて）現地で生まれ現地で普通に暮らす「住民」に転化している。ハンディクラフトセンターで働く若い2世の女性に「中国に帰りたくないか」と聞くと「チベットには帰りたいが中国には帰りたくない」と答えてきた。この言葉を筆者は「ここで十分。私はここで生まれたもの……」という意味であると解釈した。十分暮らせているからである。ついでに言うと，そんなことで，2か所の入植地代表事務所も小型の村役場のようであった。「これはもはや政治組織ではない」と感じたものである。

経済的な意味で十分暮らせるのなら，そこには何の問題も摩擦も発生しない。この意味で，ここバイラクッペではチベット族住民の定着がほぼできている。同じ「チベット難民キャンプ」といっても，それぞれのあり方は異なる。余り報じられていないだけに「チベット問題」を構成するひとつの事実として認識しておきたい。

補論3
チベット農奴解放の正当性に関する数量経済学的研究

大西　広

　チベットの旧農奴制の評価は「チベット問題」をめぐる現在の論争の一部としても存在し，そのことが冷静で客観的な論争をしにくくさせている。しかし，チベットの旧農奴制は，ヨーロッパ農奴制に近い形態のそれがなぜ東アジアに展開したのか，インド・ムガール朝のザミーンダール制や日本の封建農奴制との異同など，歴史学上極めて興味深いさまざまな論点を提供しており，純粋学問的な冷静な研究が強く求められている。
　亡命政府側の主張には農奴制自体がなかったかのように言う議論やこの旧制度を「理想郷」のように描くものなど，まったく問題外のものが多いが，本論では「農奴解放」の是非に関する検討を計量経済学的な方法で行う。農奴解放は，領主（荘園主）や領主代理人の位置にある富裕農奴の土地支配を解体し，生産手段を各戸に平等に配分するものであるから，これは経営規模の小規模平準化を帰結したはずであるが，これが「生産力的」に効果を持つためには，生産技術が「規模に関する収穫逓減」でなければならない。あるいは，少なくとも「規模に関する収穫逓増でない」ものでなければならない。なぜなら，「規模に関する収穫逓増」であれば，小規模経営を駆逐し，それを大規模経営に統合する農民層分解は生産力的に正当化されるからであり，この場合は「民主改革」であっても，それは「小農形成」ではなく「農業の大規模集団化」でなければならないからである。1959年に行われた実際の農奴解放は「集団化」を伴わず，小農への土地と生産手段の分配であったから，ここでは「規模に関する収穫逓減」ないし，少なくとも「規模に関する収穫逓増でない」ものでなければならないとなるのである。
　筆者の知る限り，こうした視角から解放前のチベット農奴制を科学的に分

275

析した研究は存在しない。このため，本論では，主に農奴解放前後に大規模になされた「社会歴史調査」のデータを基礎に生産関数推計をして上記仮説を検証する。ただし，それに先立ち，この農奴制が19世紀末以来解体の過程にあったとの仮説についても傍証を行う。後に推計する生産関数の結果を解釈するうえでも，こうした状況理解は極めて重要であるからである。

I　農奴制解体を導いた商工業の発展について

したがって，ここではまず，農奴制が19世紀末以来解体の過程にあったとの仮説の検証をこの時期における商工業の発展を検出することによって行う。それは，チベット農奴制が，18世紀以降に「土地なし農奴」を生じさせ，それが事実上の「雇用者」として商工業や軍役，あるいは他の領主や富裕農奴に雇われるという形態が進行し，それが農奴制を弱体化させつつあったと考えられるからである。農奴制が農奴制たりうるのは，集約化した農地を領主が支配さえすれば農奴はその足に鎖をつけなくとも逃れられず，そこで甘んじて支配を受けざるを得ないからである。そして，これは逆に農業以外にも仕事につけることができるなら，つまり農地を持たなくとも所得を得る道が多様に広がっているのであれば領主は農奴を土地に縛り付け，搾取し続けることができないことになる。この意味で，商工業の発展は本質的に農奴制への解体的効果を持ち，ここチベットにおいても，18世紀以降ないし19-20世紀の転換点を境にこの効果が表面化しつつあったのではないかと思われる。18世紀から発生した「土地なし農奴（人役租 Human Lease）」も「農奴」として法的には領主に従属していた（所有物のような存在としてあった）が，その実際上の支配力は極端に縮小していたのはこの理由による。いずれにせよ，この意味ですでにチベット農奴制は解体されるべき状況にいたっていたのであって，これは中国中央政府による農奴解放を支持するひとつの歴史的事実としてあると筆者は考えている。

I-1　那曲地区 1731-1959 年データによる推計

　問題はこうした「商工業の発展」の実際の様子であるが，それはまず格勒他（1989）の 46-47 ページの間に挟まれた表（巻末 292 ページ）のデータで示すことができる。これは，チベット那曲牧区の長期にわたる「村」の戸数の変化のみを示したものでしかないが，1731 年，1924 年，「1959 年以前」の 3 時点の間の各「族」の戸数変化率を戸数規模別に推計でき，それを図にすると次の補論 3-1 図と補論 3-2 図のようになる。

　この 2 図は極めて興味深い。なぜなら，

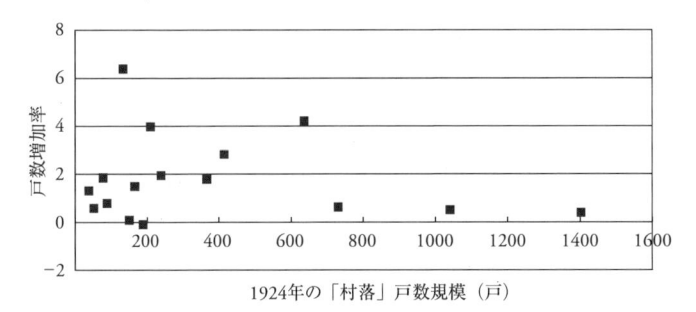

補論 3-1 図　「村落」戸数規模と 1731-1924 年期間増加率との相関
出所）格勒他（1989）の 46-47 ページの間の表。

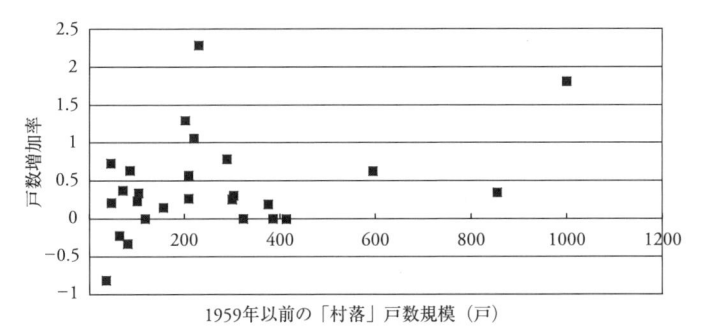

補論 3-2 図　「村落」戸数規模と 1924-1959 年前期間増加率との相関
出所）格勒他（1989）の 46-47 ページの間の表。

1731年-1924年期間：

　どちらかと言えば右下がり＝「村」間の規模格差の縮小

1924年-「1959年以前」期間：

　どちらかと言えば右上がり＝「村」間の規模格差の拡大

となっているから，これは1924年以前では村落規模の平準化が進んだことを意味し，1924年以降はその逆に「都市化」が進行したことを意味するが，この後者はより大きな「村」における商工業の集積が進行したことを示唆しているからである．

I-2　貿易データからの「市場化」程度の推測

しかし，以上の方法も，時期区分が粗く，これだけでは1924以前に「市場化」＝「商工業の発展」がなかったということはできない．そして，そのために，次に「市場化」をインドとの貿易量の推移から推測するという方法を取りたい．それは，陳 (2008) にインド国境亜東税関を通過した輸出入総額のデータが1889年から1910年にいたる期間について示されており，また，チベットにおける商品流通で相当大きな比重を占める茶の輸入量の変化も1928-1938年期間について示されているからである．

補論3-3図は亜東税関を通過した英領インドとの貿易を示しているが，陳 (2008) 441ページの原表から利用したのは「輸出入総額」の系列のみで，図中の「輸入総額」は実は440ページ本文中に示された数字である．この数字は輸入額しか示していないので，「輸出入総額」と単純に比較することはできないが，それでも1889-1984年の間には少なくとも倍の規模には輸出入が増大したと考えられること，それがさらに1890年代後半には一段と大きくなり，また1905-09年頃にはもう一度の増大を見るというように段階的に拡大したことが見てとれる．なお，1904年はヤングハズバンド率いるイギリス侵略軍が亜東税関から侵入した年で，これが貿易量の縮小を招いているが，その侵略軍がラサに入って一旦実効支配を確立したことがその後の貿易量の一段の拡大をもたらした原因である．このイギリスの実効支配は後に解消されるが，それでもこれが市場経済化の促進に役立ち，よって農奴制

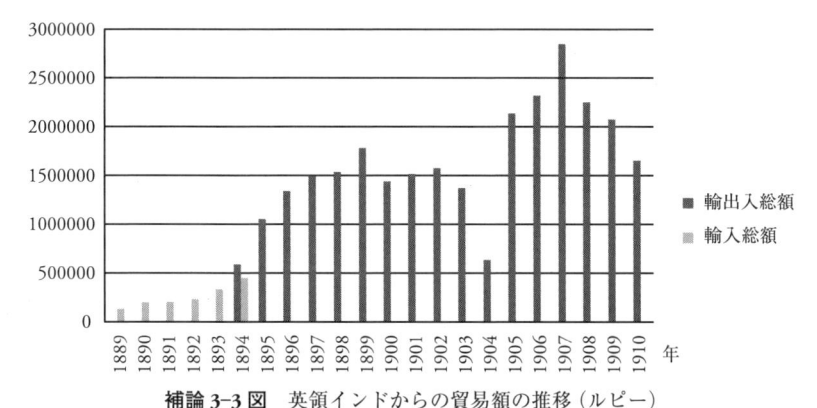

補論　チベット問題への試行的アプローチ

補論 3-3 図　英領インドからの貿易額の推移（ルピー）
出所）陳（2008）441 ページの表および 440 ページ本文の数字

の解体を進めたことは意義深い。ちょうどこの時期が，農奴制解体の本格化の時期と理解されるからである。

　しかし，本論で先に見た「村」の戸数変化の傾向分析では1924年以降こそが決定的な「市場経済化」の時期と解釈された。そして，その意味では，英領インドからの茶のみの輸入量にすぎないが，陳（2008）555 ページの1928-1938 年期間のデータが意味を持つ。次の補論 3-4 図がそれをグラフ化したものであるが，1938 年時点で1928-31 年頃の 5 倍に拡大しているのだから，この時期の「市場経済化」のスピードが特別に速かったことを否定できない。茶はバター茶を毎日飲むチベット族の必需品であって単なる 1 商品ではない。中国本土との間の貿易としてもチベットが馬を輸出し代わりに茶を輸入するという「茶馬貿易」が歴史上の基本的な形態であった。その茶貿易がここまで急速に進むには相当急速な市場経済化がなければならなかったはずである。これは補論 3-3 図が示した世紀転換期のスピードを超えるものであったと考えられる。

　また，関連で言うと，郭（2008）の 508 ページに示された次の補論 3-1 表も極めて興味深い。麺を中心とする「糧食類」の輸入量にすぎないが，総貿易量に占める割合が記されているため，「抗日戦前数年」から 1941 年までの間の総貿易量の変化を追えるからである。この表から総貿易量を逆算すると，「抗日戦前数年」には 56 万元，1939 年には 84 万元，1940 年には 227

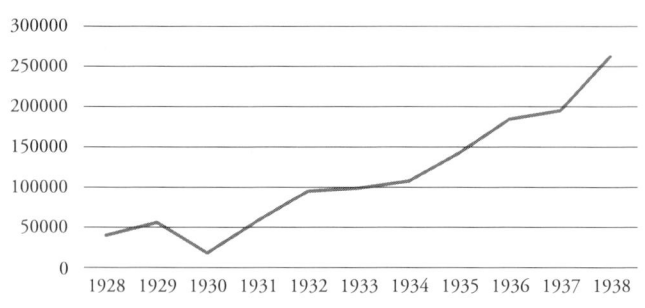

補論 3-4 図 インドからの茶の輸入総額（元）
出所）陳（2008）555 ページの表

補論 3-1 表 「抗日戦前数年」から 1941 年までのチベット「糧食類」輸入の変化

年代	輸入量	総額	総輸入に占める割合	備考
抗日戦前数年	200,000 斤	14 万元	36%	丁徳明の統計
1939 年	200,000 斤	40 万元	47.6%	郭卿友推計
1940 年	2,500,000 斤	175 万元	77%	
1941 年	7,000,000 斤	700 万元	86%	1-9 月期間のみ

出所）郭（2008）508 ページ

万元，1941 年には 814 万元となり，この数字は信頼できる。主要貿易品としての茶の 1938 年の輸入量が 25 万元超でほぼオーダーが合うからである。そして，もしそうすると，重要なのは，1940 年前後からの総貿易量のより一層の急拡大である。実を言うと，多杰才旦（2005）292 ページには 20 世紀 50 年代における大規模農奴制の解体現象が述べられている。当初 400 あった貴族層がこの期間に 200 に半減したというのである。上記推計はこの議論を強く支持する数値であると考えられる。1959 年にいたる直前には，それほど急速にチベット農奴制が解体の最中にあったこととなるのである。

II 農奴解放評価のための収穫逓減技術の抽出について

しかし，こうして商工業の発展＝市場経済化の進展が農奴制の解体を進行中であったとしても，農業部門の技術が収穫逓増的であったのか逓減的で

あったのかがわからないと，農奴制の後に「農地解放」＝小農創出をしたのが正しかったのか，それともいきなり「社会主義的」ないし「資本主義的」な大農経営をするのが正しかったのかを判断することはできない。それ故，ここからはいよいよ当初に掲げた課題としての農業部門の収穫率（rate of return）の推計を行う。

その分析対象は本論冒頭に述べたように農奴解放前後にチベット地区で調査された前述の『蔵族社会歴史調査』（西蔵社会歴史調査資料叢刊編輯組編集，全6巻，西蔵人民出版社，1987-89年）所収の史料である。筆者は1000ページを超えるこのすべてのデータをチェックし，こうした諸変数のデータを作成可能な三つの対象を発見した。それは同『蔵族社会歴史調査』第6巻の拉孜宗杜素荘園1958年データおよび日喀則宗察児谿卡・艾馬崗区谿卡1959-60年データおよび同『蔵族社会歴史調査』第5巻の拉孜宗柳谿卡1958年データであり，すべて現日喀則市周辺地区のものである。ただし，この3番目の調査から得たデータセットでは各経営の土地面積の記載が不統一で（保有全面積，耕作面積の区別が不統一かつ多くが不明確），その記載のまま生産関数を推計しても土地面積の生産に対する弾力性はマイナスとなった。つまり，信頼できるデータセットをこの調査から形成できなかったため，ここではこの調査結果を除く二つのデータセットの分析を行う。

II-1　拉孜宗杜素荘園差巴1958年データの検証

そのまず最初は『蔵族社会歴史調査』第6巻所収の拉孜宗杜素荘園の差巴データ[9]（1958年通年のデータを翌年調査）の分析である。この荘園のデータは，

---

[9] チベット農奴制の「農奴」には以下の3種類がある。すなわち，①比較的大きな土地を世襲するが賦役以外の税も課された「差巴」（農奴であっても奴隷や雇用労働を持つこともある），②非世襲的な小土地しか持たないため賦役以外の納税義務のない「堆窮」（「小戸」と表現されることもある），③「堆窮」ないし「小戸」の一部を構成するが土地を持たない「土地なし農奴（人役租）」である。『蔵族社会歴史調査』はこのうち差巴だけでなく堆窮のデータも詳細に調べられているが，先に述べたように堆窮の多くは土地なしであるため，このデータセットとしては「保有土地ゼロ」となり，実際に利用した土地面積がわからない。これでは，土地投入の技術的効果を測る本論の目的を達することができないため，ここでは差巴のデータのみを利用している。また，こうして「農奴上層」の差巴のみの抽出ではあっても，かなりの経営規模の広がりがあることを第2表から確認しておいていただきたい。「差巴」といっても，奴隷や雇用労働（ここでは小作と特に区別していない）を持つものや，先のように「土地なし」に没落したものまで含まれてい

当時の当調査グループが搾取率の計算を目的としたため，現物のままで示される各種の生産物も，たとえばハダカ麦580如剋＝1740元，草730筐＝365元といった形ですべて元単位に換算している。これは，複雑な投入・生産構造を単純化して分析するうえでの基本的な作業として我々の目的にも合致している。ただし，我々の目的は特定の生産関数を推計することであるから，これら経営体から牧畜業などその他の部門の生産活動を排除し，かつまたそれに対応して農業労働に従事する労働力の数を各経営体について推計するという作業を慎重に行っている。

　その作業は何段階かにわかれるが，最初の段階は家族内の労働力を推計する作業である。資料には各家庭の家族成員の年齢が書かれているものも多く，その場合は15-60歳の家族成員を「家内労働力」とし[10]，そうした年齢構成が不明なものは，明確な家計における（家内労働力／家族総数）の平均値である0.5を各家庭の家族人口にかけて「家内労働力」を推計した。これが補論3-2表の第2列に示されている。しかし，補論3-2表の第3列にあるようにいくつかの家計は奴隷や雇用労働を保有しているので[11]，これが彼らの総労働力を構成している。

　しかし，上述のように問題は各家計の中で農業労働に従事する労働力を限定することであり，ここでは「地代収入を除く総収入」から「農業収入」を差し引いたすべての所得を360元で割って第3列から差し引かれるべき「農外就労」を求めた。この360元とは，本調査で1か月の賃金が30元として計算されていることによる。この計算結果が補論3-6表の第4列で示されたものである。

　また，農業生産に関わる生産手段としては，直接に耕作を手伝う耕牛と，時に耕作にも利用される黄牛のみを取り出した[12]。この理由は鍬などの簡単

るからである。こうして生産関数推計に必要な十分なデータの散らばりは確保されている。
10) そもそもそのような理解から資料に最初から「労働力数」が明示されているものもあった。
11) 第3の家計の「奴隷・雇用者数」に「1」とあるのは，「賃金として約5剋の土地を被雇用者に与えている」とあるからである。
12) 耕牛のみを変数として計算した場合は，耕牛を1頭も持たない家計の計算上の扱いが問題となる。「0」では対数をとれないからである。このため，ここでは耕牛のみを「役牛」として計算する場合，耕牛を持たない家計は便宜的に0.01頭の耕牛を保有しているものとして計算した。

補論 3-2 表 拉孜宗杜素荘園差巴 1958 年データにおける農業収入と生産要素

	家内労働力(人)	奴隷・雇用者数(子どもを除く,人)	全農外就業除く労働力数(人)	土地(剋)	耕牛(頭)	黄牛(頭)	農業収入(元)	地代収入を除く総収入(元)
1	4	8	7.4	154	4	4	2160	3815.25
2	4	5	4.79	164	9	4	2703	4217.75
3	5	1	3.91	66	0	3	1155.75	1909.55
4	7.5	0	5.84	77	2	0	1560.83	2159.83
5	4	0	2.8	262.5	3	0	1009.5	1440.75
6	4.5	1	4.31	160	3	0	1098.15	1526.02
7	8	0	5.55	100	2	0	574.5	1456.9
8	4	0	2.78	80	3	0	482	921.3
9	5.5	0	3.48	69	3	1	895.88	1624.38
10	4	0	2.78	50	2	0	374.5	815.3
11	3	0	1.93	90	0	2	643.5	1027.6
12	3	0	0.99	41	0	4	741.1	1466.48
13	6.5	0	3.78	35	1	0	587.25	1566.25
14	3	0	1.93	145	2	0	802.5	1188.3
15	6	0	4.11	25	2	0	397.5	1078.25
16	2	0	1.04	16.5	1	0	360	706.65
17	5	0	4.44	127.5	4	0	721.5	924.25
18	2	1	2.41	95	2	0	546	757.5
19	4.5	0	3.22	36.5	1	1	703.88	1163.93
20	3	0	2.18	15.8	1	1	212.75	507.75

出所) 西蔵社会歴史調査資料叢刊編輯組 (1988) 74-156 ページの資料より作成。

な生産用具はそもそもどの家計にも保有されていること,および諸種の用具を合算する適切な方法がないからである。家畜には乳牛,ヤクなどもあるが,これらは「耕作用」ではない。しかし,「時に耕作にも利用する黄牛」を「耕牛」と同様に扱うべきかどうかは難しいので,ここでは「耕牛」のみを役牛とする場合と,「耕牛＋黄牛」を役牛とする場合と,黄牛を耕牛 0.5 頭とカウントする場合とに分けて計算した。

なお,土地面積として示したのは,実際に保有している面積ではなく当該年に実際に耕作された面積である[13]。

[13) ただし,5 番目の家計の耕作地は農奴主から与えられた土地面積中の耕作地と新たに買った土地面積の合計となっている。新たに買った土地面積中の耕作地と休耕地の比率が不明なためである。また,10 番目の家計の保有地は史料に記されていたが,耕作地が不明であったため,他の

補論 3-3 表　拉孜宗杜素荘園差巴 1958 年データによる生産関数の推計
(定数項，労働力，土地面積，耕牛／黄牛の項の上段は推定された係数，下段は t 値)

	役牛をカウントしない場合	耕牛のみを「役牛」とする場合	耕牛＋黄牛を「役牛」とする場合	黄牛を 0.5 耕牛としてカウントする場合
定数項	4.2817	4.1011	4.6509	4.6260
	(7.794)	(7.306)	(9.069)	(7.713)
労働力の対数値	0.3201	0.4354	0.2374	0.2260
	(1.529)	(1.918)	(1.253)	(1.0385)
土地面積の対数値	0.4602	0.4718	0.2979	0.3491
	(3.260)	(3.383)	(2.081)	(2.149)
耕牛／黄牛の対数値	—	−0.0666	0.4257	0.2888
		(−1.222)	(2.351)	(1.303)
決定係数	0.5564	0.5943	0.6702	0.5989
自由度修正済決定係数	0.5042	0.5182	0.6084	0.5237

　こうして得られたデータを使ってコブ・ダグラス型の生産関数を推計した結果が次の補論 3-3 表である。見られるように，ここではどの係数もほぼ有意に推計されており，使用したデータが自然なものであったことを示唆している。そして，そのうえで我々の最大の関心である「規模に関する収穫」を計算すると，左から順に 0.3201 + 0.4602 = 0.7803，0.4354 + 0.4718 − 0.0666 = 0.8406，0.2374 + 0.2979 + 0.4257 = 0.9609，0.2260 + 0.3491 + 0.288 = 0.8639 となるから，収穫逓減であった可能性を示唆することとなった。これがほぼ本論の結論に対応する。

　なお，この結論に付言すると，計算された 3 種の係数の合計値に限らず，大小関係も非常に興味深い。なぜなら，資本主義的農業では，労働力を農業労働者が，土地を地主が，そして耕牛などの資本を資本家が保有することとなるが，そのそれぞれの生産に対する弾力性がこれらの係数であるからである。この点では，これら 4 種の計算結果の中で最も信頼性の高い 3 番目の計算結果＝耕牛＋黄牛を「役牛」としてカウントした場合の計算結果で，生産に対する土地の弾力性が「役牛」の弾力性を下回っていることが注目され，これもまた土地への支配力を基礎とした農奴主層の没落を技術的に説明

家計の平均的な耕作地／保有地比率をかけて概算している。

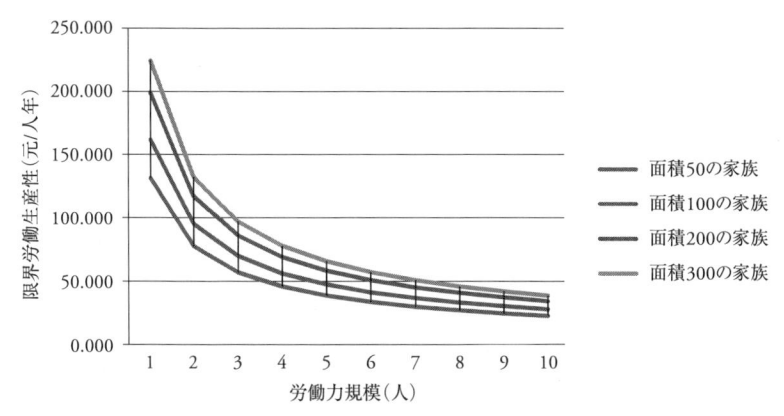

補論3-5図 耕作地規模別限界労働生産性—杜素荘園差巴のケース—
データ出所）本文に明示。

しているように思われる。これは逆に言えば，この農奴制下で生産用具を所有していた農奴の地位が上昇していた可能性，および牛などを持って「資本家」として台頭する社会階層がありえたことを示している。

なお，こうして生産関数を推計できれば，労働の限界生産性の計算が可能となり，それと先に述べた外出労働の年間賃金360元/年・人との比較が可能となる。ここでは，補論3-3表で最も信頼できる第3列の方程式で計算してみると，まずは通常の形で示す生産関数は生産をY，労働をL，土地投入をA，耕牛＋黄牛の頭数をCとおくと

$$Y = 104.6792 L^{0.2374} A^{0.2979} C^{0.4257}$$

この時，労働の限界生産性は，

$$\frac{\partial Y}{\partial L} = 0.2374 * 104.6792 L^{-0.7626} A^{0.2979} C^{0.4257}$$

となり，耕牛＋黄牛をどの家庭も平均値3.25頭持っているとしたうえで，土地面積が50，100，200，300の家計について，労働力が1，2，3，4，5，6，7，8，9，10人いるケースの限界労働生産性を計算したのが次の補論3-5図である。どのケースにおいても限界労働生産性が360元/年・日を下回っているので総じて労働力の他産業への流出の圧力が強力であったと想像され

る。これも本論全体の主張と合致する。また，その限界労働生産性は当然土地面積が狭いほど，労働者規模が多いほど強かったはずである。付言しておきたい。

II-2　拉孜宗艾馬崗区谿卡・察児谿卡 1959-60 年データの検証

最後に残されたのは，先の『蔵族社会歴史調査』第 6 巻の日喀則宗察児谿卡・艾馬崗区谿卡 1959-60 年データである。これは，もともとは日喀則宗艾馬崗区谿卡と同察児谿卡（「谿卡」は荘園の意）という別々のふたつの荘園のものであるが，本史料に掲載された 11 戸の前者のデータおよび 10 戸の後者のデータの多くが土地面積データを持たないため，その部分を省き，かつ両データセットを単純に合わせたものである。補論 3-4 表では上段の 7 戸が前者のデータ，後段の 7 戸が後者のデータとなっているが，後に行った生産関数推計の際にはふたつの荘園間の技術的差異が認められなかった（定数項ダミーが有意でなかった）。これは両データセットを合わせ推計するというやり方を支持している。

また，このデータセットの作成に当たっても，いくつかの推計作業を行っている。そのひとつは，第 1 行の家計の「家内労働力」であるが，元データには家族総数 7 人とのデータしかなかったので，この家計および家族が一切労働に携わらない第 6, 7 の家計を除く 11 の家計の平均的な家内労働力／家族総数の値を掛け合わせて推計してある。また，表中第 3 列の「奴隷・雇用・配下堆窮・差巴労役提供数」の「配下堆窮・差巴労役提供数」とは，大規模富裕農奴がさらにその配下に持つ堆窮・差巴に労役義務を負わせている数を意味している。先の注 9 で述べたように，チベットの農奴制は二重化しているものがあり，これはそれを意味している。

そのうえで，第 4 列の「全農外就業を除く労働力数」は，前項と同様の考え方から，各経営の「総収入」[14]から「農業収入」を差し引いたすべての所得をハダカ麦単位 30 剋で割って求めた値を「農外就労」とし，それを「家内労働力」と「奴隷・雇用・配下堆窮・差巴労役提供数」の合計から差し引

---

14) 前項では「地代収入を除く総収入」であったが，本データセットの富裕家族の地代収入が極くわずかであったため，ここでは「総収入」で統一した。

補論 3-4 表　拉孜宗艾馬崗区谿卡・察児谿卡1959-60年データにおける農業収入と生産要素

家内労働力(人)	奴隷・雇用者・配下堆窮・差巴労役提供数(人)	全農外就業除く労働力数(人)	土地(剋)	耕牛(頭)	黄牛(頭)	犏牛(頭)	農業収入(元)	総収入(元)
4.4	0	3.34	38.8	0	0	0	296.06	328
5	0	4.63	20.1	0	0	0	138	149.1
4	0	0.70	34.0	2	0	0	137.12	236.1
6	0	4.04	28.0	0	0	0	194.18	253.08
5	5	5.30	95.0	5	0	0	555	696.11
0	44	21.70	451.05	10	0	0	1693	2362.1
0	15	11.66	352.05	9	0	0	1454	1764.1
2	0	0.90	21.1	0	1	0	24.125	57.185
3	0	2.29	272.0	0	4	0	325.1	346.35
2	0	0.23	4.05	0	0	0	17.04	70.1
2	0	1.26	75.0	0	0	2	95.05	117.18
4	0	2.29	111.0	0	2	0	89.01	140.17
5	3	1.10	15.0	0	2	0	266.07	473.22
6	0	1.10	89.0	0	0	0	526.17	673.29

出所）西蔵社会歴史調査資料叢刊編輯組（1988）298-344 ページおよび 488-524 ページの資料より作成。

いて求めたものである。この「30 剋」という値は，8 番目の家計が長工として通年働いて得た収入がハダカ麦換算で 30.1 剋であったことに基づいている。また，表外の艾馬崗区谿卡のある家計は短工として 40 日働き 4 剋得たとなっているから，これで行くと年間 36 剋となる。これらをまるめてここでは「30 剋」と解釈している。

　それで，問題は，こうして整理されたデータからコブ・ダグラス型生産関数を推計することであるが，その結果は補論 3-5 表にまとめられている。前項と同じく，耕作に使用する役牛をカウントする場合とカウントしない場合の推計を行ったが，本データセットでは「耕牛」，「黄牛」に加えて「犏牛」のデータが存在し，かつこれも耕作に利用するので，ここでは「耕牛」のみを役牛とした場合，「耕牛」と「黄牛」を合わせて役牛とした場合，さらに「犏牛」をも含めて役牛とした場合について推計している。結果は，役牛を考慮するどの場合も有意には推計できず，結果として補論 3-5 表左端の「役牛をカウントしない場合」がこの中では最も妥当な推計値と思われる。そして，ここで最も重要なポイントは言うまでもなく，各変数（の対数値）の係

補論 3-5 表 拉孜宗艾馬崗区谿卡・察児谿卡 1959-60 年データによる生産関数の推計
(定数項，労働力，土地面積，耕牛／黄牛／犏牛の項の上段は推定された係数，下段は t 値)

	役牛をカウントしない場合	耕牛のみを「役牛」とする場合	耕牛＋黄牛を「役牛」とする場合	耕牛＋黄牛＋犏牛を「役牛」とする場合
定数項	3.2034	3.7050	3.1879	2.8400
	(3.857)	(3.712)	(3.010)	(2.501)
労働力の対数値	0.5563	0.4823	0.5559	0.5255
	(2.120)	(1.746)	(2.018)	(1.883)
土地面積の対数値	0.4137	0.3618	0.4169	0.4994
	(1.757)	(1.484)	(1.509)	(1.665)
耕牛／黄牛／犏牛の対数値	—	0.0827	−0.0023	−0.0484
		(0.921)	(−0.026)	(−0.491)
決定係数	0.7148	0.7371	0.7148	0.7215
自由度修正済決定係数	0.6629	0.6582	0.6292	0.6379

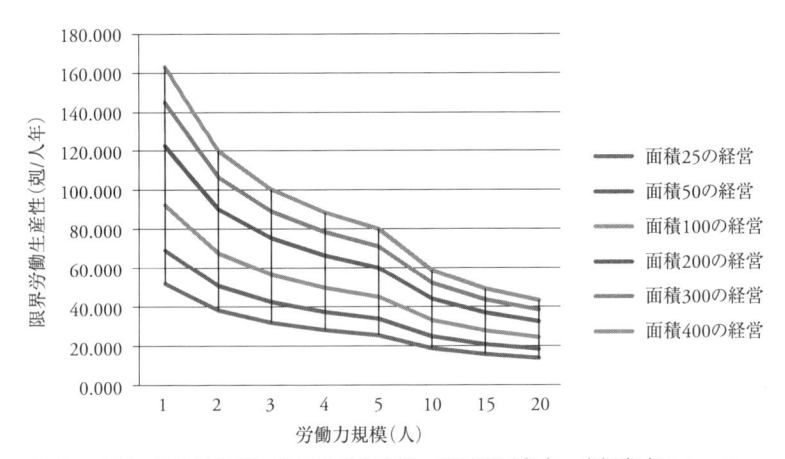

補論 3-6 図 耕作地規模別限界労働生産性―艾馬崗区谿卡・察児谿卡のケース―
データ出所）本文に明示。

数の合計値であり，それは左から順番に 0.9700, 0.9268, 0.9705, 0.9765 となり，ともにかすかに 1 を下回っている。この程度の数字であれば「規模に関する収穫逓減」と明言することはできないが，少なくとも「規模に関する収穫逓増ではなかった」という程度のことは言えるのではないだろうか。

なお，ここでも前項と同様に耕作地規模別，労働力規模別の限界労働生産

性を計算し，グラフにすると補論3-6図のようになる。見られるように，この場合は，外部での年間賃金30-36剋を上回っているものが多い。このことは，外部商工業の発展が農奴制の解体に強く影響した杜素荘園のようなところと，必ずしもそれほど強く影響しなかった本荘園のようなところとがあったことを示唆している。本荘園では補論3-4表にあるように特別に富裕で一種の「小領主」化した「農奴」がいるほど農民層は分解し，解放後のような平準化は生じていない。これは先の杜素荘園とは全く異なる特徴であり，この特徴の相違をもたらしたのが，ここで計測した規模に関する収穫率の相違であると考えられる。ただし，それでも，1959年の農奴解放は各戸の労働力に見合った土地配分を行うことによる（土地労働比率の平準化という意味で）全体的な平均生産性の上昇に寄与したことは否定できない。

III　むすびに代えて

　以上，本論ではチベット農奴制に関する西側での争点を整理したうえで，「チベット農奴制は解体過程にあった」ことを仮説として設定し，それを根拠づけるいくつかの数量的データを発見・提示することができた。特に，最後の農奴制経営の規模に関する収穫率の推計は，それに地域差のあることとともに，一般に少なくとも「収穫逓増」ではなかったことを示唆し，意味があった。これは，大規模経営が成長する条件を喪失させていたこと，また場合によっては大規模経営が没落する＝農奴制的な農民の階層間格差が縮小することがありえたことを示しているからである。さらにこの推計では，農奴制荘園の限界労働生産性が一部で外部労働市場の賃金水準に満たなかった事例も計算できたという意味で，外部の商工業発展が農奴制解体を加速した可能性も示唆することができた。もちろん，これにも地域差があることは注意しておく必要がある。
　しかし，現実にはこの農奴制の解体は「革命的」な方法によって執り行われ，よって他のすべての革命と同じく「動乱」という形式をとらざるを得なくなってしまっている。そして，この最後には大勢の農奴主たちと一緒に最

チベット・ギャンツェに残る農奴制荘園（パラ荘園）跡の門前で元農奴（元「奴隷」かも知れない）の方と撮った記念写真。2008年8月撮影。ともかく50年前まで農奴制が存在したのでお年寄りには記憶が残っている。

大の農奴主たるダライラマも亡命することとなってしまった。考えてみれば，「チベット問題」はここから問題が複雑化することとなった。

したがって，もちろん，ここにはこうした「革命」＝「動乱」という形式以外の形式がありえなかったのか，という大きな疑問が生じうる。今となっては，こうしたダライラマの亡命が永く続く禍根を残すこととなったからである。

ただ，それでも再度社会科学者として社会科学者らしく冷静に考えると，旧体制の崩壊が「革命」という形式を執らなかったことはまずない。強いて言うと国家資本主義から市場資本主義への転換をなした1978年の鄧小平改革（そしてそのフォロワーとしての1985年のベトナム，ラオスの改革）程度しか世界歴史には例外がないのではないだろうか。そして，それらの多くの旧体制の政治指導者は殺されることとなるが，歴史は彼らに何の同情も与えない。これが歴史というものである。そして，もしそうだとすれば，当時まだ24歳だったダライラマには悪いが，その時の判断（農奴制の解体に抵抗したこと）が間違っていたのだというしかない。これは右も左もわかっていない専制君主の王子が王とともに専制政治の責を問われることと同じである。政治家とはそういうものである。

筆者は本書コラム1の末尾で述べたように，ダライラマをチベット青年会議のような急進派とは区別するし，現在もなお「チベット問題」解決の鍵を握っていると考えている。しかし，とはいえ，その問題と1959年の農奴解放をどう考えるかとは別のことである。現在のダライラマを如何に慕おうが，それと1959年の評価とは別であり，また逆に1959年の評価とは独立に現在のダライラマを評価することができるのである。

新疆地区の調査農家の現況

男兄	労働手段	食不足期間(月)	借金(元)	義務労働日	社会保障状況	外地に出た目的	学費(元)	医療費(元)	生活支出(元/年)	貧困の原因は何と思うか	脱貧の方法は何と思うか	ここ2年に受けた救貧金額
	トラクター		1350	30			70			資金欠乏　税負担		救貧資金1000
	鍬	4	1000	0			70	100				救貧資金2100
	鍬	4	有	30			35	1000				受給した
	驢馬	4	3000	30			6000					
		8	3000	30		出稼		1000				2500
	鍬	5	2000	4		診察	20	600				300
	驢馬	4	4000	30					1420	負担重く，単位当産量が低い	負担減少，養羊	2000
	鍬　シャベル	1	300	120	医療補助		300	700	1720	資金欠乏	負担減少，資金入手	絨毯200
	驢馬		1500	60		退学		1500		資金欠乏　税負担	牧畜	絨毯200
	驢馬		1700	60				100			牧畜	
	シャベル　馬		1000	100	医療補助		100	52	2940	資金欠乏	養羊	1000
般	驢馬		2270	15					276	基礎が薄弱	牧畜	救貧1300，元貸し金2000
般	馬	4	700	25			45	200	600	人口が多い	牧畜	学費70
良	鍬	2	1037	45		出稼	10		2200	労働力不足，水不足	牧畜	
	驢馬		1500	15		出稼	54	50	100	資金不足　妻が病気	牧畜	1600元
	驢馬　鍬		2270	15			70		276	資金不足	牧畜	救貧資金1300
い	驢馬　鍬		110	15			54	150	150	労働力不足　人口多い	牧畜	救貧資金1500
般	驢馬　鍬	1	3200	15			70	200	500	水不足	養羊	
	驢馬	4	3000	30			6000					
般	馬　鍬	5	700	25			70	200	600	人口が多い	牧畜	
い	犂	4	4841	65		出稼	60	150	500	水不足，水不足	科学的耕地	2000，450の葡萄
	犂		1000	65	小麦粉一袋		16	300	500	科学的農業の未発展	科学的牧畜業の発展	1000，240葡萄
	鍬	3	2500	90	小麦粉一袋		8	470	360	労働力がない	救貧資金で牧畜	2000，300葡萄金
般	驢馬，シャベル	5	2000	75		帰省	150	4310	720	水不足，産量が低い	牧畜	2000，胡桃苗390
般	驢馬　鍬	1	1200	56			60	150	650	基礎が弱い	手工業と養殖	2000
般	驢馬　鍬	4	200	54					260	1200	労働力不足	牧畜	2000
般	驢馬　鍬	6	640	54			136		360	労働力がない	牧畜と手工業	2000
般	驢馬　シャベル	5	500	50		帰省	10	4310	900	労働力不足	牧畜	3400
悪	驢馬　鍬		1500	150			10		900	基礎が弱い	牧畜業の発展，手工業	救貧金2000
般		3	230				30		450	妻が病気	牧畜	
般	驢馬　鍬	3	900	40			260		900	労働力不足　人口多い	牧畜	
	シャベル　馬	4	820	41		出稼	56	4450	800	妻が病気　労働力不足	牧畜	
良	驢馬　鍬		1000	100			125	40	700	資金不足	養羊	
差	犂　鍬	1	228	15	麦分100kg		54	250	300	資金不足	科学技術の発展	1600
差	鍬	2	3100	90	麦200kg80元			16	500	病気	副業の発展	受給した
	鍬	3	2500	90			8	470	360	基礎が弱い	養羊	300
い	犂		110	15			54	150	150	資金は不足	牧畜	1600
般	鍬	4	1000	65		出稼	200	75	600	資金は不足基礎が弱い	副業の発展	2375
	鍬	3	300	65			100	1000	1000	労働力が不足	科学的な牧畜業の発展	2175
般	小型トラック	3		170			200	2000	3000	土壌がやせている	科学的な牧畜業の発展	2615
い			3400	130				1000	2000	労働力が不足　水が不足	家庭副業と牧畜業の発展	
い	トラクター	2	4500	130			100	3500	700	水不足	科学的な牧畜業の発展	2400
い	鍬			65			50	500	500	土壌がやせている	科学的な牧畜業の発展	1400
般	鍬	5		65		出稼		300	3,000	労働力が不足	科学的な牧畜業の発展	3400
差	鍬	6	1400	130				2000	5000	人口が多い　資金不足	扶貧資金	
般	鍬	6	2000	65			250	800	3000	負担重く義務工が多い	負担の減少と水費の引下げ	2000
般	鍬	2	4400	65		出稼	120	450	1500	水・土地不足　土壌がやせている	林果業への従事	600kg麦と葡萄苗
差	鍬	2	2150	105		旅行		150	1000	土壌がやせて水不足	林果業の発展	300
い	鍬　驢馬	0	3200	15			70	200	500	基礎が弱い	養羊	3500

付表 2（補論 3） 那曲地区「夥爾39族」戸数近230年の変遷及び分布状況

(18世紀30年代初至本世紀50年代末)

序号	《卫藏通志》1731年	《西藏志》	《霍尔卅九部简史》	《木鼠年清册》1924年	《水马年清册》1942年	〈宗属〉	1959年前（有関資料）	属部	今县属
1	纳克书贡巴族	纳克书贡巴	འགག་ཤོད་གོང་མ	འགག་ཤོད(315户)	འགག་ཤོད	比	果木休(375户)	6	比如县
2	纳克书毕毕[华]鲁族	纳克书异毕[华]鲁	འགག་ཤོད་དབྱེར་རུ	འགག་ཤོད(323户)	འགག་ཤོད	比	比如(323户)	4	比如县
3	纳克书莽盆族	纳克书莽盆	འགག་ཤོད་སྨད་མ	འགག་ཤོད(117户)	འགག་ཤོད	比	彭盼(117户)	2	比如县
4	纳克书达鲁克族	纳克书达鲁克	འགག་ཤོད་ད་རུ	འགག་ཤོད(232户)	འགག་ཤོད(達容)	比	达荣(303户)		比如县
5	纳克书拉克族	纳克书拉克什	འགག་ཤོད་ལ་ཀ	འགག་ཤོད(385户)	འགག་ཤོད(热西)	比	热西(385户)		比如县
6	纳克书色尔扎族(以上六部共1081户)	纳克书色尔查	འགག་ཤོད་སེར་ཞ(以上六部共1081)	འགག་ཤོད(414户)[以上六部共1786户]	འགག་ཤོད(ཟེར་ཞ)	比	查仁(413户)[以上六部1916户]	4	比如县
7	札麻尔族(81户)	扎麻尔	ཙ་མར(81户)	ཙ་མར(239户)	ཙ་མར	聂	杂玛尔(300户)		聂荣县
8	阿扎克族(49户)	上阿扎克	ཨ་ཙག་གོང་མ(49户)	ཨ་ཙག(88户)	ཨ་ཙག	聂	阿堆(202户)		聂荣县
9	下阿扎族(48户)	下阿扎克	ཨ་ཙག་འོག་མ(18户)	ཨ་ཙག(133户)	ཨ་ཙག	聂	阿美(209户)		聂荣县
10	〔无载〕	夥尔纳提麻尔	(?)	(?)སྣ་མར(356户)	སྣ་མར	聂	桑鹜(1000户)	4	聂荣县
11	夥尔川木桑族(42户)	夥尔川木桑	ཧོར་ཁྲུམ་བཟང(42户)	ཁྲུམ་བཟང(209户)	ཁྲུམ་བཟང	尺	神仓*		巴青、丁青
12	夥尔扎麻苏他族(16户)	夥尔扎麻苏他	ཧོར་རྫ་མ་སུ་ཐ(16户)	རྫ་མ་སུ་ཐ(37户)	རྫ་མ་སུ་ཐ	尺	斯希塔		丁青县
13	夥尔扎麻苏他尔只多	夥尔扎麻苏他只多	ཧོར་རྫ་མ་སུ་ཐ་འཇིགས་རྡོ	རྫ་མ་སུ་ཐ[འཇིགས་རྡོ](78户)	རྫ་མ་སུ་ཐ	尺	赤如(80户)		索县
14	(夥尔扎麻他尔)瓦拉族(以上二部共77户)	(夥尔扎麻亦地尔)娃拉	ཧོར་རྫ་མ་སུ་ཐ་ཝ་ར(以上二部共77户)	རྫ་མ་སུ་ཐ(ཝ་ར)(77户)	[此部不属卅九族]	(索)	柔巴(77户)		索县
15	夥尔族(122户)	夥尔	ཧོར(122户)	(?)ཧོར(636户)	ཧོར	尺	朱雪(855户)	16	巴青县
16	麻鲁族	嘛鲁	མ་རུ	མ་རུ(215户)	མ་རུ	尺	玛如		丁青县
17	宁塔族	宁塔	ཉིང་ཐ	ཉིང་ཐ(55户)	ཉིང་ཐ	尺	宁塔		丁青县
18	尼札尔	尼查尔	ཉི་ཚར(?)	(?)		尺			丁青县(?)
19	参麻布玛(以上四部共213户)	参麻布玛	སམ་མ་བུ་མ(以上四部共213户)	སམ་མ་བུ་མ(?)		尺			丁青县(?)
20	尼牙木札族	尼牙木查	ཉ་མ་ཚ(?)	ཉ་མ་ཚ(52户)	ཉ་མ་ཚ	尺	巅查(85户)		索县
21	利松嘛巴族	利松嘛巴	ལི་སོང་མ་པ(?)	ལི་སོང་མ་པ(26户)	ལི་སོང་མ་པ	尺	热松木(45户)		索县
22	勒达克族	勒达克	ལེ་ད	ལེ་ད(38户)	ལེ་ད	尺	质达(46户)		索县
23	多嘛巴族	多嘛巴	དོ་མ་པ(?)	དོ་མ་པ(38户)	དོ་མ་པ	尺	倾巴		丁青县
24	羊巴族(以上五部共206户)	羊巴夥尔	ཡང་པ(?)(以上五部共206户)	ཡང་པ(34户)[以上五部188户]	ཡང་པ	巴	央巴(35户)		索县
25	夥尔族(66户)	夥尔	ཧོར(66户)	ཧོར(165户)	ཧོར	巴	竹居(209户)	8	索县
26	住牧依彼地方霍尔族(139户)	(?)	ཟུར་ཟུར(131户)	ཟུར(366户)		巴	益塔(595户)	12	巴青县

292

序号	部族	(?)	(?)	(?)	巴	本塔(289户)	4	巴青县
28	穆尔康族	穆尔彼他玛		(?)	巴			巴青县
29	穆尔设赛族（以上二部共53户）	穆尔拉塞（以上二部共53户）						巴青县
30	上岗噶鲁族（以上二部共149户）	上岗噶鲁			丁	(不详)		丁青县
31	下岗噶鲁族	下岗噶鲁（以上二部共144户）		(1916年分别并入本表第11,16号部落中)	丁			丁青县
32	琼布拉克鲁族(497户)	琼布纳克鲁（以上二部共447户）			丁	那如		丁青县
33	噶鲁族(1004户)	噶鲁	(954户)(448户)(1004户)		丁丁	噶堆 噶麦		丁青县丁青县
34	色尔扎族(687户)	巴尔查	(524户)(516户)		色	恰色 嘎尔康		均在丁青县
35	上多尔树族(121户)	上多尔树	(121户)		丁	多尔堆堆马		丁青县
36	下多尔树族(137户)（以上二部共137户）	下多尔树	(150户)		丁	多尔建买玛		丁青县
37	三扎族(32户)	三渣	(32户)(51户)		比	耕擦(70户)		比如县
38	朴族(27户)	朴俗	(77户)		比	布仁木(103户)		比如县
39	三纳拉巴族(50户)	三纳拉巴	(?)		(?)			
40			(?)(32户)		尺	宁木		丁青县
41			(54户)(81户)		尺	玛荣(63户)		巴青县
42			(81户)		尺	玛建		丁青县
43			(?)		比	那森(100户)		比如县
44			(16户)***		巴	布若(?)		巴青县
45			(107户)		聂	格木(220户)		聂荣县
46			(70户)		聂	巴乌(230户)		聂荣县
47			(119户)		聂	百日(80户)		安多县
48			(?)(16户)****		比	(?)		比如县
49			[?]		[巴]	洛所(125户)		巴青县
50			[?]		[聂]	雅安**		聂荣县

藏文原注: 该部落不来于官寺。以上部落排列, 取《卫藏通志》中的次序, 以便对照。

"以上三十九族, 计其户口八十九户（上述数字之和实为38族, 4776户, 设第10号部落（穆尔彼他玛）为113户, 则部落数, 户数可符）, 男妇一方七千七百六十名口"。见《西藏志·外番》《卫藏通志·部落》。

藏文原注: 冲仓部落划入巴青部分, 是我们的考订意见, 带圆括号的异号异号名称; 根据藏文原注, 各简称分别比如宗、聂荣宗、比如宗、巴青宗、丁青宗、色札宗, (察隅)。

备注:
① 本表的部落排列, 取《卫藏通志》中的次序, 以便对照;
② 凡加方括号的, 是我们的考订意见; 带圆括号的异号异名;
③ "宗属"一栏中, 各简称分别代表比如宗、聂荣宗、巴青宗、丁青宗、色札。

以上44部, 8302户. 详见《西藏文史资料选辑》第五辑。

** 以上40部（不包括末是的两个）, 共9117户, 其中属于丁青的部分, 除了今属那曲地区者31部外, 其余的, 共7629户。据那曲地区政协提供的有关材料对列。

*** 推定为**

**** 推安***

出所) 格勒他 (1989) 46-47ページ。

付表 1（2 章 2 節） 南

家庭	所在地	家庭人口	労働力	文化水準	総耕地（畝）	主要農作物	農業生産量(kg)	作物単産 (kg/畝)	投入(元)	兼業	兼業収入(元)	生産支出(元)	現金総収入(元)
Nurulla	アトシ市上アトシ郷	5	2	小学	9.5	麦	麦2000	285		一牛		315	480
Ayimnisa	アトシ市上アトシ郷	3	無	無教育	2	麦 葡萄	800	310		羊鶏			880
Isimayil	アトシ市上アトシ郷	3	2	小学	3	麦	700	250		羊鶏		945	
Turson	アトシ市上アトシ郷	4	2	小学	2.7	麦	1000			羊			
Ibrayim	カシュガルスウフ県	6	2	無教育	12.7	麦 綿花 トウモロコシ				鶏		1590	
Turson	カシュガルスウフ県	5	2	小校	13	麦 トウモロコシ 綿花	2500		1614			1614	600 援
Dawut	カシュガルスウフ県	5	1	中学	11	麦 綿花	麦900		1100	羊			
Sayim	カルカシ県	5	2	小学	3.6	麦 トウモロコシ 胡桃	900	麦225, トウモロコシ225	610				1400
Kadir	カルカシ県	3	3	小学	4.8	麦 綿花 トウモロコシ	麦900	麦540		織毯			
Abudul	ケリヤ県	7	2	小学	5.5	麦				羊鶏	なし		4410
Rozimamat	ケリヤ県	4	2	小学	4	麦 トウモロコシ 綿花	2160		997	出稼	1000	997	2500
Rozimamat	チリヤ県	3	2	中学	4.5	麦 コーリャン	1840	409	3300	裁縫	100	580	1000
Mmaturson	チリヤ県	6	1	小学	11	トウモロコシ コーリャン	2250	麦300, トウモロコシ300			3600	2800	461
Mamatimin	チリヤ県	5	1	小学	13	麦 トウモロコシ	3107					1260	5041
Rozimat	チリヤ県	5	2	高中	8.8	麦 トウモロコシ	3365	麦400	1470	織毯		1044	1050
Rozimamat	チリヤ県	3	2	中学	4.5	麦 トウモロコシ	1840	409	3300	裁縫	110	580	1000
Tohtikurban	チリヤ県	5	2	無教育	8.3	麦 コーリャン	3337	402	1600	織毯	300	300	900
Asim	チリヤ県	4	2	無教育	6.5	麦 コーリャン	2675	445	3600	羊	300	600	1810
Tursun	チリヤ県	6	2	高中	7	麦 コーリャン	2809	401	3000	羊			
Mamatturson	チリヤ県	6	2	無教育	11	麦 トウモロコシ	2250	375		肥料 馬車	3600	2800	461
Ablat	ホータン地区グマ県	7	2	小学	8.3	麦 トウモロコシ	1440	白菜400	613			71.4	1265
Tuhan	ホータン地区グマ県	4	2	無教育	4	麦 トウモロコシ	850		435			90	1200
Mamaturson	ホータン地区グマ県	5	3	無教育	6.3	麦 トウモロコシ	1300	麦133, 米156	398			50	420
Hawuz	ホータン地区グマ県	6	2	小学	8.7	麦 綿花 葡萄	麦600	麦140	280	羊		280	500
Saidiahmat	ホータン地区グマ県	3	2	高中	2.6	麦 トウモロコシ	2448	麦250, トウモロコシ325	化肥			1426	344
Matnasir	ホータン地区グマ県	3	2	小学	8	麦 トウモロコシ	2199	麦250, トウモロコシ350	化肥			1091	709
Tursontohti	ホータン地区グマ県	6	2	小学	8.8	麦 トウモロコシ	1177	麦350, トウモロコシ3510	化肥			1271	1177
Mattohti	ホータン地区グマ県	4	1	小学	6	麦 トウモロコシ	2212	麦270, トウモロコシ435	化肥	羊		1187	336
Matisaidi	ホータン地区グマ県	3	1	中学	4.7	トウモロコシ	1997	424				942	256
Mamatimin	ホータン地区グマ県	3		小学	3	トウモロコシ	1200	麦300, トウモロコシ300				523	197
Abdureyim	ホータン地区グマ県	6	1	小学	11	麦 トウモロコシ	2325	トウモロコシ206, 麦214				883	332
Osman	ホータン地区グマ県	3	1	中学	7	麦 綿 トウモロコシ	1960	麦300, トウモロコシ253		なし		890	466
Kurban	ホータン地区グマ県	3	1	小学	7	トウモロコシ 麦	1311	麦300, トウモロコシ253	997	出稼	1000	825	525
Obulyasin	ホータン地区グマ県	4	2	小学	7	麦 コーリャン	2060	麦225, トウモロコシ225	1500			360	800
Maramnisaj	チリヤ県	8	3	無教育	10	麦 ウイキョウ トウモロコシ	1500	麦150, トウモロコシ180	580			33	1470
Maturdimusa	チリヤ県	5	3	無教育	6.3	麦 トウモロコシ	1300	麦133, トウモロコシ156	398			50	420
TohtiRozi	チリヤ県	5	2	小学	8.3	麦 コウリャン	3337	麦1600, コウリャン1737	1600	絨毯	300	500	500
Nurahmat	チリヤ県	3	2	小学	6	麦 ウイキョウ	900	ウイキョウ20, 麦150	425			700	
AblikimRozi	チリヤ県	5	2	小学	7	麦 トウモロコシ ウイキョウ	1530	麦320, ウイキョウ30	700			850	135
Mamatsidik	チリヤ県	11	5	中学	10.4	麦 トウモロコシ 葡萄	1600	麦200, モロコシ220, ウイキョウ40	1500			1500	2500
AbdirazakD	チリヤ県	8	4	小学	9	麦 トウモロコシ	2200	ウイキョウ15, 棉180	800			800	
TohtimatiM	チリヤ県	8	4	小学	6.5	麦 葡萄 トウモロコシ	1500	麦200, トウモロコシ2000	500	10060	3,000	500	4000
AblimitAbdi	チリヤ県	2	2	中学	2.7	麦 ウイキョウ トウモロコシ	1200	平均200, ウイキョウ10	280			250	
Sediahmat	チリヤ県	6	3	無教育	7	ウイキョウ トウモロコシ 麦	1000	麦150, トウモロコシ150	1200			1200	900
Mamatimin	チリヤ県	10	4	小学	13	葡萄 トウモロコシ ウイキョウ	1900	トウモロコシ206, 麦200				800	
Mamatjan	チリヤ県	7	3	小学	9.5	麦 胡桃	700	麦200	3,000			1900	1000
Ayzulabawudun	チリヤ県	6	2	中学	5.2	トウモロコシ 麦 綿花	1350	麦217, トウモロコシ233	755			84	1080
Malikasali	チリヤ県	6	3	小学	9	麦 トウモロコシ ウイキョウ	2350	麦200, トウモロコシ250	1019			200	2500
Turhon	チリヤ県	6	2	高中	7	麦 コウリャン	1989	405	2000	500	300	600	1810

参照文献

Abhishek Goel *et al.* (2006) Attitudes of the Youth Towards Entrepreneurs and Entrepreneurship: A Cross-Cultural Comparison of India and China, *Journal of Asia Entrepreneurship and Sustainability*, Volume 3, Issue 1.

Aigner, Dennis J., C. A. Knox Lovell and Peter Schmidt (1977) Formulation and Estimation of Stochastic Frontier Production Function Models, *Journal of Econometrics*, 6: 21-37.

Antonella, Diana (2006) Socio-Economic Dynamics of Rubber in the Border-land of Laos: Muang Sing, Luang Namtha, *Internship Report*, German Technical Cooperation.

奥邁爾,地木拉提(2001)「新疆的"民考漢"与哈薩克斯坦的"民考俄"」馬戎,周星主編『二十一世紀文化自覚与跨文化対話(二)』北京:北京大学出版社,第 825-837 号

Battese, George E., Tim J. Coelli and T. C. Colby (1989) Estimation of Frontier Production Functions and the Efficiencies of Indian Farms Using Panel Data from ICRISAT's Village Level Studies. *Journal of Quantitative Economics*, 5: 327-348.

Battese, George E., Tim J. Coelli and T. C. Colby (1992) Frontier Production Functions, Technical Efficiency and Panel Data: with Application to Paddy Farmers in India, *Journal of Productivity Analysis*, 3: 153-169.

Battese, George E. and Tim J. Coelli (1988) Prediction of Firm-level Technical Efficiencies with a Generalized Frontier Production Function and Panel Data, *Journal of Econometrics*, 38: 387-399.

蔡昉(2000)『中国流動人口問題』河南人民出版社

陳崇凱(2008)『西蔵地方経済史』甘粛人民出版社

Diankov Simeon *et al.* (2006a) Who are China's Entrepreneurs? *American Economic Review*, (96)2: 348-352.

Diankov Simeon *et al.* (2006b) Entrepreneurship in China and Russia Compared. *Journal of the European Economic Association*, No. 4 (2-3) 352-365.

多杰才旦主編(2005)『西蔵封建農奴制社会形態』中国蔵学出版社

Fujita, Yayoi (2010) Watermelon in Northwestern Laos: Livelihood Strategies as Adaptation under Development Policies in China-Laos Border Relations, *Proceedings of the 5th Asian Graduate Forum on Southeast Asian Studies. Organized by Asia Research Institute*, National University of Singapore, 7-9th July, 2010, Singapore.

格勒,劉一民,張建世,安才旦編(1989)『蔵北牧民-西蔵那曲地区社会歴史調査報告』中国蔵学出版社

格勒,朱春生,雷桂龍主編(2008)『拉薩十年変遷 1994-2004』社会科学文献出版社

Gross, Barry R. (ed.) (1977) *Reverse Discrimination*, Buffalo, New York: Prometheus Books.
郭卿友編（2008）『民国蔵事通鑑』中国藏学出版社
国家統計局農村社会経済調査総隊（2004）「新疆農民収入増長的実証分析」国家統計局農村社会経済調査総隊編『2003 農民収入調査与研究』中国統計出版社
国務院研究室課題組（2006）『中国農民工調研報告』中国言実出版社
国務院人口普査弁公室（2002）『中国 2000 年人口普査資料』中国統計出版社
Gustafsson, Bjorn and Ding Sai (2009) Villages where China's Ethnic Minorities Live, *China Economic Review*, 20: 193–207.
Gustafsson, Bjorn and Li Shi (2003) The Ethnic Minority-Majority Income Gap in Rural China during Transition, *Economic Development and Cultural Change*, 51(4): 805–822.
Hannum, Emily and Yu Xie (1998) Ethnic Stratification in Northwest China: Occupational Differences between Han Chinese and National Minorities in Xinjiang, 1982–1990. *Demography*, Vol. 35, No. 3, August 1998.
何俊芳（1998）『中国少数民族双語研究歴史与現状』北京：中央民族大学出版社
合作民族師範高等専科学校科学研究所（2007）『合作民族師範高等専科学校学術論文集』民族出版社
胡鞍鋼（2004）「中国反貧困的五大目標人」lib.xju.education.com
胡月星，馬清貴主編（1995）『寧夏回漢民族経済行為発展取向研究』甘粛文化出版社
胡兆璋（2001）「加強兵団土地的総体利用規劃実施管理, 推進兵団経済社会的持続発展」『兵団日報』6月25日
黄栄清等（2004）『20 世紀 90 年代中国各民族人口的変動』民族出版社
金炳鎬，王鉄志主編（2002）『中国共産党民族綱領政策通論』哈尓濱：黒龍江教育出版社
川田進（2009）「チベット周縁地域に築かれた宗教空間：『2008 年チベット騒乱』と四川省甘孜チベット族自治州を中心に」『大阪工業大学紀要．人文社会篇』第 54 巻第 1 号
Khontaphane, Sirivanh, Insisiangmay Sathabandith and Nolintha Vanthana (2006) Impact of Border Trade in Local Livelihoods: Lao-Chinese Bordcer Trade in Luang Namtha and Oudomxay Provinces, *Technical Backgoround Paper for the third National Human Development Report Lao PDR 2006*, Vientiane, UNDP.
李豫新，劉姫，韓家彬（2006）「"農民工進村"遷移決策的影響因素探析：以新疆生産建設兵団為例」『中国農村経済』2006 年第 7 期
李暁霞（2007）「新疆高校招生中隊少数民族考生優惠政策分析」馬戎，李暁霞編（参見本文集）
劉永萍，支小軍（2007）「新疆兵団労働力需要的予測和分析」『石河子大学学報（哲学社会科学版）』第 21 巻第 12 号
劉嘉毅，呂萍（2006）「兵団農業労働力不足的制度分析与対策研究」『甘粛農業』2006 年第 3 期
劉芙蓉（2006）「関於兵団耕地保護与土地開発整理問題的思考」『新疆農墾経済』2006 年第 6 期

林毅夫，李永軍（2001）「中小金融机构発展与中小企業融資」『経済研究』2001 年第 1 期
魯剛（2006）「中緬辺境沿線地区的跨国人口流動」『雲南民族大学学報（哲学社会科学版）』第 23 巻第 6 号
馬戎，龍山主編（1999）『中国農村教育発展的区域差異：24 県調査』福建教育出版社
賈友軍，綦群高，王英姿（2006）「新疆少数民族大学生就業問題与成因分析」『教育与職業』第 14 期
松本光太郎（2006）「中国雲南における定点観測の継続：2004 年度調査報告」『東京経大学会誌　経済学』第 251 号
Maurer-Fazio, Margaret, James W. Hughes and Dandan Zhang (2005) A Comparison of Reform-Era Labor Force Participation Rates of China's Ethnic Minorities and Han Majority. *Working Paper*, No. 795, October, 2005. The William Davidson Institute at the University of Michigan.
大木崇（2008）『実録チベット暴動』かもがわ出版
Onishi, Hiroshi (2010) Feeling a Real Tibet, *International Understanding*, No. 3, 2010. Chinese Association for International Understanding.
大西広（1992）『資本主義以前の「社会主義」と資本主義後の社会主義』大月書店
大西広（2001）「中国少数民族問題への経済学的接近：マルクス主義と民族問題」『政経研究』第 3 号（後に大西（2008a）に所収）
大西広（2008a）『チベット問題とは何か："現場"からの少数民族問題』かもがわ出版
大西広（2008b）「ラサ暴動についての最小限の解説」大木崇著『実録チベット暴動』かもがわ出版
大西広（2008c）「ラサ暴動の真実とチベット問題再論」『季刊中国』第 95 号
大西広（2009a）「ネパールにおけるチベット難民について」『経済科学通信』第 119 号
大西広（2009b）「寧夏自治区東部貧困県の平均的回族家庭の生活状況について：呉忠市塩池県のヒアリング調査から」『島根大学・寧夏大学国際共同研究所年報』第 2 号
大西広（2009c）「甘南チベット族自治州夏河県指導層の民族比率について：1999 年『夏河県志』の分析を中心に」『東アジア経済研究』第 3 号
大西広（2010）「ウイグル会議と自治区政府のキャンペーンを検証する」『季論 21』第 7 号
大西広（2010）「了解西蔵実情之旅」『国際交流』2010 年 3 月号，中国国際交流協会
蒲春玲，左新敏（2002）「新疆農村貧困特徴及解決対策」『新疆農業経済』2002 年第 4 期
綦群高，何建忠（2007）「新疆少数民族大学生就業形勢及対策分析」『教育与職業』第 3 期
Shi, Li and Ding Sai (2009) An Empirical Analysis of Income Inequality between a Minority and the Majority in Urban China: The Case of Ningxia Hui Autonomous Region, *Global COE Hi-Stat Discussion Paper Series*, gd08-022. Institute of Economic Research, Hitotsubashi University.
鈴木曉彦（2008）「中国の報道規制とチベット取材」『AIR21』2008 年 7 月号
高橋健太郎（2000）「回族・漢族混住農村の社会構造と居住地の形態：寧夏回族自治区納家戸村の事例」『地域学研究』第 13 号

高橋健太郎（2002）「回族・漢族混住農村におけるエスニシティと経済活動」『経済地理学年報』第48巻第1号
Waller, Willard (1932), *The Sociology of Teaching*, John Wiley and Sons.
王柯（1995）『東トルキスタン共和国研究：中国のイスラムと民族問題』東京大学出版会
王劾勤，劉俊雎，趙暁明（2007）「甘粛蔵区基層党組織建設状況調査報告」合作民族師範高等専科学校科学研究処編『合作民族師範高等専科学校学術論文集』民族出版社
魏津生他（2002）『中国流動人口研究』人民出版社
温軍（2003）『民族与発展　新的現代化追趕戦略』清華大学出版社
吾買爾江艾山・大西広（2009）「新疆ウイグル自治区における少数民族企業家の生成状況について」『東アジア経済研究』第3号
西蔵社会歴史調査資料叢刊編輯組（1987）『蔵族社会歴史調査（一）』西蔵人民出版社
西蔵社会歴史調査資料叢刊編輯組（1988a）『蔵族社会歴史調査（二）』西蔵人民出版社
西蔵社会歴史調査資料叢刊編輯組（1988b）『蔵族社会歴史調査（六）』西蔵人民出版社
西蔵社会歴史調査資料叢刊編輯組（1989a）『蔵族社会歴史調査（三）』西蔵人民出版社
西蔵社会歴史調査資料叢刊編輯組（1989b）『蔵族社会歴史調査（四）』西蔵人民出版社
西蔵社会歴史調査資料叢刊編輯組（1989c）『蔵族社会歴史調査（五）』西蔵人民出版社
項飆（2000）『跨越邊界的社区：北京「浙江村」的生活史』三聯書店
許世英，李楠（2009）「我国百万人口以上少数民族教育進歩程度的度量与預測分析」『民族教育研究』91（2）
楊国槙選注（2004）『林則徐選集』人民文学出版社
楊志娟（2002）「寧夏城市回族通婚現状調査研究-以銀川，呉忠，霊武為例」『回族研究』
矢野剛，白石麻保（2004）「中国金融改革期における融資バイアス：1993-1996年無錫市マイクロデータによる」山本裕美編『中国の経済発展と資本市場』京都大学経済学研究科上海センター
矢野剛，白石麻保，李為槙（2007）「20世紀80年代中国銀行業対中小企業信貸的効率分析 ── 用広西省企業微観数拠進行実証研究」呉敬富・劉黎明主編『第6届中日経済統計学国際会議論文集』首都経済貿易大学出版社
應展宇（2004）「中国中小企業融資現状与政策分析」『財貿経済』2004年第10期
Yueh, Linda (2007) China's Entrepreneurs. *Department of Economics Discussion Paper Series*, Oxford University, No. 324.
横山智，落合雪野編（2008）『ラオス農山村地域研究』めこん
吉野正敏（1993）『雲南フィールドノート』古今書院
趙春艷，葉普万（2003）「中国反貧困戦略簡評」『西南交通大学学報』2003年第5期
趙吉雄（2007）『五峰土家族自治県概況』民族出版社
鄭功成，黄黎若蓮（2007）『中国農民工問題与社会保護』人民出版社
鄭長徳（2003）「中国西部地区貧困問題研究」『人口与経済』2003年第1期
中共中央文献研究室，中共西蔵自治区委員会，中国蔵学研究中心編（2008）『毛沢東西蔵工作文選』中央文献出版社・中国蔵学出版社

中共中央文献研究室他編（2008）『毛沢東西蔵工作文選』中央文献出版社・中国蔵学出版社
中国社会科学院民族研究所（1999）『墨玉県維吾爾族巻』民族出版社
周大鳴（2005）『渇望生存：農民工流動的人類学考察』中山大学出版社

索　引

7・7事件　108
Diankov, S　186
Gustafsson, B　9
Voice of America　274

アルマン社　177
アルラ　195
安全寺院　29
以工代賑　67
委託生産　253
ウイグル会議　109
烏阿鉄道　185
ウルムチ暴動　80-81, 87, 108
延辺自治州　11
王柯　210
王楽泉　108

改革開放　138
階級対立（矛盾）　5, 6
外国からの援助　267
回族　137
科学技術人員　214
革命　290
学歴間格差　148
活仏　213
甘南チベット族自治州　209
企業家精神　135, 185, 191
企業立地選択　184
規模以上企業　128
規模に関する収穫逓増／逓減　275
キャンパス文化　234
教育言語問題　207
　　　双語教育　226-227
　　　単語教育　226
　　　民考漢　221
　　　民考民　221
教育歴　171
経商人員　103
銀行融資　170
近代的個人主義の社会　140

禁牧　75
経済格差　6, 266
谿卡　286
ケシ栽培　255
幸福感（観）　141-142
功利進取型　141
ゴム栽培　255

差巴　281　→農奴
産業間格差　138
産業間の矛盾　6
私企業化　114
資金不足　64
市場化　278-279
宗教問題　29
就職問題　238
就職率　114
主体要素　141-142
小戸　281　→農奴
小農形成　275
小領主　289
所得格差　138
人役租　276, 281　→農奴
新疆自治区　11
精伊霍鉄道　185
生産建設兵団　33, 34
青蔵鉄道　21, 197
西蔵班　204
世代間格差　150
前近代的　140
双語教育（双語人）　95, 226-227　→教育言語問題
租界地　258

退耕還草　69, 75
大漢族主義　ⅰ, 211
堆窮　281
ダライラマ　27, 247, 274, 290
ダラムサラ　262, 265
単語教育　226　→教育言語問題

299

地域格差　138
チベット
　　チベット医学　193
　　チベット青年会議　25, 290
　　チベット特色産業　189
　　チベット難民　262
　　チベット文化　197
　　チベット問題　290
茶馬貿易　279
中央政府　269
中吉烏鉄道　185
注射針事件　109
朝鮮族　7
チワン族　100
土家族　161
伝統産業　124
統計的検定
　　F検定　147
　　アンスコンベ・グリン検定　145
　　コルモゴロフ・スミルノフ検定　144
　　ジャック・ベラ検定　145
　　正規性の検定　144
　　ディアゴスティノ検定　144

鄧小平改革　290
党書記　216
都市雑業層　26
都市人口比率　7
土地収用　111
土地所有者　257
特化係数　242

南北回廊　249
寧夏自治区　10, 68, 137
ネットワークの力　140
農業の大規模集団化　275
農奴　281
　　農奴解放　275

農奴制　275
土地なし農奴　276, 281
差巴　281
小戸　281
人役租　276, 281

バイラクッペ　262, 270
半失業　26
ビジネス態度　150
貧困
　　貧困県　53
　　貧困人口　57
　　貧困線　57
文革（文化大革命）　210
文化参与交流　141-142
平均就学年数　102
変革志向　142
亡命政府　269, 274, 275

マルサス　264
民考漢　221　→教育言語問題
民考民　221　→教育言語問題
民主改革　275
民族格差　138
民族企業家　117
民族矛盾　6
務工人員　103
務農人員　103
毛沢東　ⅰ, 210

ヤルツァンポ大酒店　197
ユーラシア・ランド・ブリッジ　185

ラサ暴動　20
蘭新鉄道　185
両費自理　41
労使紛争　5, 198
労務輸出　67, 79, 81

【編著者・著者紹介】

●編著者

大西　広（おおにし　ひろし）
慶應義塾大学経済学部教授，京都大学名誉教授
1956年生まれ。京都大学大学院経済学研究科修了。経済学博士（京都大学）。
主な著書に，『資本主義以前の「社会主義」と資本主義後の社会主義』（大月書店），『環太平洋諸国の興亡と相互依存』（京都大学学術出版会），『中国経済の数量分析』（世界思想社），『中国はいま何を考えているか』（大月書店），『チベット問題とは何か』（かもがわ出版），『現場からの中国論』（大月書店），『マルクス経済学』（慶應義塾大学出版会）など。

●著者

吾買爾江・艾山（オマルジャン・ハサン）
1974年生まれ，京都大学大学院経済学研究科博士後期課程修了，博士（経済学），現在 新疆大学経済与管理学院講師

張　冬雪（チャン・ドンシュエ）
1978年生まれ，京都大学大学院経済学研究科博士後期課程修了，博士（経済学），現在 京都大学経済学研究科東アジア経済研究センター職員

阿不力克木・艾山（アブリキム・ハサン）
1959年生まれ，新疆大学経済与管理系卒業，現在　新疆大学西北少数民族研究センター副主任，教授

阿不都外力・依米提（アブトワリ・イメット）
1973年生まれ，新疆大学経済与管理系卒業，現在　新疆大学法学院教授

白石麻保（しらいし・まほ）
1971年生まれ，京都大学大学院経済学研究科博士後期課程修了，博士（経済学），現在 北九州市立大学准教授

馬　戎（マー・ロン）
1950年生まれ，ブラウン大学社会学科博士課程修了，現在　北京大学社会学系，社会学人類学研究所教授

孫　俊芳（スン・ジュンファン）
1987 年生まれ，京都大学大学院経済学研究科修士課程修了，現在　京都大学大学院経済学研究科博士後期課程

祖力亜提・司馬義（ズリヤト・イスマイル）
1978 年生まれ，北京大学社会学系博士課程修了，現在　新疆大学政治与公共管理学院副教授

中国の少数民族問題と経済格差　　　　　　　　©Hiroshi Onishi 2012

平成 24（2012）年 9 月 20 日　初版第一刷発行

編著者　　大　西　　広
発行人　　檜　山　爲次郎
発行所　　**京都大学学術出版会**
　　　　　京都市左京区吉田近衛町 69 番地
　　　　　京都大学吉田南構内（〒606-8315）
　　　　　電話（075）761-6182
　　　　　FAX（075）761-6190
　　　　　URL　http://www.kyoto-up.or.jp
　　　　　振替　01000-8-64677

ISBN 978-4-87698-244-8　　　　印刷・製本　㈱クイックス
Printed in Japan　　　　　　　　定価はカバーに表示してあります

本書のコピー，スキャン，デジタル化等の無断複製は著作権法上での例外を除き禁じられています。本書を代行業者等の第三者に依頼してスキャンやデジタル化することは，たとえ個人や家庭内での利用でも著作権法違反です。